Rolf Herb (Hrsg.)
John Terninko / Alla Zusman / Boris Zlotin

TRIZ
Der Weg zum konkurrenzlosen Erfolgsprodukt

Rolf Herb (Hrsg.)
John Terninko / Alla Zusman / Boris Zlotin

TRIZ
Der Weg zum konkurrenzlosen Erfolgsprodukt

Ideen produzieren
Nischen besetzen
Märkte gewinnen

Deutsche Übersetzung
Dr. Rolf Herb

Die Deutsche Bibliothek – CIP-Einheitsaufnahme

> **Terninko, John:**
> TRIZ – der Weg zum konkurrenzlosen Erfolgsprodukt : Ideen produzieren, Nischen besetzen, Märkte gewinnen / John Terninko/ Alla Zusman/ Boris Zlotin. Rolf Herb (Hrsg.). Dt. Übers. Rolf Herb. – Landsberg/Lech : mi, Verl. Moderne Industrie, 1998
> Einheitssacht.: Step-by-step TRIZ <dt.>
> ISBN 3-478-91920-7

Copyright der amerikanischen Ausgabe
© 1998 CRC Press LLC
Das Original ist unter dem Titel *Step-by-Step TRIZ Creating Innovative Solution Concepts* erschienen beim Verlag CRC Press LLC, Boca Raton.

© 1998 verlag moderne industrie AG, 86895 Landsberg/Lech
http://www.mi-verlag.de

Alle Rechte, insbesondere das Recht der Vervielfältigung und Verbreitung sowie der Übersetzung, vorbehalten. Kein Teil des Werkes darf in irgendeiner Form (durch Fotokopie, Mikrofilm oder ein anderes Verfahren) ohne schriftliche Genehmigung des Verlages reproduziert oder verbreitet werden.
Umschlaggestaltung: van Gemert, Fuchstal-Leeder
Satz: Fotosatz Amann, Aichstetten
Druck: Druckerei Himmer, Augsburg,
Bindearbeiten: Thomas, Augsburg
Printed in Germany 910920/049801
ISBN 3-478-91920-7

Gewidmet

Genrich Altschuller
dem Vater der Theorie des erfinderischen Problemlösens (TRIZ).
In Anerkennung der vielen Ehrungen im Jubiläumsjahr 1996:

- *dem 70. Geburtstag des TRIZ-Schöpfers Genrich Altschuller (1926),*
- *dem 50. Geburtstag der Erfindung von TRIZ (1946),*
- *dem 40. Geburtstag der ersten TRIZ-Publikation (1956),*
- *dem 25. Geburtstag der letzten Version von Altschuller's Widerspruchstabelle (1971),*
- *dem 11. Geburtstag von Altschuller's letzter Version des Algorithmus der erfinderischen Problemlösung (ARIZ) (1985),*
- *dem 11. Geburtstag des Systems der Standardlösungen (1985).*

Inhaltsverzeichnis

Einleitung des Herausgebers 13

Danksagung 23

Vorwort 25

Kapitel 1: Einführung in die Theorie des erfinderischen Problemlösens (TRIZ) – Überblick 29
1. Synergie 31
2. Kurzfassung 32
3. Geschichte der Theorie des erfinderischen Problemlösens 35
4. Die andere Seite der Revolution 36
5. Übersicht zu den folgenden Kapiteln 42
6. Innovationshöhe 47
7. Ebenen der Innovation 48
8. Übertragbare Lösungswege bei innovativen Vorgehensweisen 57
    - 8.1. Erfindung 1: Eindosen vom süßem Pfeffer 58
    - 8.2. Erfindung 2: Schälen von Kastanien 58
    - 8.3. Erfindung 3: Das Schälen von Sonnenblumenkernen 59
    - 8.4. Erfindung 4: Puderzuckerpulverproduktion 59
    - 8.5. Erfindung 5: Filterreinigung 60
    - 8.6. Erfindung 6: Spalten von Kristallen mit Defekten 62

Kapitel 2: Innovations-Checkliste 67
1. Informationen zum Problem und dessen Umfeld 69
2. Informationen über das zu verbessernde System und dessen Umfeld 70
    - 2.1. Systembezeichnung 70
    - 2.2. Primäre nützliche Funktion des Systems 71
    - 2.3. Derzeitige oder wünschenswerte Systemstruktur 72
    - 2.4. Die Arbeitsweise des Systems 74
    - 2.5. Systemumfeld 74
3. Verfügbare Ressourcen 75
4. Informationen zur Problemsituation 77

4.1. Angestrebte Verbesserung des Systems bzw. der Konstruktion
oder ein Nachteil, der eliminiert werden soll 77
4.2. Mechanismus oder Wirkungsweise des Nachteiles 78
4.3. Entwicklungsgeschichte des Problems 79
4.4. Andere zu lösende Probleme 80
5. Veränderung des Systems 83
   5.1. Veränderungen zulassen 83
   5.2. Grenzen der Systemänderung 84
6. Auswahlkriterien für Lösungskonzepte 85
   6.1. Angestrebte technische Eigenschaften 85
   6.2. Angestrebte ökonomische Eigenschaften 85
   6.3. Angestrebter Zeitplan 85
   6.4. Erwartungsgemäße Neuartigkeit 85
   6.5. Andere Auswahlkriterien 85
7. Historie von Lösungsversuchen 87
   7.1. Vorangegangene Versuche zur Problemlösung 87
   7.2. Andere Systeme, die ein ähnliches Problem beinhalten 87

Kapitel 3: Problemformulierung **91**
1. Der Prozeß der Problemformulierung 93
2. Los geht's 94
3. Schmelzofenproblem 97
4. Formulierung von Teilproblemen 100
5. Problemformulierung Knochenschraube 105

Kapitel 4: Widerspruchsanalyse **113**

1. Wann macht der Widerspruch Sinn? 115
2. Die Wurzeln der Widerspruchsanalyse 115
3. Der physikalische Widerspruch näher betrachtet 115
4. Wie man ein innovatives Problem zu einem Widerspruch
   strukturiert 116
5. Die Widerspruchstabelle zur Verbesserung des konventionellen
   Problemlösungsprozesses 118
   5.1. Technische Widersprüche 121
   5.2. Innovative Prinzipien 121
   5.3. Widerspruchstabelle 124
   5.4. Benutzung der Widerspruchstabelle: Eine Fallstudie 127

6. Physikalische Widersprüche und Separationsprinzipien 131
    6.1. Separation im Raum 134
    6.2. Separation in der Zeit 137
    6.3. Separation innerhalb eines Objekts und seiner Teile 140
    6.4. Separation durch Bedingungswechsel 140
7. Alternative Ansätze zur Separierung von Widersprüchen 141
8. Ein Wort, bevor es weiter geht 144

Kapitel 5: Idealität 145

1. Wann das Konzept der Idealität eingesetzt werden sollte 147
2. Fallstudien: Annäherung an die Idealität 148
3. Was ist Idealität? 151
4. Ein idealer Behälter ist kein Behälter 152
    4.1. Einsatz von Ressourcen 152
    4.2. Einsatz von physikalischen, chemischen und geometrischen
           Effekten 152
5. Sechs Wege zur Idealität 155
    5.1. Eliminiere unterstützende Funktionen 155
    5.2. Eliminiere Teile 155
    5.3. Erkenne Selbstversorgung 159
    5.4. Ersetze Einzelteile, Komponenten oder das ganze System 160
    5.5. Ändere das Funktionsprinzip 161
    5.6. Nutze Ressourcen 163
6. Kurze ARIZ-Anwendung zur Idealität 173

Kapitel 6: Stoff-Feld-Systeme 175

1. Das Stoff-Feld-Modell 177
    1.2. Voraussetzungen für den Einsatz der Stoff-Feld-Analyse 177
    1.3. Erstellung eines Modells 178
    1.4. Nomenklatur der Stoff-Feld-Analyse 179
2. Stoff-Feld-Analyse 181
    2.1. Identifizierung der Einzelelemente 181
    2.2. Erstellung eines Modells 182
    2.3. Entwicklung von Lösungsideen aus dem Repertoire der
           76 Standardlösungen 183
    2.4. Entwicklung von Konzepten zur Unterstützung der
           Lösungsidee 186

3. Fallstudie 187
   3.1. Identifizierung der Einzelelemente 188
   3.2. Erstellung eines Modells 188
   3.3.a. Entwicklung von Lösungsideen aus dem Repertoire der
        76 Standardlösungen 188
   3.4.a. Entwicklung von Konzepten zur Unterstützung der
        Lösungsidee 188
   3.3.b. Alternative Entwicklung einer Lösungsidee aus dem
        Repertoire der 76 Standardlösungen 189
   3.4.b. Alternative Entwicklung von Konzepten zur Unterstützung
        der Lösungsidee 190

Kapitel 7: Algorithmus des erfinderischen Problemlösens (ARIZ) 191

1. ARIZ 193
   1.1. Formuliere den technischen Widerspruch (Kapitel 4) 193
   1.2. Formuliere den anfänglichen physikalische Widerspruch
       (Kapitel 4) 194
   1.3. Identifiziere einen Konflikt 195
   1.4. Stoff-Feld-Modellierung (Kapitel 6) 195
   1.5. Analyse der Konfliktzone sowie der verfügbaren Ressourcen . 195
   1.6. Zwerge-Modell 195
   1.7. Ideales Endresultat (Kapitel 5) 196
   1.8. Zentraler physikalischer Widerspruch 196
2. Das System der Operatoren 196

Kapitel 8: Gesetzmäßigkeiten der technischen Evolution 203

1. Voraussetzungen für den Einsatz der Standardentwicklungsmuster . 205
2. Standardentwicklungsmuster 205
   2.1. Stufenweise Evolution 207
   2.2. Vergrößerung der Idealität 212
   2.3. Uneinheitliche Entwicklung der Systemteile 213
   2.4. Erhöhung von Dynamik und Steuerung 213
   2.5. Über Komplexität zur Einfachheit 219
   2.6. Evolution mit passenden und gezielt nicht passenden
       Komponenten 223
   2.7. Miniaturisierung und verstärkter Einsatz von Feldern 224
   2.8. Geringere menschliche Interaktion 226

Kapitel 9: Antizipierende Fehlererkennung – Subversive Fehleranalyse **229**

1. Formulierung des Originalproblems 231
2. Formulierung des invertierten Problems 232
3. Verstärkung des invertierten Problems 233
4. Suche nach offensichtlichen Lösungen für das invertierte Problem . 233
5. Identifizierung und Nutzung von Ressourcen 234
6. Suche nach brauchbaren Effekten 235
7. Suchen nach neuen Lösungen 236
8. Rück-Invertierung und Verifikation 236
9. Entwicklung von Vorgehensweisen zur Fehlervermeidung 237

Kapitel 10: Implementierung **239**

1. Implementierung und TRIZ- ungeeignete Sachverhalte 241
2. Alles zusammentragen 242
3. Das richtige Werkzeug selektieren 244
4. Synergien 246
5. Informationsquellen 248

Anhang A: Der Einsatz ausgewählter physikalischer Effekte und Phänomene für innovative Problemlösungen 251

Anhang B: Altschullers 39 technische Parameter 257

Anhang C: Die 40 innovativen Prinzipien 261

Anhang D: Die 40 innovativen Grundprinzipien in (abnehmender) Reihenfolge ihrer Anwendungshäufigkeit 269

Anhang E: Widerspruchstabelle 271

Anhang F: Fallstudie: Schutzringproblem (Turbinenradbruch) gelöst unter Zuhilfenahme von TRIZ 273

Anhang G: Ressourcen 279

Autorenverzeichnis **281**

Glossar **283**

Literaturverzeichnis **285**

Stichwortverzeichnis **287**

Einleitung des Herausgebers

Innovation

Gute Ideen als Erster zu haben, ist die entscheidende Voraussetzung für den Erfolg eines Unternehmens. Erfolg bedeutet langfristig gute Geschäfte, engagierte Mitarbeiter, sichere Arbeitsplätze und zufriedene Aktionäre [1].

Nach Claus Weyrich [2] sind Innovationen ein wesentliches Schlüsselelement für den dauerhaften Erfolg eines Unternehmens. Das Wort Innovation ist lateinischen Ursprungs und bedeutet soviel wie Erneuerung. Die Invention, d.h. die Erfindung, ist Voraussetzung für Innovation. Allerdings muß, wie auch John Terninko auf den folgenden Seiten beschreibt, eine neue Idee technisch realisierbar sein, klare Vorteile und mehr Nutzen in irgendeiner Art bieten und – ganz wesentlich – auf Akzeptanz am Markt stoßen, bevor aus Invention schließlich Innovation wird.

Innovationen entstehen nur, wenn das Umfeld paßt: von der gesellschaftlichen, politischen, wirtschaftlichen und kulturellen Situation über den Stand von Technik und Wissenschaft bis hin zur Förderung durch ein Management und orientierunggebenden Visionen (Weyrich, [2]).

1997 wurde angesichts der Rezession in Mitteleuropa viel über den Stellenwert von Innovation und deren Stimulierung diskutiert. Einerseits stellt Mitte 1997 die Generaldirektion XIII der Europäischen Kommission in einem Bericht des EIMS (Europäisches Innovationsüberwachungssystem) für 1994 fest, daß europäische Unternehmen [3] den Vergleich mit amerikanischen Firmen bezüglich Zahl der erteilten Patente pro Jahr nicht scheuen müssen: Siemens lag mit über 1000 Patenten an der Spitze vor IBM (knapp 900) und AT&T (etwa 750). Des weiteren tauchen Firmen wie Bayer, Bosch, BASF und Hoechst ganz vorne in dieser Liste auf. Andererseits scheint Deutschland getreu dem Motto „Masse statt Klasse" nach Konrad Seitz [2] vehement auf eine Innovationsschwäche hinsichtlich des erfinderischen Niveaus von Patenten zuzusteuern: 1994 standen in der BRD 3000 Patentanmeldungen für alle Arten von Schlössern nur 200 Anmeldungen im zukunftsorientierten Bereich Mikroelektronik gegenüber! Und in Summe meldeten nach Jan Trøjborg [2] europäische Unternehmen nur 20% aller Patente weltweit an, amerikanische hingegen 45% und japanische 25%. Dieses europäische Innovationsproblem hat nach Jan Trøjborg keine finanziellen Ursachen sondern ist strukturell bedingt: japanische und amerikanische Unternehmen sind bei geringeren F&E-Aufwendungen, aber flexiblerer Organisation und besser ausgebildeten Fähigkeiten, Wissen praktisch anzuwenden, den Europäern voraus. Hier scheint das Goethe-Zitat: *„Es ist nicht genug zu wissen, man muß es auch anwenden; es ist nicht genug zu wollen, man muß es auch tun."* in der Tat gültig zu sein!

Mittlerweile haben deutsche Unternehmen gelernt und messen dem Thema Innovation als Motor des Wirtschaftswachstums eine deutlich höhere Bedeutung als ihre internationalen Konkurrenten bei, wie das Beratungsunternehmen Arthur D. Little in einer weltweiten Unternehmensbefragung herausfand [4].

Invention

Wie gehen wir in Europa mit diesem brisanten und erkanntermaßen verbesserungswürdigen Thema Innovation um? Mit nicht wenigen Kommissionen, Förderprogrammen und Auszeichnungen: zusätzlich zur oben erwähnten Generaldirektion XIII der Europäischen Kommission mit ihrem Europäischen Innovationsüberwachungssystem existiert in der BRD beispielsweise ein BMBF-Förderprogramm und der Deutsche Zukunftspreis unseres Bundespräsidenten Roman Herzog [5].

Damit ist natürlich die Frage, wie man Inventionen und Innovationen zunächst erzeugt, in keinster Weise angesprochen! Woher kommen gute Ideen? Und wann? Besteht nur die klischeehafte Möglichkeit, auf geniale Eingebungen zu warten und dann zu prüfen, ob sich daraus eine Innovation ableiten läßt? Oder kann man diesen schöpferischen Ideenfindungs-Prozeß in irgendeiner Art gezielt, bewußt, systematisch, quasi auf Abruf ablaufen lassen? Was unterscheidet einen genialen, vor Ideen sprudelnden Erfinder vom eher mit wenig Geistesblitzen gesegneten Normalmenschen? Diese hochaktuellen Fragen stellte sich bereits in den 50er Jahren der russische Patentexperte Genrich Altschuller und gelangte bei empirischen Untersuchungen zu überraschenden Resultaten, die er unter dem Dach der Methode TRIZ zusammenfaßte [6].

Wie entstehen derzeit in einem typischen Unternehmen neue Ideen, wo wird die Innovation erzeugt? *Evolutionäre Innovation* baut nach Claus Weyrich [2] auf Bekanntem auf und verwirklicht schrittweise einzelne Verbesserungen. Gute Planung, Projektmanagement und präzises Analysieren der Kundenbedürfnisse sind die Kernelemente dieser Art von Innovation [7].

Zeitgemäße, kompetitive Unternehmen beherrschen evolutionäre Innovation durch den Einsatz von Werkzeugen aus dem quality engineering (Taguchi, QFD, FMEA etc.).

Revolutionäre Innovation hingegen ist schlecht planbar, erfordert Intuition, Risikobereitschaft und Durchhaltevermögen von der Idee bis zur konkreten Umsetzung. Diese Art von Innovation führt zu bahnbrechenden Produkten, schafft Märkte und läßt Firmen kometenhaft aufsteigen. Welche Werkzeuge werden zur Unterstützung der revolutionären Innovation eingesetzt? Von Brainstorming bis Synektik existieren zahlreiche Ansätze, die gemeinsam auf dem Versuch basieren, im Unterbewußtsein abgelegte Ideen und Konzepte zur Problemlösung durch eine stimulierende Phase der Bewertungs- und Kritik-Freiheit bewußt zu reproduzieren. Aber Brainstormings, bei denen echte neue Ideen entstanden, die nicht im Kopf eines der Anwesenden bereits vorhanden waren, sind selten. Revolutionäre Ideen entstehen in diesem Prozeß in der Regel nur, wenn neue Teilnehmer mit einem völlig anderen Wissens-Hintergrund das Team „auffrischen". Das führt uns zu der seitens Heinrich v. Pierer [2] so treffend dargelegten Erkenntnis: „Voraussetzung für jede Innovation – egal ob technische Innovation oder Markt-Innovation – ist Wissen ... Wissen ist der Rohstoff für Innovationen".

Und genau an diesem Punkt gibt uns die Altschuller'sche TRIZ-Methode ein Wissens- und Erfahrungs-Konzentrat inklusive Benutzungs-Leitfaden in die Hand. Diese Methodik wird im folgenden kurz als Überblick und dann in den Kapiteln 2 bis 10 im Detail dargestellt.

TRIZ

Als Pendant zum mehr oder weniger zufallsgesteuerten Entstehen von Ideen ist TRIZ, das russische Akronym für die *„Theorie des erfinderischen Problemlösens"*, ein empirischer und hochsystematischer Innovations-Ansatz, der den Erfahrungsschatz von 2,5 Millionen Patenten repräsentiert. Altschuller ging in den 50er Jahren von der Frage aus, ob der Weg zu einer Erfindung nicht bestimmten – leider bis dato unbekannten – Gesetzmäßigkeiten und Regeln folgt.

Und schon bald wurde er fündig [8]:

- die präzise Beschreibung eines Problems alleine führt häufig schon zu kreativen Problemlösungen,

- viele Probleme wurden schon in anderen Branchen unter anderem Namen, aber durchaus inhaltlich vergleichbar gelöst,
- der Widerspruch ist das zentrale, immer wieder Innovation provozierende Element Tausender von Patentschriften und
- die Weiterentwicklung technischer Systeme folgt bestimmten Grundregeln.

Basierend auf diesen Erkenntnissen besteht die TRIZ-Methode im wesentlichen aus 3 Gruppen von Werkzeugen, wobei jede Gruppe für sich selbst oder auch ihr Verbund zu Inventionen und Innovationen führt: Systematik, Wissen, Analogien.

Systematik
Die Werkzeuge aus der Gruppe Systematik (Innovations-Checkliste, Problem-Formulierung, antizipierende Fehlererkennung, Idealität) unterstützen den Entwickler bei der genauen Analyse und Zerlegung der Problemsituation und geben ihm Werkzeuge zum situationsgerechten Umgang mit den gefundenen Detailproblemen an die Hand. Die antizipierende oder subversive Fehleranalyse versucht durch das bewußte Provozieren eines Systemversagens kritische Bauelemente und Bedingungen zu finden und diese im Sinne eines robusten Produktes zu eliminieren. Diese Form von Fehleranalyse stellt eine sinnvolle Ergänzung der „klassischen" Werkzeuge der Risikoanalyse [9] wie FMEA (Fehler-Ursachen- und Effekt-Analyse) und FTA (Fehlerbaum-Analyse) dar.

Das Konzept der Idealität versucht zunächst ohne Rücksicht auf vorhandene Limitationen das ideale System für den konkreten Anwendungsfall zu beschreiben. Hierbei gilt der Satz von Altschuller „ein ideales System ist das, welches die gewünschte Funktion zur Verfügung stellt, ohne vorhanden zu sein". Der Versuch, sich dieser Idealität zu nähern, also möglichst viel Funktion mit wenig Hardware zur Verfügung zu stellen, ist ein sehr sinnvoller Denkansatz und hilft jedem Entwickler, Denkblockaden zu überwinden.

Wissen
Im Wissens-Teil der TRIZ-Methodik finden sich Werkzeuge wie Effekte-Datenbank, Stoff-Feld-Analyse und Widerspruchsanalyse, die den Problemlöser mit einem möglichst umfassenden Wissen aus Mechanik, Physik, Thermodynamik und Chemie ausstatten. Dies hilft zu vermeiden, daß beispielsweise ein Chemiker all seine Probleme auf chemischem Wege löst – auch

wenn hie und da eine mechanische Lösungsvariante viel sinnvoller wäre – ihm aber leider unbekannt ist.

Die Widerspruchsanalyse basiert auf der Altschuller'schen Erkenntnis, daß innovative Problemlösungen in der Regel nur dann entstehen, wenn sich zwei Sachverhalte ganz offensichtlich widersprechen. Dann ist nur ein – fast nie optimaler – Kompromiß möglich oder die berühmte Idee („das könnten wir auch ganz anders lösen…") umgeht den Widerspruch elegant.

Im Sinne von TRIZ besteht jedes funktionsfähige System aus mindestens 2 Objekten oder Stoffen und einem deren Interaktion bestimmenden Feld. Die Modellierung realer Systeme im Sinne dieser Stoff-Feld-Analyse hilft, fehlende Komponenten zu entdecken und kreative Verbesserungen in diesen Dreier-Beziehungen nach einem Katalog von 76 Standard-Lösungen vorzunehmen.

Analogien
Die Werkzeuge aus dem Analogie-Teil der TRIZ-Methode (innovative Grundprinzipien, Separationsprinzipien, 76 Standardlösungen, Grundgesetze der technischen Evolution) fassen das in 2,5 Mio Patenten gefundene Wissen zusammen: technische Widersprüche werden mit nur 40 verschiedenen Vorgehensweisen (sogenannte innovative Grundprinzipien) gelöst, physikalische Widersprüche mit nur 4 sogenannten Separationsprinzipien. Die Optimierung der Interaktion zweier Objekte und eines Feldes aus der Stoff-Feld-Analyse läuft immer nach einer von 76 Standard-Lösungen ab und alle technischen Systeme gehorchen in ihrer Weiterentwicklung bzw. Evolution den gleichen, wenigen und allgemein gültigen Grundgesetzen.

Die Kenntnis dieser Grundgesetze der technischen Evolution beispielsweise erlaubt es, heute schon die zukünftige Weiterentwicklung eines bestimmten Produktes vorherzusagen, was für die Erzeugung eines „Patentschirmes" wichtig ist.

TRIZ ist im Sinne der vorgenannten 3 Gruppen an Werkzeugen ein Weg zur systematischen Innovation, wobei mit dieser Methode Inventionen und innovative Konzepte, keine fertigen Patentschriften erzeugt werden. Das heißt, Realisierung und Umsetzung der TRIZ-generierten Ideen und Konzepte sind der Weg zur konkreten, greifbaren Innovation.

TRIZ-Einsatz

TRIZ wurde seit den 50er Jahren in der ehemaligen UDSSR entwickelt. In den 70er Jahren kursierten einige deutschsprachigen Bücher in der ehemaligen DDR und Polen, aber erst Gorbatschows Perestroika führte zu dem „Sprung über den Teich" und damit stieß TRIZ in der USA auf ein sehr aufnahmefähiges und begeistertes Publikum. Dort entfaltete sich die Methode didaktisch, es entstanden Trainingskonzepte, Software, alle Formen von Beratung und Consulting. Aus einer ursprünglich Großmeistern oder Professoren vorbehaltenen Vorgehensweise wurde eine griffige und von jedermann erlernbare Methodik.

Derzeit setzen praktisch alle namhaften und innovativen US-Unternehmen TRIZ im F&E-Prozeß ein, Motorola beispielsweise hat in einem „multi-million dollar deal" [10] jeden seiner Entwicklungs-Ingenieure mit einer TRIZ-Software-Lizenz ausgestattet. Die identische Entscheidung fällte auch ein Arbeitskreis der 10 größten japanischen Unternehmen zusammen mit MITI, dem japanischen Forschungsministerium.

In Deutschland entstand an der FH Coburg unter Professor Linde eine mit zusätzlichen Elementen erweiterte TRIZ-Methodik unter dem Namen WOIS (widerspruchsorientierte Innovationsstrategie [11]).

Eine der führenden US-TRIZ-Beraterinnen, Ellen Domb, geht davon aus [12], daß derzeit immerhin schon 10% aller US-Manager sachkundige TRIZ-Anwender sind. In High-tech- und Konsumgüter-Unternehmen ist dieser Prozentsatz höher, in der klassischen Schwerindustrie und Großchemie eher niedriger. Dies korreliert mit dem derzeit unterschiedlich großen Innovations-Bedürfnis oder -Zwang dieser Unternehmens-Typen.

Software

Die TRIZ-Methodik per se ist – wie John Terninko mit diesem Buch zeigt – nicht von der Benutzung einer Software abhängig. Allerdings erleichtert eine Implementation der TRIZ-Wissensteile auf dem PC die Recherche-Möglichkeiten und den Zugang zu illustrativen Beispielen erheblich, so daß in der Regel nach Erlernen der Methodik eine Software eingesetzt wird. Die PC-unterstützte graphische Realisierung der Innovations-Checkliste und Problem-Formulierung ist sehr hilfreich; und der Umgang mit der Widerspruchstabelle, einer 39x39-Matrix, läßt sich durch Software ebenfalls deutlich erleichtern.

Derzeit konkurrieren zwei Produkte am Markt: Invention Machine Corporation mit ihrem Produkt *TechOptimizer* und Ideation International Inc. mit einer ganzen Palette auf verschiedenste Bedürfnisse zugeschnittener Programme. Der Begriff *computer aided innovation (CAI)* beginnt sich im Zusammenhang mit dem Produkt von Invention Machine Corporation zu etablieren [10].

Innovation und Produktentwicklung

TRIZ läßt sich sehr gewinnbringend mit den Methoden QFD (quality function deployment) und Taguchi (robustes Design) integrieren, wie in Kapitel 10 detailliert dargestellt wird [13, 14]. Bis dato werden in der auf dem Konzept des Quality engineering basierenden Produktentwicklung („das richtige Produkt richtig entwickeln") folgende Methoden eingesetzt:

das Produkt richtig entwickeln unter Zuhilfenahme der Methoden robustes Design nach Taguchi und der statistischen Versuchsplanung, Risiko- und Fehlerbaum-Analyse und statistische Prozeßkontrolle.

Was bis dato in diesem Methoden-Paket fehlte, war ein Werkzeug, das den Bereich der Innovation und Invention strukturiert zugänglich machte. Dieses „missing link" ist nun in Form von TRIZ gefunden!

Eine tayloristische Betrachtung dieser Quality Engineering Tools drängt sich auf: zunächst wurden die Grundbedürfnisse hinsichtlich technisch ordnungsgemäßer Produkte befriedigt: Optimierung und Steuerung der Prozesse durch SPC, Umgang mit Risiken durch FMEA, Abschätzung von Lebensdauer durch Weibull-Analyse. Dann folgt die gegenwärtige Leistungsphase, in der Produkte in ihren Eigenschaften immer optimaler und robuster abgestimmt (Taguchi) und immer besser den Bedürfnissen der Kunden angepaßt werden (QFD). Nun wird sich die Phase einer Selbstverwirklichung des Produktentwicklungsprozesses anschließen, wo mittels TRIZ Innovation und technische Evolution systematisch, transparent und schnell zu bahnbrechenden Neuentwicklungen und genialen Produkten führen werden.

Vision

TRIZ etabliert sich mit rasendem Tempo, eine ausschließlich im Internet publizierte Zeitschrift [15] geht mittlerweile in ihr zweites Erscheinungsjahr, ein Lehrkonzept „TRIZ für Kinder" befindet sich in der Erprobung [16] und als Vison schwebt mir – dem Herausgeber – vor, daß Entwicklungslabors in naher Zukunft hinsichtlich Software beispielsweise ein PC-Programm zur Erstellung von Berichten und Protokollen nutzen, ein Programm zur Daten-Auswertung und -Präsentation einsetzen und darüber hinaus mit einem dritten Softwarepaket, nämlich einer TRIZ-Software, routinemäßig den Weg zu innovativen Problemlösungen im kleinen wie im großen beschreiten.

Selbst für jemanden, der beruflich nicht im Entwicklungsprozeß neuer Produkte engagiert ist, hält das tägliche Leben pausenlos TRIZ-Anwendungen bereit: bei einem Ski- und Snowboard-Tag in den oberbayerischen Bergen mit meinem Sohn entdeckten wir beide gemeinsam, daß bei modernen Sesselliften der physikalische Widerspruch zwischen „fahre schnell damit die Fahrzeit kurz ist" und „fahre langsam damit Ein- und Aussteigen sicher und bequem vonstatten gehen" durch das Separationsprinzip Zeit der TRIZ-Methodik gelöst ist: der Sessel fährt für einen zügigen Transport in der Tat recht schnell, wird aber beim Ein- und Aussteigen vom Seil ausgekuppelt und bewegt sich in dieser Zeit sehr langsam.

Die Analogie-Betrachtung von Bremssystemen führt unweigerlich für das Fahrrad zu der Sequenz mechanische Bremse – hydraulische Bremse – Bremse auf Basis von Feldern. In der Tat werden im Sinne dieser technischen Evolution Mountain-Bikes mit Öldruckbremse mittlerweile verkauft. Die Zeit für – in Hometrainern bereits realisierte – Wirbelstrombremsen dürfte demzufolge bald reif sein.

TRIZ-Methode

Die Einführung der Methode TRIZ in ein Unternehmen muß auf zwei Standbeinen sicher stehen: zum einen muß das Management das Potential der Methode einschätzen können und den Einsatz (mit Investition in Ausbildung, Software etc.) befürworten und zum anderen müssen die letztendlich betroffenen Mitarbeiter und Entwickler von der Methode begeistert sein und sie gerne anwenden.

Speziell für diese beiden Bedürfnisse hat John Terninko dieses Buch geschrieben. Er selbst ist seit Jahren ein sehr erfolgreicher Unternehmensberater mit dem Spezialgebiet Produktentwicklung und ein sehr erfahrener TRIZ-Praktiker. Das vorliegende Buch spricht sehr praxisorientiert und pragmatisch die Sprache der amerikanischen Entwickler und F&E-Mana-

ger. Mich selbst hat es außerordentlich begeistert und ich hoffe, mit dieser Übersetzung auch die Erwartungen des deutschen Sprachraumes zu treffen. Insbesondere frönt John Terninko nicht dem Guru-Prinzip („einer weiß wie es geht, und alle fragen ihn") sondern er ist Verfechter der Coach-Strategie („Hilfe zur Selbsthilfe"), die auch in meinem beruflichen Umfeld bei der Einführung der Versuchsplanung sehr erfolgreich war. [17]

Danksagung

Die tatkräftige Unterstützung von verschiedenen Seiten trug ganz wesentlich zum Gelingen dieser Übersetzung bei. Dr. Thilo Herb war zu jeder Zeit ein zentraler Diskussionspartner, hinterfragte kritisch viele Sachverhalte und trug klärend zur deutschen TRIZ-Nomenklatur wie auch zur Verständlichkeit von Beispielen bei. In puncto Übertragung der angelsächsischen Nomenklatur ins Deutsche leisteten auch Horst Ried und Bernd Gimpel (Quality Engineers) sehr wesentliche Beiträge und sorgten für mehr Verständlichkeit bei maschinenbau-bezogenen Beispielen. Dr. med. Peter Trost war ein guter Gesprächspartner hinsichtlich Terminologie und Beispielen aus dem medizinischen Bereich. Der Firma Invention Machine, insbesondere Herrn Anders Killander sei für die Überlassung einer vorläufigen deutschen Version ihrer TRIZ-Software *TechOptimizer* gedankt. Dr. Bernd Kühneweg trug mit kritischen Diskussionen wie auch durch sein Talent, Sachverhalte durch präzise Formulierungen auf den Punkt zu bringen, bei.

John Terninko möchte ich an dieser Stelle für seine Offenheit und Begeisterung wie auch für sein Engagement in formalen Dingen dieser Übersetzung danken. Er war jederzeit über den Atlantik hinweg per Telefon und e-mail diskussionsbereit und überließ mir unbürokratisch verschiedene Auflagen seines Original-Textes.

Meiner Familie – Karin, Fabian und Lukas – danke ich für ihren zeitweiligen Verzicht auf gemeinsame Zeit, vom Gespräch bis zum Herumtoll-Abend. Sie ermahnten mich regelmäßig, bei der Arbeit für dieses Buch am Ball zu bleiben und übten dann Nachsicht, wenn ich es lange Nächte und Wochenenden über auch tat.

Dr. Rolf Herb

Literatur

[1] Kühneweg, B.: Erfinden leicht gemacht!, interne Publikation, Boehringer Mannheim GmbH, Tutzing, 1997.
[2] Pierer, H., Oetinger, B. (Hrsg).: Wie kommt DAS NEUE in die Welt?, München, Wien 1997.
[3] IHK Journal 8/1997: Vergleich der Patente, System-Studie: Europäische Zersplitterung.
[4] Münchner Merkur 15, 29, 20. Januar 1998: Innovation als Motor des Wachstums.
[5] Editorial, Eine Art AHA-Erlebnis. Kultur & Technik 1, 4, 1998.
[6] Herb, T.: TRIZ – Erfinden mit System, QFD-Forum 7, 8-10, 1998.
[7] Tabrizi, B., Walleigh, R.: Defining Next-Generation Products: an Inside Look. Harvard Business Review 75(6), 116-124, 1997.
[8] Kowalick, J.: Creating Breakthrough Products. CalTech Executive Program, California Institute of Technology, Industrial Relations Center, Kursunterlagen 1997.
[9] Herb, R., Herb, T., Kratzer, M.: Potentielle Fehler vollständig erfassen. QZ 43, 183, 1998.
[10] Schulungsunterlagen und Produktinformationen Invention Machine GmbH Deutschland 1997.
[11] Linde, H., Hill, B.: Erfolgreich erfinden: widerspruchsorientierte Innovationsstrategie für Entwickler und Konstrukteure. Darmstadt, 1993.
[12] Domb, E.: Conference Report: Bringing the Fuzzy Front End into Focus. TRIZ-Journal January 1998, http/www.triz-journal.com/archives/98jan/article7/98jan-article7.htm
[13] Terninko, J.: The QFD, TRIZ and Taguchi Connection: Customer Driven Robust Innovation. TRIZ-Journal January 1998, http/www.triz-journal.com/archives/98jan/article2/98jan-article2.htm
[14] Domb, E., Killander, A.: QFD and TRIZ. 3rd International QFD Symposium, Linköping, Schweden, September 1997.
[15] TRIZ-Journal im Internet: http/www.triz-journal.com
[16] Kowalick, J.: Revolutionary Breakthrough in Creativity Training for Grade-School, Junior and Senior High School Students. TRIZ-Journal January 1998, http/www.triz-journal.com/archives/98jan/article6/98jan-article6.htm
[17] Gimpel, B., Herb, R., Jansen, H.: Mit Versuchsmethodik Produkte effizient entwickeln. QZ 39, 651-654, 1994.

Danksagung

Beim Nachdenken darüber, wie ich mich am besten bei denjenigen bedanken kann, die mir bei der Zusammenstellung dieses Materials geholfen haben, wirbeln mir zwei Zitate durch den Kopf: „Die, die es nicht beherrschen, lehren – und die, die es beherrschen, tun" und als Pendant „Der beste Weg, etwas zu lernen, ist es zu lehren". Ich glaube, eine dritte Variante erlebt zu haben: „Der beste Weg, der Welt zu zeigen, daß man etwas kann, ist, darüber in unverständlicher Weise zu schreiben". Die hier vorgelegte Arbeit war für mich wie eine Abschlußprüfung, abgenommen durch Alla Zusmann (meine Lehrerin, Mentorin, Freundin, Kollegin und Coautorin) und Boris Zlotin (mein Freund, Mentor, Lehrer, Kollege und Begeisterer).

Etwa vor fünf Jahren hörte ich zum ersten Mal, daß es etwas namens „Theorie des erfinderischen Problemlösens (TRIZ)" gibt. Damals gerade ausgelastet mit der Etablierung eines Consulting-Unternehmens für QFD und Taguchi, glaubte ich nicht, daß da etwas besseres als die Konzeptselektion von Stewart Pugh dahinterstecken könnte. Aber dank Glenn Mazur, einem langjährigen Freund und Kollegen, traf ich 1993 auf einer eintägigen TRIZ-Übersichtspräsentation Zion Bar-El, Alla Zusmann und Boris Zlotin. Seit diesem Zeitpunkt bin ich im Sog des Lernens und Entwickelns einer neuen Sicht der Welt gefangen.

Ich bin Zion sehr dankbar für seine Fähigkeit, immer wieder Chancen zu finden und zu teilen.

An Boris geht mein Dank dafür, daß er mir sein ganzes Wissen zur Verfügung stellte. Seine Bereitschaft, so viele Tage meiner Ausbildung zu widmen und seine Unterstützung, die mich zum zweiten zertifizierten TRIZ-Missionar machte, möchte ich außerordentlich dankbar würdigen. Boris, der in jedem Schritt des Lebens eine Anwendung für TRIZ erkennt, treibt die Methodik mit jedem Atemzug weiter voran.

Dana Clarke, der erste zertifizierte TRIZ-Missionar, stellte ein weiteres Jahr TRIZ-Erfahrung zur Verfügung, um mir über die anfänglichen Klippen zu helfen. Ich schätze mich glücklich, seine Fähigkeiten und sein Entgegenkommen würdigen zu dürfen.

Vielen Dank an Alla, die sowohl meinen Verstand als auch dieses Buch mit ihrer logischen, strukturierten Auffassung von TRIZ durchdrungen hat.

Ich möchte auch alle meine Kunden und Kursteilnehmer dankbar erwähnen, deren Vorschläge Eingang in dieses Buch gefunden haben.

Danksagung

Schließlich sei auch dem Team von Maggie Rogers und Mary Ann Kahl gedankt. Maggie hat mir mit ihrer nicht-technischen Sicht des Lebens geholfen, viele Dinge auf den Punkt zu bringen und verdient dafür von uns allen Anerkennung. Mary Ann, mit mehr technischem Hintergrund, mäßigte meine weitschweifigen Ausführungen.

Hoppla, beinahe hätte ich Candy vergessen, die während der Arbeit an diesem Buch mit meinen seltsamen Arbeitszeiten zu leben hatte – und mir vorschlug, nicht noch ein weiteres in diesem Jahr zu schreiben.

John Terninko

Vorwort

Es werden viele Rituale zelebriert, um das Unterbewußtsein beim Ausbruch aus traditionellen Denkmustern zu unterstützen. Anerkannte Methoden zur Förderung der Kreativität in Gruppen sind Brainstorming und Synektik, teilweise mit Varianten. Einzelne Menschen tendieren manchmal auch zum Arbeiten bis zur Erschöpfung und gehen dann in der Erwartung (oder Hoffnung), mit einer Inspiration früh aufzuwachen, schlafen.
Einige Bücher sind zum Thema Verbesserung der Kreativität geschrieben worden. Sie bieten Vorgehensweisen an, um alte Paradigmen auf die Probe zu stellen oder sie reduzieren mentale Blockaden nach der Idee: „Wissen ist der Stoff aus dem neue Ideen gemischt sind. Aber – Wissen alleine macht niemanden kreativ!" (von Oech).
Nobelpreisträger Dr. Albert Szent Györgyi beobachtete: „Entdeckungen entstehen, wenn man auf die selbe Sache wie jedermann blickt und dabei aber etwas anderes denkt." Ein Schlüssel zur Innovation ist, eine alte Idee zu einer neuen zu machen. Allerdings ist es bei der Suche nach der richtigen Lösung zu einem Problem wichtig, an den Philosophen Emié Chartier zu denken: „Nichts ist gefährlicher als eine Idee, wenn es die einzige ist, die man hat."

Der französische Psychologe Antwan Ribaut interessierte sich für Kreativität und Erfindungen und suchte nach dem roten Faden im kreativen Prozeß. 1912 zeigte er in einer Studie, daß Kreativität ihren Zenit im Alter von 14 Jahren erreicht und danach für den Rest des Lebens abnimmt. Dies klingt natürlich sehr entmutigend für alle Unternehmen, deren Mitarbeiter in der Regel älter als 14 Jahre sind!

Jahre später wiederholte Genrich Altschuller, der Vater der Theorie des erfinderischen Problemlösens (TRIZ), die Studie von Ribaut und fand die Situation sogar noch besorgniserregender: in Abbildung 0-1 ist der Hochpunkt nach Altschuller niedriger als der nach Ribaut. In einer Studie aus dem Jahre 1980 stellte Boris Zlotin die Hypothese auf, daß der Grund für diesen Unterschied seine Ursache im verringerten Glauben der Kinder an Märchen, die ja voller inhärenter Widersprüche sind, hat. Desweiteren fiel in der Studie von Zlotin die Kreativität auf ein absolutes Minimum im Alter von 21 Jahren. Das impliziert, daß Schulen und Universitäten die Kreativität vermindern. Man kann darüber nachdenken, wieviele Studenten sich eigentlich an einen Lehrer erinnern, der originelle Ideen unterstützt hat. Es gab

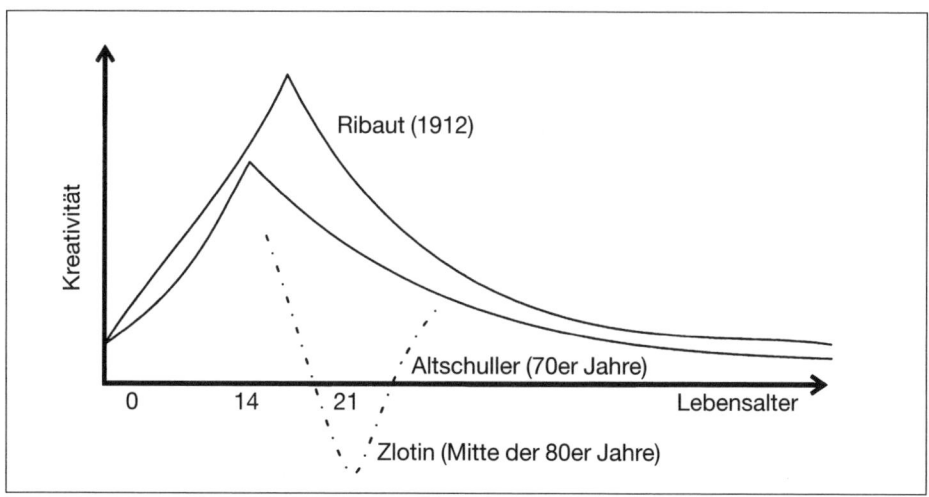

Abbildung 0-1: Kreativität in Abhängigkeit vom Lebensalter

einen wunderbaren Film, in dem der US-Schauspieler Art Carney einen Großvater spielte, der zusammen mit seinem Enkel an der Hochschule startete. Im Fach Ökonomie unterrichtete ein junger Dozent zum Thema Große Depression in den Vereinigten Staaten. Art meldete sich zu Wort, um dem Dozenten zu widersprechen. Er sagte, daß er die Große Depression miterlebt habe und die Realität nicht dem hier vermittelten Lehrstoff entspräche. Art mußte jedoch hören, daß er hier Student und kein Dozent sei – und der Dozent hat immer recht. Wieviele Situationen in unserem eigenen Leben sind eine Variation dieser Erfahrung?

Obwohl auf den ersten Blick genauso paradox wie Individualismus in einer Armee, ist Innovation mit System keinesfalls Unsinn. Insbesondere deshalb, weil TRIZ spezielle Stärken im Eliminieren von Widersprüchen hat, ist Innovation mit System nach dieser Methode nicht nur möglich, sondern hoch effizient. Lösungsmöglichkeiten, die mit TRIZ entwickelt werden, eröffnen völlig neue Horizonte und verwandeln die psychologische Blockade in einen Wirbelsturm neuer Ideen. TRIZ gibt einen leichten Schlag auf die Stirn und erzeugt häufig mehr alternative Ideen als man hernach im Detail berücksichtigen könnte.

Für viele ist TRIZ ein neuer Weg zu denken, der natürlich etwas Zeit zum Erlernen beansprucht. Jedes der folgenden Kapitel soll einen Durchbruch in Ihrer persönlichen Art zu Denken provozieren. Bitte nehmen Sie sich die Zeit zum entspannten Lernen über einen längeren Zeitraum. Eine neue

Sprache zu lernen erfordert Übung. So wie eine wachsende Sprachgewandtheit Ihre Wahrnehmung der Welt beeinflußt, so wird das Lernen und Anwenden der Methoden, die in diesem Buch dargestellt sind, Ihre Ansichten im Leben verändern. Überall um Sie herum gibt es Gelegenheiten zur Verbesserung, und TRIZ macht Ihnen Vorschläge, wie man diese Verbesserungen anpacken könnte. Seien Sie so frei, sich ab und an vom Text zu lösen, das Gelernte einzusetzen und dann wieder mit dem Lesen fortzufahren, wenn Sie für die nächste Ebene bereit sind. Und lassen Sie sich hierbei durch die Studien, die belegen, daß Kreativität im laufe der Zeit ansteigen kann, noch ermutigen.

Die folgende von Boris Zlotin entwickelte Tabelle stellt die Denkmuster von Erwachsenen, Kindern und TRIZ-trainierten Menschen gegenüber.

Ziel dieses Buches ist es, eine TRIZ-Einführung zu bieten, die Sie in die Lage versetzt, sich das Denken aus Spalte drei anzueignen.

John Terninko

Literatur

[1] von Oech, R.: *A Whack on the Side of the Head*, Warner Book, New York, 1983.
[2] Herrmann, N.: *The Creative Brain*, Brain Books, Lake Lure, NC, 1988.
[3] Ribaut, Antwan, russische Übersetzung von *Typography of Y.N. Erlich*, St. Petersburg, 1902.
[4] Altschuller, G.S.: Vorlesungsnotizen, 1970.

Erwachsenen-Denken	Kinder-Denken	„TRIZ"-Denken
Hat Angst vor Widersprüchen und versucht sie zu vermeiden.	Nicht sensibel für Widersprüche und ohne Bedürfnis, diesen bei eigenen Überlegungen aus dem Weg zu gehen.	Ist in Widersprüche verliebt und sucht nach ihnen in Problemen. Hat verstanden, daß Enthüllung und Formulierung eines offensichtlichen Widerspruches ein Schritt in Richtung seiner Lösung ist.
Führt einen metaphysischen Ansatz durch: zieht Objekte, Prozesse und Phänomene separat ohne Systembezug in Betracht.	Beschreitet einen Weg der Synthese und zielt darauf ab, alles mit allem zu verknüpfen.	Wählt einen systematischen Ansatz aus und zielt darauf ab, die Verbindungen zwischen entfernten Objekten, Prozessen und Phänomenen, die auf den ersten Blick nicht verknüpft zu sein scheinen, zu erkennen.
Benutzt eine wenig bis überhaupt nicht strukturierte Kombination von Schlußfolgerungen und oft irrigen Grundannahmen.	Benutzt vergleichende Logik, eine Form der Schlußfolgerung, die aus Sicht der klassischen Logik fehlerbelastet ist. Folgerungen werden von einer Situation auf eine andere übertragen.	Macht Ableitungen aus Analogien. Transferiert Ableitungen, Ideen und Lösungen aus einem System auf das andere (eine strukturierte Kombination von Hypothesen, Ableitungen und Schlußfolgerungen über Analogien).
Folgt einer Kombination aus logischem Denken und natürlicher Intuition.	Folgt der angeborenen Fähigkeit intuitiv Schlußfolgerungen zu ziehen.	Folgt einer Kombination aus logischem Denken und zielgerichteter Intuition.
Gesetzes-Gehorsam: Gesetze sind intuitiv bekannt oder verbalisiert.	Erschafft Gesetze: spontane Suche und Entwicklung von intuitiven und verbal formulierten Gesetzmäßigkeiten.	Entwickelt Gesetze: zielgerichtete Suche und Entwicklung von Gesetzmäßigkeiten, Verbalisierung von intuitiven Gesetzen.
Versucht, schwierige Probleme auf einen Schlag mittels Brainstorming zu lösen, gibt auf, wenn die Lösung nicht auf Anhieb funktioniert.	Versucht, das Problem zu übertragen. Wenn eine Lösung nicht möglich ist, werden absichtlich Randbedingungen und Regeln modifiziert, um so das Problem zu eliminieren.	Versucht das Problem durch ein anderes, das mit bekannten Regeln gelöst werden kann, zu ersetzen.

Kapitel 1

Einführung in die Theorie des erfinderischen Problemlösens (TRIZ) – Überblick

Am Ende dieses Kapitels
- kennen Sie die Historie von TRIZ,
- verstehen Sie einige innovative Grundprinzipien.

1. Synergie

Um den Produktentwicklungsprozeß eines Unternehmens zu verbessern stehen drei mächtige Werkzeuge zur Verfügung. Zuerst übersetzt Quality Function Deployment (QFD) alle relevanten Kundeninformationen in die Sprache des Entwicklers, um das Produktdesign zu erleichtern. Ursprünglich waren Konzeptauswahl nach Pugh und Brainstorming die tragenden Säulen für Innovation. Durch Erweiterung des QFD um die Theorie des erfinderischen Problemlösens (TRIZ) entstanden Quantensprünge in der innovativen Produkt- und Prozeß-Entwicklung. TRIZ erleichtert zielgerichtete Evolution im Produktdesign und die antizipierende, d.h. vorwegnehmende Fehlererkennung. Allerdings geht TRIZ davon aus, daß das vorgegebene Problem prinzipiell für diese Methode geeignet ist; des weiteren erledigt TRIZ nicht die abschließenden Realisierungsarbeiten. Als drittes Werkzeug identifiziert die Philosophie des Robusten Designs von Genichi Taguchi diejenigen Systemeinstellungen, die zur Zielperformance und weitestgehender Unabhängigkeit von Störfaktoren führen (Abbildung 1-1).

> QFD + TRIZ + Taguchi
> =
> kundenorientierte robuste Innovation

Abbildung 1-1: Die drei mächtigen Werkzeuge der Qualitätsentwicklung

In diesem Buch wird ein Baustein dieser kundenorientierten robusten Innovation im Überblick dargestellt: TRIZ.

Abbildung 1-2 stellt den Einfluß dieser drei Werkzeuge auf die Fähigkeit eines Unternehmens, seine Ziele zu erreichen, dar. Ausgefüllte Kreise signalisieren signifikanten Einfluß auf eine Anforderung. Klar zu erkennen ist der deutliche Einfluß von TRIZ auf das Umfeld der Produktinnovation. Viertel gefüllte Kreise widerspiegeln einen begrenzten und leere Kreise einen schwachen Einfluß. Im Dach ist die starke positive Synergie zwischen QFD, TRIZ und Taguchi illustriert.

Kapitel 1

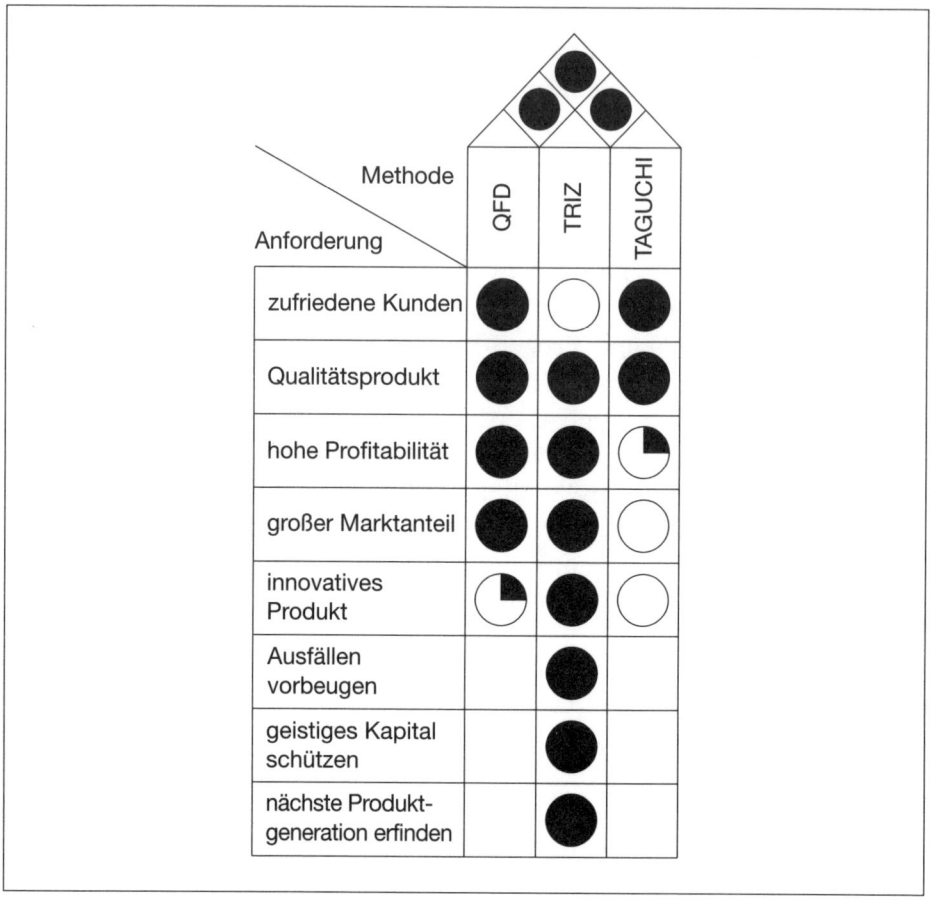

Abbildung 1-2: Der Einfluß der drei Werkzeuge QFD, TRIZ und Taguchi-Methodik auf Unternehmensziele.

2. Kurzfassung

Das Wort *systematisch* beschwört ein Bild sich wiederholender, sequentieller Aktivitäten, die zur Erreichung eines bestimmten Zieles regelgerecht durchgeführt werden, herauf. *Innovation* hingegen wird mit Kreativität, die oft zu unvorhersehbaren und fehlerbelasteten Resultaten führt, assoziiert. Trotz allem ist der beides kombinierende Begriff „systematische Innovation" kein Unsinn! Die tragende Säule der Theorie des erfinderischen Problemlösens (TRIZ) ist die Erkenntnis, daß Widersprüche durch die Anwendung innovativer Grundprinzipien methodisch gelöst werden können. Dies ist eine der drei Grundannahmen, die dieser Methode zugrunde liegen:

1) Ziel ist das ideale Design,
2) Widersprüche helfen Probleme zu lösen und
3) Der innovative Prozeß kann systematisch strukturiert werden.

Die weitverbreitete Annahme, daß der innovative Prozeß weder gezügelt noch kontrolliert werden kann, ist behindernd und falsch. Inspiration muß kein Zufall sein, TRIZ-Anwender demonstrieren dies permanent. Die Anwendung allgemeiner Lösungswege, die in der weltweiten Patentdatenbank bei der Beseitigung von Widersprüchen bei analogen Problemen als effizient identifiziert wurden, verbessert das Design von Systemen und Produkten radikal. Wenn ein Problem erst einmal als Widerspruch formuliert ist, dann gibt es Methoden, diesen Widerspruch zu lösen. Der Schlüssel zum Verständnis, warum systematische Innovation möglich ist, ist das Verstehen der allgemeinen Lösungswege im Fundus der innovativen Patente aus der ganzen Welt.

Altschuller war einer der ersten, der unsere generellen Grundannahmen zum kreativen Prozeß in Frage stellte. In seinem Buch *Creativity as an Exact Science* (1967, Seite 17) zitiert Genrich Altschuller den Bühnenschriftsteller Rosoy, um seinen eigenen Gedanken über Kreativität Ausdruck zu verleihen:

„Bekanntlich verläuft der Akt des Schöpferischen unwillkürlich. Er ist nicht einmal sehr starken Willensanstrengungen oder definitiven Befehlen zugänglich. Mir scheint es so, als würde der Künstler im Augenblick des schöpferischen Aktes sein Denken ausschalten. Bis zum schöpferischen Moment denkt er geradlinig und danach auch. Während des eigentlichen schöpferischen Aktes gibt es keine bewußte Wahrnehmung desselbigen."

Rosoy spricht damit das alle Erfinder und Künstler quälende Problem an: wie können wir Prozesse kontrollieren, die anscheinend unserem direkten Verständnis entwischen?

Brainstorming ist eine beliebte Methode zum Aufgreifen der im Unterbewußtsein lauernden Ideen. Häufig führt Brainstorming zum Ziel, weil es uns veranlaßt, über das Problem von einer anderen Perspektive aus nachzudenken. Typische Fragen für diesen Ansatz sind:

Warum arbeiten Sie an diesem Problem?

Wie wäre es mit dem gegenteiligen Effekt oder der entgegengesetzten Lösung?

Kann der Prozeß schneller ablaufen?
Was geschieht beim Verändern oder Austauschen einer Substanz oder Komponente?

Ein Ansatz zur Verbesserung der Brainstorming Methode wurde von Gordon in der zweiten Hälfte des 19. Jahrhunderts entwickelt und *Synektik* genannt. Gordon entdeckte, daß Synergien zwischen Brainstorming, kritischem Denken und analogem Denken bestehen. In einer Art Netzwerk können diese mentalen Prozesse verknüpft und die Synergie genutzt werden.

Eine andere Vorgehensweise ist, so zu tun als sei man selbst das zu entwickelnde Produkt, um dann gewissermaßen „von innen heraus" nach Möglichkeiten der Problemlösung zu suchen.

In einem ähnlichen Ansatz wird die entwicklerische Herausforderung in die Handlung eines Märchens oder Science-fiction-Abenteuers eingebaut und beobachtet, wie der Held oder die Heldin das Problem lösen.

Alle diese Methoden (mit Ausnahme Synektik) haben eine kurze Lernkurve und sind beim Lösen von Design-Problemen effektiver als die zufallsgesteuerte Methode des Probierens. Im Gegensatz hierzu war Thomas Edison mit den Worten „Innovation ist 1% Inspiration und 99% Transpiration" ein starker Verfechter der Probiermethodik. Allerdings muß man wissen, daß Edison mehrere hundert Assistenten beschäftigte und sich Tausende von Versuchen für eine einzige Idee leisten konnte. Manchmal flossen bei Edison bis zu 50.000 Versuchsansätze in eine einzelne Erfindung.

Traditionelle Vorgehensweisen zur Kreativitätserhöhung haben einen grundsätzlichen Mangel dahingehend, daß ihre sinnvolle Anwendbarkeit mit zunehmender Komplexität des Problems abnimmt. Die Probiermethodik ist in allen Prozessen wahrscheinlich schon angewandt worden, die Zahl der notwendigen Versuche steigt mit der Komplexität des innovativen Problems aber dramatisch an. Manche Problemlösungen verbrauchen sogar mehr als eine Generation an Erfindern. Altschullers Streben war es, Erleichterungen oder Vereinfachungen in schwierigen innovativen Vorgängen zu finden, um dann das Prinzip dieser Vereinfachung an andere Menschen weiterzugeben. Mit dieser Entschlossenheit, den innovativen Prozeß zu verbessern, schuf er schließlich TRIZ.

Mit dem Ziel, eine Wissenschaft der Kreativität zu entwickeln, waren Altschullers zentrale Fragestellungen folgende:

– *Wie kann man die für eine Erfindung notwendige Zeit verkürzen?*
– *Welche Struktur hat ein Vorgang, der bahnbrechendes Denken verstärkt?*

Beim Versuch, diese Fragen zu beantworten, wurde Altschuller klar, wie schwierig es für Wissenschaftler ist, außerhalb ihres Fachgebietes zu denken – andere Denkansätze und die andere Fachsprache behindern den Fachgebietswechsel gewaltig. Altschuller und die wachsende Zahl seiner Kollegen begann daraufhin die innovativen Vorgehensweisen bereits gelöster Probleme, die man in der weltweiten Patentliteratur finden kann, zu analysieren. Durch das Identifizieren von – über verschiedenste Technologien hinweg gültigen – wiederkehrenden Mustern kreativer Problemlösungen läßt sich die eingeengte Sichtweise des Spezialisten überwinden und der kreative Prozeß dramatisch verbessern.

Auf dieser Basis kann nun jeder, der denken kann, auch innovativ sein ... und talentierte Erfinder werden noch effizienter. In den 80er Jahren schätzte Altschuller die Zahl der etablierten TRIZ-Institute und TRIZ-Schulen auf annähernd 100. Diese Institutionen haben die Inhalte der TRIZ-Methode erweitert, indem sie ihre theoretischen Erkenntnisse hinsichtlich Problemlösen auf reale Situationen angewandt haben und weitere analogiebasierende innovative Prinzipien identifiziert haben.

3. Geschichte der Theorie des erfinderischen Problemlösens

300 vor Christus definierte der Grieche Pappos das Wort Heuristik als die Wissenschaft des Entdeckens und Erfindens. Die Worte „Entdeckung" und „Erfindung" als solche hatten eine breite Bedeutung, die auch die produktive Arbeit von Künstlern, Politikern, Generälen etc. mit einschloß, so daß „Heuristik" letztendlich den Prozeß der Problemlösung beschrieb. Altschuller hat mit seinem Prozeß der systematischen Innovation eine Renaissance der Heuristik ausgelöst.

TRIZ ist die russische Abkürzung der kyrillischen Worte

> **Теория Решения Изобретательских Задач**

TRIZ wird wie der englische Plural von Baum (tree) mit langen „e" und rollendem „r" als 'trees' ausgesprochen. Die englische Übersetzung „Theory of Inventive Problem solving" läßt sich mit TIPS abkürzen.

Altschuller bietet in seinem Buch „Creativity as an Exact Science" noch die Übersetzung „Theory of the Solution of Inventive Problems (TSIP)" an. Darüber hinaus verstehen einige Unternehmen TRIZ als „Systematic Innovation (SI)" (systematische Innovation). Letztendlich sollten alle oben angeführten Begriffe bei der Literatursuche und Internet-/WWW-Recherchen zum Thema TRIZ benutzt werden.

Wie auch immer genannt, bietet TRIZ eine einzigartige Möglichkeit, Innovationskraft zu erhöhen und Prozesse oder Produkte radikal zu verbessern. Dieses mächtige Werkzeug eliminiert die durch Konflikte verschiedener Anforderungen oder Ziele verursachte Notwendigkeit von Kompromissen und trade-offs. TRIZ begrüßt nämlich einen identifizierten Konflikt geradezu als Chance zur Verbesserung und führt so zu einem erfinderischen Entwicklungsprozeß.

4. Die andere Seite der Revolution

Genrich Altschuller wurde 1926 etwa 10 Jahre nach Beginn der Bolschewistischen Revolution in Rußland geboren und zeigte schon früh im Leben ein Faible für kreative Innovationen. Als Kind liebte er es, unter Wasser zu schwimmen. Im Alter von 14 Jahren erfand, entwickelte und testete er ein Gerät, das Sauerstoff aus Wasserstoffperoxid zur Verfügung stellt. Mit diesem Gerät konnte er länger als vorher unter Wasser bleiben. Ohne es bewußt wahrzunehmen setzte Altschuller hier das Konzept „Entwicklungswidersprüche ohne Kompromiß zu lösen" durch Ausnutzung einfach verfügbarer Ressourcen ein.

Sauerstoff zum Atmen verursacht Auftrieb im Wasser und beansprucht viel Platz, aber was der junge Altschuller brauchte, war kein oder gar leicht negativer Auftrieb und wenig Platzverbrauch. Seine Lösung war, den Phasenübergang von flüssigem Wasserstoffperoxid in die Gasphase unter Erzeugung von Sauerstoff zu nutzen. Im Alter von 16 Jahren erhielt Altschuller sein erstes Patent auf dieses Gerät.

Altschuller setzte seine innovative Karriere unter dem Regime von Stalin fort. Zu dieser Zeit gab es in der Sowjetunion zwei Typen der Registrierung von Erfindungen. Ein Patent wurde selten vergeben, die meisten Erfinder bewarben sich daher für ein AU (author's certificate, Urheberschein). Hierbei ging der geistige Besitzanspruch an die sowjetische Regierung über, so daß dieses Zertifikat lediglich eine Bestätigung seines Beitrages für den Erfinder darstellte. Ironischerweise war es das einfache, standardisierte Format des Urheberscheines, das Altschullers Forschungen zum Prozeß des Erfindens erleichterte. Die staatliche Sammlung dieser Zertifikate diente ihm als gigantische Datenbank wertvoller Informationen. Im Laufe der Ausarbeitung von TRIZ haben Altschuller und seine Kollegen Zehntausende von Urheberscheinen und Patenten in der generellen Form von Abbildung 1-3 durchgearbeitet.

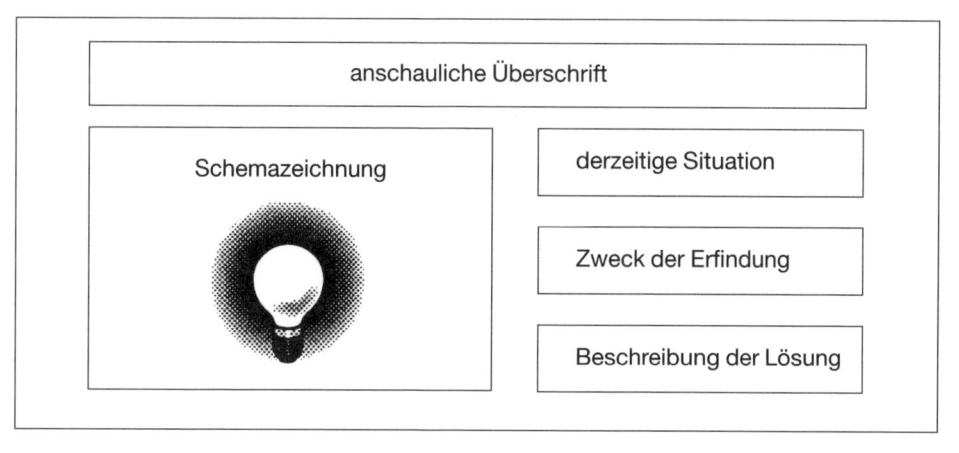

anschauliche Überschrift	
Schemazeichnung	derzeitige Situation
	Zweck der Erfindung
	Beschreibung der Lösung

Abbildung 1-3: Schematische Darstellung eines Urheberscheines

Im Zweiten Weltkrieg diente Altschuller beim Heer und wurde nach Kriegsende der Marine als Inspektor für Erfindungen zugeordnet. Diese Aufgabe gab ihm die Möglichkeit, Erfindern bei der Suche nach kreativen Lösungen ihrer technischen Probleme zu helfen. Zunächst wandte sich Altschuller der Psychologie zu, um Einsichten zu gewinnen, wie die Kreativität des Erfinders entfesselt werden könnte. Letzten Endes aber war dieser Ausflug in die Verhaltenswissenschaft bei weitem nicht so ergiebig wie die einfache Beobachtung, daß Tausende von Urheberscheinen auf ähnlichen Vorgehensweisen beruhten.

1946 beschloß Altschuller, eine neue Wissenschaft für die Theorie des Erfindens zu begründen. Seine Fortschritte in dieser Zeit waren atemberaubend. Innerhalb von zwei Jahren formte er das Fundament von TRIZ durch die Analyse Tausender Urheberscheine. Diese dreiseitigen Dokumente bestanden aus einem Deckblatt, einer Seite mit Skizze und einer einseitigen Beschreibung der Erfindung (Abbildung 1-3). Dieses einfache Format erleichterte die Analyse der dem innovativen Prozeß zugrunde liegenden Prinzipien.

Bei der Analyse der in hochinnovativen Patenten vorkommenden Grundprinzipien definierten Altschuller und sein Jugendfreund Ralph Shapiro die fünf Niveaus der Kreativität. Als Basis für die Einteilung in diese Niveaus dienten folgende Analysen:

- wie weit das zur Lösung verwendete Wissen vom Arbeitsgebiet des Erfinders entfernt war,
- wieviele theoretische Lösungsansätze in Betracht gezogen worden waren,
- dem geistigen Abstand der Lösung vom Problem
- und wie groß der Fortschritt vom alten Zustand zur neuen Lösung war.

Patente, die eine einfache Veränderung eines bestehenden Systems repräsentierten, wurden dem niedrigsten Niveau zugeordnet. Wurde das bestehende System deutlich verändert, dann ordnete man diese Patente als innovativer ein. Und Patente, die völlig neue Aspekte in die Wissenschaft einbrachten, ordnete man dem höchsten Niveau zu. Diese hochinnovativen Patente lieferten in der Regel Lösungen zu Widersprüchen und ließen sich häufig fixen Punkten entlang sich wiederholender Evolutionskurven zuordnen. Altschullers Forschungen ersetzten damit das unvorhersehbare „Heureka" des stereotyp wirren Wissenschaftlers oder des geistesabwesenden Professors mit den spezifischen Mustern der technischen Evolution, denen man mit einem in der täglichen Praxis verwendbaren Werkzeug folgen kann (Abbildung 1-4).

Genrich Altschuller (Pseudonym ALTOV)

Erste Erfindung im Alter von 14 Jahren

1946: die Evolution technischer Systeme ist kein Zufallsprozeß, sondern folgt definierten Spielregeln.

1985: 14 Bücher und Hunderte von Veröffentlichungen publiziert
      200.000 Patente analysiert
      40.000 Patente mit den kreativsten Lösungen selektiert.

Abbildung 1-4: Kurze Darstellung des Schaffens von Altschuller

Diese Muster, die man in der technischen Entwicklung erkannt hatte, enthalten zwei Hauptkomponenten:

- Gesetzmäßigkeiten in der technischen Evolution und
- Standardvorgehensweisen wie auch innovative Prinzipien, die immer wieder bei kreativen Lösungen benutzt werden.

Altschullers Beobachtungen führten zu einem weiteren Durchbruch: nachdem die Entwicklung technischer Systeme ein Vorgang ist, der nach definierten Gesetzten abläuft, kann dies gelehrt werden! Unter Anwendung dieses Wissens gelangten Altschuller und seine Kollegen zu vielen guten zivilen und militärischen Patenten. Eine Möglichkeit, verschüttetes Öl zu sammeln, eine Methode zur Rettung der Mannschaft eines versunkenen U-Bootes, ein innovativer Schutzanzug für Retter in einer Mine – dies sind nur wenige Beispiele aus diesem Team. Wichtiger jedoch als diese persönlichen Erfindungen war die Tatsache, daß eine Revolution auf dem Gebiet des erfinderischen Problemlösens begonnen hatte.

Altschuller und Shapiro waren von ihrem Fortschritt begeistert. Trotz Angst vor möglichen Konsequenzen äußerten sie 1948 in einem Brief an Stalin ihre Befürchtungen über die Zukunft der UdSSR. Sie kritisierten die Rahmenbedingungen für Innovation in der ganzen Nation und boten einige Maßnahmen zur Verbesserung der Situation an. Dieser Vorschlag stellte eine embryonale Form von TRIZ dar. Unglücklicherweise wurden ihr Patriotismus und die wertvollen Ideen nicht honoriert: Altschuller und Shapiro wurden wegen „erfinderischen Tuns mit dem Ziel dem Land Schaden zuzufügen" verurteilt. Nach einem Jahr der Untersuchungshaft und Folter wurden sie für 25 Jahre in ein Arbeitslager jenseits des Polarkreises verbannt.

Was für viele Menschen ein höllisches Dasein geworden wäre, wurde zu einer Zeit intellektuellen Wachstums und Produktivität für Altschuller. Im Arbeitslager fanden sich Dutzende Professoren, hervorragende Wissenschaftler, Musiker und Künstler wieder, die alle im Verlaufe der Säuberungsaktionen Stalins interniert worden waren. In diesem hochintellektuellen Umfeld entwickelte sich Altschullers Lehre weiter. Gerade weil die Mitgefangenen glücklich waren, jemanden zu haben, der ihnen stundenlang zuhören und dabei lernen konnte, wurde das Arbeitslager zur privaten Universität von Altschuller. Die größte Strafe aber war und blieb das Verbot zu schreiben. Man wurde grausam geschlagen und in eine Zelle gesteckt, wenn man mit einem Notizblock erwischt wurde. Trotz dieser beträchtlichen Einschränkung entwickelte Altschuller seine Wissenschaft der Innovation weiter. Mit bemerkenswertem Gedächtnis und seiner analytischen Fähigkeit nutzte Altschuller die Zeit, um die Gesetze der Weiterentwicklung technischer Systeme wie auch die Methoden des erfinderischen Problemlösens auszuarbeiten.

Stalin starb 1953, Altschuller und Shapiro wurden ein Jahr später freigelassen. Beide setzten die Entwicklung von TRIZ fort und publizierten ihren ersten Artikel zu den Grundprinzipien ihrer Theorie 1956 in einer Ausgabe des Magazins „The Questions of Psychology" (Fragen der Psychologie). Shapiro schrieb das erste Buch über TRIZ, verlor jedoch danach das Interesse an der Weiterentwicklung der Theorie.

In den folgenden Dekaden interessierten sich Fachleute aus vielen verschiedenen Disziplinen für Altschullers Resultate, übernahmen, adaptierten und entwickelten seine Methodik weiter.

1974 wurde Boris Zlotin aktiver TRIZ-Befürworter und 1981 schloß sich Alla Zusmann dem Kreis TRIZ-interessierter Fachleute an. Reale Anwendungen mehrten sich und bestätigten die Theorie. TRIZ wurde auf Probleme in Wissenschaft, Geschäftsleben, Management und anderen Gebiete angewandt. So wie TRIZ nun auch ein Hilfsmittel zur Ausbildung der Kreativität wurde, so interessierten sich auch zunehmend Zeitungen, Zeitschriften und Bücher, ja sogar eine regelmäßige Fernsehshow für Kinder dafür.

Auch Jahre nach Stalins Tod beeinträchtigte der pausenlose Kampf mit der staatlichen Behörde für Erfindungsangelegenheiten wie auch mit der Gesellschaft für Erfinder den Einsatz von TRIZ. Die sowjetische Führung weigerte sich, auf einen intellektuellen Juden zu hören. In einem solchen Klima der Beschränkungen war es selbst für einflußreiche Persönlichkeiten in der Industrie schwierig, Vorteile aus dieser Innovations-Methodik zu ziehen. Grundsätzliche Schwierigkeiten entstanden dadurch, daß Altschuller und seine Kollegen diese Techniken nicht für finanziellen Zugewinn einsetzen konnten. Unter dem Pseudonym ALTOV veröffentlichte Altschuller Science-fiction-Romane zur Sicherung seines Lebensunterhaltes. Aber auch hier gelang es ihm, TRIZ für die Generierung vieler Ideen bei seinen futuristischen Geräten und Kreaturen einzusetzen.

Trotz dieser Schwierigkeiten wuchs die starke und loyale Gefolgschaft kontinuierlich. In den 70er Jahren erschienen Übersetzungen von Altschullers Büchern und Artikeln in (Ost-)Deutschland und Polen, erreichten dann Japan, USA und andere westliche Länder. Die TRIZ-Weiterentwicklung in der Sowjetunion lebte unter der Perestroika von Gorbatschow auf. Privatfirmen begannen, TRIZ für die Lösung komplizierter technischer Managementprobleme wie auch bei anderen Sachverhalten einzusetzen, da ihnen der Vorteil, den TRIZ in einer freien Marktwirtschaft bringt, schnell klar wurde.

Bis 1985 hatte Altschuller über 14 Bücher geschrieben, davon einige mit Boris Zlotin und eines mit Alla Zusmann. Nur zwei dieser Bücher sind ins Englische übersetzt worden. Sie enthalten die zentralen Erkenntnisse von Altschuller (vgl. Abbildung 1-5), die das Wissen aus 200.000 begutachteten und davon 40.000 als kreativ mit hochinnovativen Lösungen eingestuften Patenten enthalten.

Kernelemente der Altschullerschen Arbeit:

Stufen der Innovation
Widersprüche
        technische
                40 innovative Grundprinzipien (1956– 971)
                39 technische Parameter
        physikalische
                3 Separationsprinzipien (1979)
Idealität (1956)
76 Standardlösungen (1974–1979)
Evolutions-Grundmuster (1969–1979)
ARIZ (Algorithmus zur erfinderischen Problemlösung) (1959–1985)
Objekt-Feld-Analyse (1975)

Abbildung 1-5: Kernelemente der Altschuller'schen Arbeit

Als 1985 die nachlassende Gesundheit Altschuller zu bremsen begann, widmete er sich dem Thema Kreativität mehr vom allgemeinen Standpunkt aus. Die Altschuller'sche Sammlung von Techniken vor Beginn dieser Krankheit ist gemeinhin als TRIZ bekannt.

Eingedenk dieser Historie ist die Frage berechtigt „Wie weit ist TRIZ in der ehemaligen Sowjetunion verbreitet?" Vor 1986 gab es wenig Chancen, TRIZ in Realität einzusetzen. Akademiker – weitab von der realen Welt – konnten die Theorie entwickeln, hatten aber keine Gelegenheit, ihr Wissen anzuwenden. Wann immer Einzelpersonen Anläufe unternahmen, die Methode zu implementieren, wurde ihnen gesagt, daß sie die Vorgehensweise zwar selbst benutzen, aber niemand anderen darin trainieren dürften.

Trotz dieser Restriktionen wurde eine beträchtliche Zahl an Menschen geschult. Aber wo auch immer in der Geschäftswelt und Industrie TRIZ hätte effizient eingesetzt werden können, da war keine Möglichkeit, ein organisiertes geregeltes Netzwerk an TRIZ-Praktikern zu etablieren. Heutzutage wird TRIZ in der ehemaligen Sowjetunion von Kreditinstituten benutzt, es ist ein Bestandteil der Ausbildung an Privatschulen und hat Eingang in die Politik gefunden.

Nordamerikaner suchen in ihrer pragmatischen Art hingegen immer nach Wegen, ihre innovativen Prozesse zu verbessern und viele Unternehmen arbeiten daran, die interne Expertise weiterzuentwickeln. Typischerweise beginnt der Prozeß der TRIZ-Methoden-Integration in einem US-Unternehmen mit einem Training durch einen Berater, der dann im zweiten Schritt die praktische Anwendbarkeit an echten herausfordernden Problemen demonstriert. Dann beginnt man mit internem Training unter der Zielvorgabe, einfachere Probleme ohne Berater zu lösen. Diese Kombination, ein anspruchsvolles Problem mit einem bezahlten Berater exemplarisch zu lösen, dies als Beispiel für interne Schulungen zu nutzen und dann selbst die Methode bis zur Beherrschung zu üben, trägt sehr effizient dazu bei, den Erfahrungsschatz eines Unternehmens auszudehnen. In ihrem Bestreben, die Methode in Realität einzusetzen, fanden die osteuropäischen TRIZ-Experten ein sehr aufnahmefähiges Publikum in den Vereinigten Staaten.

Rockwell Automotive gelang es mit einem TRIZ-Berater die Komponenten eines Bremssystems von 12 auf 4 zu verringern, wodurch die Kosten um 50% sanken. Ford Motor Company suchte nach einer Lösung für ein transaxiales Lager, das unter Belastung dazu tendierte, sich aus der korrekten Position fortzubewegen. Die Anwendung von TRIZ führte zu 28 neuen Entwürfen. Einer der interessantesten zeichnete sich dadurch aus, daß er ein Lager mit kleinerem Ausdehnungskoeffizienten einsetzte und sich die bei höherer Belastung entstehende höhere Temperatur zum Vorteil machte: je schwerer die Last, desto fester das Lager.

5. Übersicht zu den folgenden Kapiteln

In diesem Buch werden die klassischen Elemente von TRIZ sowie zwei neuere Entwicklungen, die seitens der Ideation International Inc. Methodik als wesentlich erachtet werden, vorgestellt. Im wesentlichen lassen sich die TRIZ-Werkzeuge in zwei Gruppen unterteilen: in analytische Hilfsmittel zur Strukturierung des Problems und in wissensbasierte Hilfsmittel, die in Form einer Datenbank Konzepte für die Problemlösung liefern. Während der Entwicklung der TRIZ-Methodik ging Altschuller gewissermaßen rückwärts vor: von der Lösung zum Problem. In der Anwendung geht man natürlich vom Problem aus, und um dieses zu strukturieren und klarzustellen bedarf es gewisser Vorgehensweisen. Diese Methoden zur Beschreibung des Problemumfeldes und zur Formulierung des eigentlichen Problems werden in Kapitel 2 und 3 dargestellt und sind genau die oben erwähnten zwei Weiterentwicklungen von TRIZ. Die klassischen TRIZ-Werkzeuge werden in den Kapiteln 4 bis 8 dargestellt. Kapitel 9 zeigt eine TRIZ-basierende Methode zur Fehlervermeidung und Kapitel 10 setzt sich mit Aspekten der Implementierung auseinander (Abbildung 1-6).

Kapitel 1	Einführung in die Theorie des erfinderischen Problemlösens (TRIZ) – Überblick
Kapitel 2	Innovations-Checkliste
Kapitel 3	Problem-Formulierung
Kapitel 4	Widerspruchsanalyse
Kapitel 5	Idealität
Kapitel 6	Stoff-Feld-Systeme
Kapitel 7	ARIZ
Kapitel 8	Gesetzmäßigkeiten der technischen Evolution
Kapitel 9	Antizipierende Fehlererkennung
Kapitel 10	Implementierung

Abbildung 1-6: Inhaltlicher Überblick

Kapitel 1:

Der verbleibende Rest dieses Kapitels gibt einen Eindruck, auf welchen Wegen TRIZ zur Entwicklung innovativer Konzepte und Lösungen beitragen kann. Am Anfang erscheint eine bestimmte Erfindung als bahnbrechend, aber Jahre später ist sie dann in das allgemein verfügbare Wissen übergegangen und wird in Routine-Entwicklungsprozessen eingesetzt. Weiterhin werden die 5 Niveaus der Innovation (vgl. Abbildung 1-8) – wie sie Altschuller für seine Untersuchungen definierte und einsetzte – erläutert. Diese 5 Niveaus dienen zur bewertenden Einordnung der weltweiten Patente hinsichtlich der relativen Erfindungshöhe einer innovativen Konstruktion oder eines pfiffigen Designs.

Kapitel 2:

Die Innovations-Checkliste zwingt Sie, alle Probleme, verfügbare Ressourcen, Lösungsmöglichkeiten, Limitationen etc. in systematischer Art zu dokumentieren. Dieser strukturierte Ansatz reduziert die Chance, Teilaspekte oder einzelne Ressourcen des Gesamtproblems zu übersehen.

Kapitel 3:

In den frühen Jahren der TRIZ-Entwicklung arbeitete Altschuller ausschließlich mit den präzise definierten Problemen der Patentliteratur. Daher kümmerte er sich nicht um Themen wie Problemdefinition, Problemstrukturierung, Problemidentifizierung. Daher begannen 1989 Alla Zusman und Boris Zlotin mit der Entwicklung einer Methode zur Problemformulierung, an der sie auch nach dem Umzug in die USA noch weiterarbeiten. In Kapitel 3 ist die nicht Software-basierende aktuelle Version dieser Vorgehensweise dargestellt.

Kapitel 4:

Die Analyse von Erfindungen auf mittlerem bis hohem Kreativitätsniveau zeigte, daß zentrale konstruktive Probleme auf einem Widerspruch basieren und in zwei Arten unterteilt werden müssen: entweder liegt ein *technischer* oder ein *physikalischer Widerspruch* vor. Heutzutage gilt diese Analyse als das zentrale Element von TRIZ! Auf diesem Weg der Auflösung von Widersprüchen ist es ohne Vorkenntnisse möglich, innovative Ideen zu entwickeln.

Diese Methode benutzt eine Tabelle technischer Widersprüche und gibt an, mit welcher von 40 innovativen Vorgehensweisen der Widerspruch von 39 Systemparametern aufgelöst werden kann. Diese Methode ist so erfolgreich, daß die Tabelle technischer Widersprüche und die 40 innovativen Grundprinzipien gemeinhin als „TRIZ" gelten. Dennoch – das soll dieses Buch zeigen – ist TRIZ mehr als nur das Lösen eines technischen Widerspruches zwischen beliebigen zwei der 39 Parameter.

Physikalische Widersprüche wurden 1979 als sinnvoller Denkansatz aufgegriffen. Sie beschreiben einen Sachverhalt bei dem zwei unterschiedliche Zustände vorliegen, ein Gegenstand ist beides: kalt und heiß! Derartige Widersprüche werden durch Separationsprinzipien aufgelöst, die in Kapitel 4 ebenfalls beschrieben werden. Eigentlich existiert ein Widerspruch dieser

Art nur, wenn das Auftreten beider Zustände zur gleichen Zeit oder am gleichen Ort gefordert wird. Separationsprinzipien zwingen den Erfinder, bis dato übersehene Zusammenhänge aufzudecken und so nach Möglichkeiten zu suchen, den physikalischen Widerspruch zu separieren.

Kapitel 5:

Ideale Konstruktionen verbrauchen keine Betriebskosten, da sie vorhandene, frei verfügbare Ressourcen, beispielsweise Energie und physikalische Phänomene, nutzen. 1956 wurde die Beobachtung, daß sich jedes System in Richtung zunehmender Idealität entwickelt, als Gesetz formuliert. In diesem Kapitel werden Sie das Konzept der Idealität und die Wege zur Idealität kennenlernen.

Kapitel 6:

Jedes Grundelement technischer Systeme hat drei Komponenten: eine Energiequelle (F), die auf eine Systemkomponente (S_1) in der Art einwirkt, daß eine andere Systemkomponente (S_2) eine Veränderung erfährt.

Dieses modellhafte Bild der Realität – Stoff-Feld-Analyse genannt – wurde 1975 als Methode etabliert und bis 1985 zur sogenannten Sammlung der 76 Standardlösungen weiterentwickelt. Im Kapitel 6 werden Sie einige dieser Standardlösungen kennenlernen.

Kapitel 7:

Die Suche nach einer integralen, alle Werkzeuge beinhaltenden Vorgehensweise zur erfinderischen Problemlösung begann 1959. Von zarten Anfängen mit 4 individuellen Schritten wuchs die Vorgehensweise bis 1985 auf etwa 60 Einzelschritte lawinenartig an und wurde unter dem Namen ARIZ (Algorithmus zur erfinderischen Problemlösung) bekannt. ARIZ93, die derzeit aktuellste Version des Algorithmus, enthält fast 100 Einzelschritte. Die von Alla Zusmann und Boris Zlotin bei Ideation International Inc. entwickelten Softwarelösungen beinhalten über ARIZ hinaus das „System der Operatoren", welches eine Integration der Prinzipien Idealität, Widerspruch, Standardlösung und Effekte darstellt.

Kapitel 8:

Der Gang in jedes beliebige naturwissenschaftlich-technische Museum bestätigt das Credo von Altschuller: Technische Konstruktionen folgen bestimmten Gesetzmäßigkeiten, den sog. Standardentwicklungsmustern der technischen Evolution. Ein solches Standardentwicklungsmuster beschreibt im Sinne einer allgemein gültigen Regel die Sequenz von Veränderungen, die bei der Weiterentwicklung vieler verschiedener Systeme übereinstimmend auftreten. Diese Sicht der technischen Evolution wurde zwischen 1969 und 1986 ausgearbeitet und wird auch nach Altschullers Schritt in den Ruhestand von seinen Kollegen weiterentwickelt.

Kenntnis und Anwendung dieser Standardentwicklungsmuster erlauben es bereits heute, die technischen Weiterentwicklungen von morgen zu finden.

Kapitel 9:

Dieses Kapitel widmet sich der sog. antizipierenden Fehlererkennung, einer Art der subversiven oder provokativen Fehlerermittlung zur Vermeidung von Ausfällen und/oder fehleranfälligen Konstruktionen.

Kapitel 10:

In diesem Kapitel lernen Sie den TRIZ-Werkzeugkasten und die Spielregeln für den Einsatz der verschiedenen TRIZ-Werkzeuge kennen. Wie paßt alles zusammen? Wie nutze ich einzelne Kapitel dieses Buches bei der Lösung spezifischer Probleme? Kapitel 10 soll hier helfen.

TRIZ-Fachleute schätzen, daß mittlerweile mehr als 2 Millionen Patente im Rahmen der Suche nach Gesetzmäßigkeiten und Vorgehensmustern ausgewertet wurden. Nach wie vor wird die Methode weiterentwickelt, die Aktivitäten der Mitautoren Boris Zlotin und Alla Zusmann an der Kishnev-TRIZ-Schule in Moldawien sind in Abbildung 1-7 dargestellt. Sie haben Schwächen der Methodik identifiziert, einzelne Werkzeuge verbessert und neue Vorgehensweisen beschrieben. Als maßgebliche Wissenschaftler von Ideation International Inc. brachten sie ihr Wissen – wie einige andere TRIZ-Experten – in die westliche Welt, speziell in die USA.

> Überblick zu dem Arbeiten von Zlotin, Zusmann et al.
> (Kishnev-TRIZ-Schule, Moldawien)
>
> ☑ Überarbeitung und Restrukturierung von TRIZ-Tools (1985)
> ☑ Zahl der Evolutionslinien auf über 240 ausgedehnt
> ☑ ARIZ verbessert
> ☑ neue Werkzeuge generiert:
>   ✔ Prozeß der Problem-Formulierung
>   ✔ System der Operatoren
>   ✔ Weiterentwicklungen
>   ✗ antizipierende Fehlerermittlung
>   ✗ zielgerichtete Produkt- / Prozeß-Evolution
>   ✗ Aufdeckung weiterer Verbesserungsmöglichkeiten

Abbildung 1-7: Aktivitäten der Mitautoren Boris Zlotin und Alla Zusmann an der Kishnev-TRIZ-Schule in Moldawien

Die neueren Vorgehensweisen zusammen mit den klassischen TRIZ-Methoden geben dem heutigen Anwender einen vollen Werkzeugkasten in die Hand. Erfahrung muß man sich dahingehend aufbauen, jedes Werkzeug zu kennen und beurteilen zu können, welches Tool für ein spezifisches Problem am besten geeignet ist.

In puncto Software existieren derzeit zwei Produkte auf dem Markt, die die Handhabung der TRIZ-Werkzeugkiste erleichtern. Ein Produkt wurde von Valerie Tsourikov (Invention Machine Inc., Boston, MA, USA) realisiert, das andere von Ideation International Inc., Southfield, MI, USA.

Dieses Buch ist „software-frei" und zeigt Ihnen, wie die TRIZ-Methodik unabhängig von einem Computerprogramm angewendet werden kann. Gleichwohl ist der vorliegende Lehrtext methodisch mit beiden Softwareprodukten kompatibel.

6. Innovationshöhe

Altschuller definierte ein erfinderisches Problem, d.h. eine konstruktive Fragestellung mit erfinderischer Zielsetzung, als ein Problem, das sich durch einen Widerspruch auszeichnet. Widerspruch ist hier als Situation zu verstehen, wo das Verbessern einer Systemeigenschaft eine Verschlechterung anderer Systemeigenschaften zur Folge hat.

Nach Durchsicht von 200.000 Patenten selektierte Altschuller 40.000, die seiner Ansicht nach erfinderische Problemlösungen enthielten. Diese unterteilte er entsprechend der Höhe an Genialität in fünf verschiedene Stufen der Innovation. Wichtig ist, daß nicht das Problem selbst, sondern einzig und alleine die mehr oder weniger kreative Problemlösung in diese Innovationsniveaus eingeordnet werden kann!

7. Ebenen der Innovation

Abbildung 1-8 faßt die Ergebnisse der zwischen 1964 und 1974 durchgeführten Patentbewertungen hinsichtlich relativer Häufigkeiten unterschiedlicher Erfindungshöhen zusammen. Analysen neueren Datums sind nicht verfügbar.

Die fünf Niveaus der Innovation

1. Offensichtliche, konventionelle Lösung: 32%.
   Problemlösung mittels im betreffenden Fachgebiet bekannter Methoden.

2. Geringfügige Erfindung innerhalb der existenten Konstruktion: 45%.
   Verbesserung eines existenten Systems, in der Regel mit Kompromissen.

3. Substantielle Erfindung innerhalb einer Technologie: 18%.
   Grundlegende Verbesserung eines existierenden Systems.

4. Erfindung außerhalb einer Technologie: 4%.
   Neue Generation eines Designs oder neue konstruktive Lösung basierend auf neuer wissenschaftlicher Erkenntnis.

5. Entdeckung: 1%.
   Grundlegende Erfindung basierend auf einem neuen wissenschaftlichen Phänomen.

Abbildung 1-8: Die fünf Niveaus der Innovationshöhe

Niveau 1 enthält 32% der patentierten Innovationen. Hierbei wurde die offensichtliche Problemlösung aus nur wenigen klar zu erkennenden Optionen selektiert. Innovationen auf Niveau 1 sind keine Erfindungen, sondern geradlinige Erweiterungen oder Verbesserungen bestehender Systeme oder Konstruktionen ohne substantielle Veränderung. In der Regel wird eine einzelne Eigenschaft verstärkt oder gefördert. Beispiele für dieses Niveau an Innovation sind: größere Wandstärke zugunsten besserer Isolation bei Häusern, größerer Abstand zwischen den Frontskiern bei einem Snowmobil für bessere Stabilität. Lösungen dieser Art repräsentieren gute Konstruktionskunst, aber existente technische Widersprüche werden weder identifiziert noch gelöst.

Eine Problemlösung auf Innovationsniveau 2 führt durch das Verringern eines Widerspruches zum Preis eines Kompromisses zu geringfügigen Verbesserungen innerhalb des existenten Systems. In diese Kategorie fallen 45% aller Erfindungen. Die Verbesserung wird in der Regel nach wenigen hundert Versuchen gefunden und basiert auf Fachwissen aus nur einer Disziplin. Das vorhandene System wird geringfügig geändert und durch neu hinzugekommene Eigenschaften verbessert. Beispiele für Erfindungen dieses Niveaus sind das neue Federungssystem zwischen der angetriebenen Schneekette und dem Rahmen eines Snowmobils oder das höhenverstellbare Autolenkrad zur bequemen Anpassung an die unterschiedlichen Körpergrößen von Fahrern.

Erfindungen auf Innovationsniveau 3 verbessern existente Systeme oder Konstruktionen signifikant und machen einen Anteil von 18% an der Gesamtmenge aller innovativen Problemlösungen aus. Hier werden Entwicklungsaufgaben oder Probleme mit paradoxen, sich widersprechenden Anforderungen erfinderisch gelöst, oft sogar durch Einführung neuartiger konstruktiver Elemente. Dieser Typ von Erfindung benötigt oft mehrere hundert Ideen, die alle im Sinne von „trial-and-error" (Versuch und Irrtum) überprüft werden müssen. Als Beispiel sei hier der Übergang vom Standardgetriebe im Automobil zum Automatikgetriebe oder der Schritt von der konventionellen Kupplung zur elektrisch betriebenen genannt. Diese Erfindungen benutzen Technologien aus anderen Industrien oder Disziplinen, die im Umfeld des zu lösenden Problems wenig bekannt sind. Die hierbei entstehende Problemlösung sorgt für eine Horizonterweiterung im betroffenen Industriezweig, eine Innovation auf Niveau 3 liegt also zunächst außerhalb der in diesem Bereich akzeptierten Ideen und Prinzipien.

Erfindungen auf Innovationsniveau 4 werden in der Wissenschaft, nicht in der Technik gemacht und repräsentieren etwa 4% aller innovativen Patente. Zehntausende Experimente sind in der Regel notwendig und die Lösung liegt außerhalb des geltenden Horizontes, d.h., ein völlig neues wissenschaftliches Prinzip wird zur Erfüllung der Primärfunktion eines Systems oder einer Konstruktion eingesetzt. Hier werden widersprüchliche Anforderungen des Ausgangs-Systems durch den Übergang zu einer völlig anderen Problemlösung eliminiert. Mit anderen Worten benutzen Innovationen auf Niveau 4 physikalische Effekte und Phänomene, die bis dato wenig bekannt waren. Ein illustratives Beispiel hierfür ist die Fertigung von Schlüsselringen aus Material mit thermischem Gedächtnis (sog. shape memory metal). Anstatt des mühsamen Auseinanderpressens eines metallenen Ringes vollzieht sich der Schlüsselwechsel jetzt in heißem Wasser: das Formgedächtnis des speziellen Metalls veranlaßt den Ring, sich bei hoher Temperatur zu öffnen und bei Raumtemperatur wieder zu schließen. Ein anderes Beispiel ist die Oberflächenreinigung durch Mikrokavitation, die durch Ultraschall verursacht wird: gezielt verursachte Explosionen auf Mikroebene führen in Ultraschallreinigungsbädern zum gewünschten Reinigungseffekt.

Entdeckungen auf Innovationsniveau 5 liegen außerhalb der Grenzen der derzeitigen wissenschaftlichen Kenntnisse und treten als Pioniererfindungen mit etwa 1 % Häufigkeit auf. Sie basieren in der Regel auf lebenslanger Hingabe und der Überprüfung Zehntausender von Ideen. Dieser Typ von Innovation tritt auf bei der Entdeckung eines neuen naturwissenschaftlichen Phänomens und dessen kreativer Anwendung auf technische Fragestellungen. Innovationen auf Niveau 5 führen zu völlig neuen Systemen und neuen Industriezweigen – wie beispielsweise Transistor und Laser zeigen.

Wird eine Innovation auf Niveau 5 allgemein bekannt, dann folgen anwendungsorientierte Erfindungen auf den vier niedrigeren Niveaus. So wird das technologische Wunder Laser aus den 60er Jahren heutzutage in Laserpointern, CD-Laufwerken und Landvermessungsgeräten genutzt. Schon 1995 konnte jedermann ein das Maßband ersetzendes Lasermeßgerät für Entfernungen bis 7 Meter in der Größe einer Zigarettenschachtel kaufen. Diese Evolution innerhalb der Laser-Industrie zeigt, daß das Innovationsniveau einer Erfindung zeitabhängig ist.

In seinen Arbeiten konzentrierte sich Altschuller auf die Prinzipien, die hinter Problemlösungen der Innovationsniveaus 2, 3 und 4 stehen. Niveaus 1 und 5 wurden bei diesen Untersuchungen zur Systematik der Innovation ausgeklammert: Niveau 1, weil es keine erfinderische Komponente enthält und Niveau 5, weil es bei allen untersuchten Innovationen dieses Niveaus keine Gemeinsamkeiten gab; hier wurde jeweils ein neues Naturphänomen entdeckt und verstanden. Altschuller gelangte zu der Überzeugung, daß allgemein anwendbare Prinzipien vor allem Innovationen auf Stufe 2, 3 und 4 erleichtern. Letztendlich ist es diesem Umstand zuzuschreiben, daß Hunderttausende von Patenten analysiert wurden. Resultat dieser Bemühungen war das Identifizieren von 40 Prinzipien, die sehr konsistent immer wieder zur Lösung technischer Widersprüche eingesetzt werden.

Der enthusiastische Erfinder muß an dieser Stelle den Unterschied zwischen der Geschwindigkeit des sozialen Wandels und der des technischen Fortschrittes kennen. Die Diskrepanz beider Zeitschienen beeinträchtigt maßgeblich den Erfolg von Innovationen auf den oberen Niveaus. In seinem Buch „And Suddenly the Inventor Appeared" schreibt Altschuller: „Wenn man sich zur Entwicklung eines völlig neuen Systems entscheidet – obwohl die Weiterentwicklungsmöglichkeiten der existierenden, alten Konstruktion noch nicht ausgeschöpft sind – dann ist der Weg zu Erfolg und Akzeptanz durch die Gesellschaft lang und rauh. Probleme zu lösen, die ihrer Zeit voraus sind, ist schwierig. Aber am allerschwierigsten ist es, zu zeigen, daß ein völlig neues System überhaupt möglich und notwendig ist!" Mit anderen Worten: der Erfinder muß technische Lösungen, die ihrer Zeit zu weit voraus sind, mit Vorsicht angehen, da sie möglicherweise vom Umfeld nicht akzeptiert werden und die Unterstützung für weitere Entwicklungen eingeschränkt wird. Ein schrittweises Verbessern des existenten Systems ist hier möglicherweise die bessere Strategie!

Ein illustratives Beispiel für typische Reaktionen auf hohe Innovation ist die Einführung des Radars im 2. Weltkrieg. Radar erhöhte die Vorwarnzeit der U-Boot-Besatzungen vor anfliegenden Flugzeugen beträchtlich. Genau das führte zur Ablehnung dieser neuen Technik durch die U-Boot-Kommandanten eines bestimmten Landes: weil nun so viel mehr Flugzeuge auszumachen waren, unterstellten sie dem Radar eine anziehende Wirkung auf Luftfahrzeuge. Heutzutage mutet uns diese Reaktion seltsam an, widerspiegelt aber gut den menschlichen Widerstand gegen technologischen Fortschritt.

Ein Beispiel aus jüngster Zeit für einen zu kleinen Innovationsschritt: ursprünglich wurden Computer ohne Bildschirm verkauft. Was die Designer hier übersahen, war einerseits der klar abzusehende Kundenwunsch nach Visualisierung und andererseits die bequemere Handhabung eines solchen Systems mit Bildschirm auch für Computerhersteller und -programmierer.

Erfindungen auf Niveau 1, 2 und 3 sind in der Regel zwischen verschiedenen Disziplinen übertragbar, was letztendlich bedeutet, daß 95% (!) aller nach einer Innovation verlangende Probleme einer einzelnen Branche bereits in anderen Fachgebieten gelöst wurden!

Die große Mehrzahl aller Patente läßt sich in 4 Fachgebiete einordnen: Mechanik, Elektrizität und Magnetismus, Chemie, Thermodynamik. Stellen Sie sich einmal vor, wieviel Fachwissen ein Individuum hat, wieviel mehr an

Wissen ein Unternehmen, ein Industriezweig, eine ganze Gesellschaft oder gar die ganze Menschheit (Abbildung 1-9) hat.

Verfügbares Wissen

Thermodynamik — Mechanik — Chemie — Elektrizität und Magnetismus

Menschheit — Gesellschaft — Industriezweig — Unternehmen — Individuum

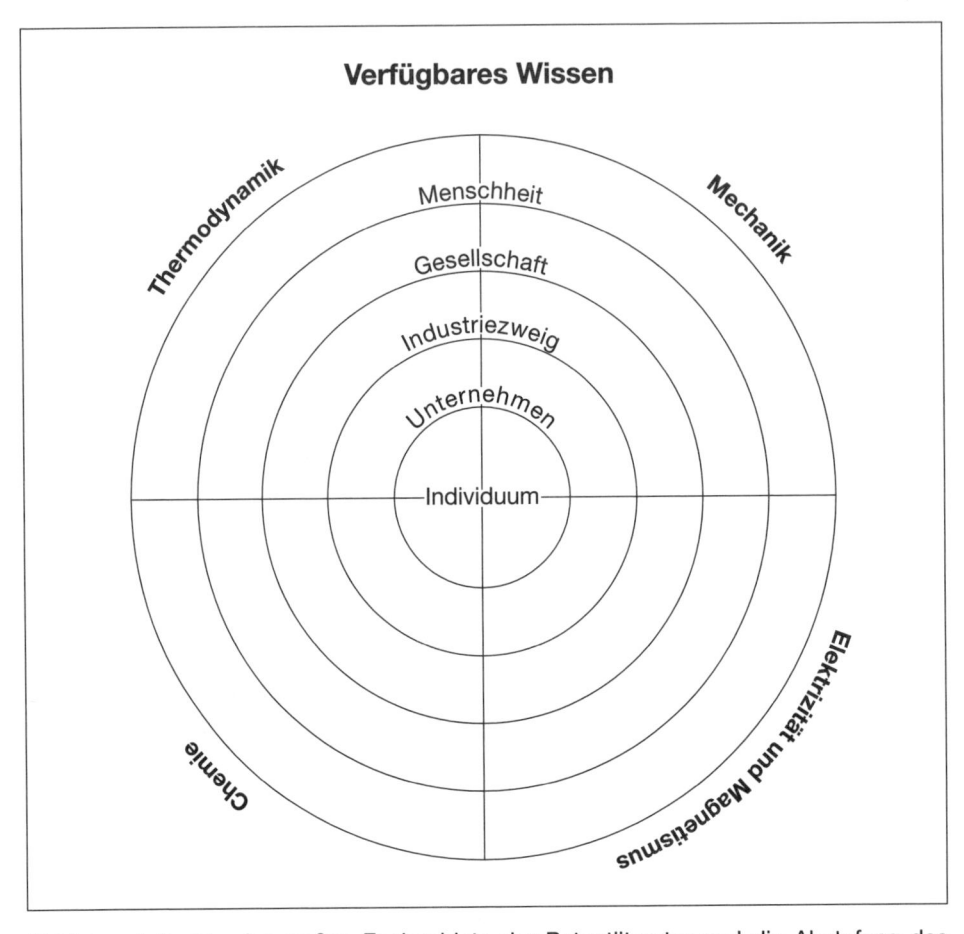

Abbildung 1-9: Die vier großen Fachgebiete der Patentliteratur und die Abstufung des Wissensumfanges zwischen Individuum und Menschheit

Umfaßt die Wissensbasis des Entwicklers alle Informationen des jeweiligen Industriezweiges, dann entstehen weniger Lösungsansätze als entstehen würden, wenn ihm das ganze Wissen der Menschheit zur Verfügung stünde.

Das Niveau an Kreativität kann innerhalb eines Wissensgebietes von Niveau 1 (persönliches Wissen) bis Niveau 5 (Wissen der gesamten Menschheit) unterteilt werden. Wenn ein Konstrukteur an einem mechanischen Problem arbeitet und sein/ihr Kind – das an einer Universität Chemie studiert – eine realistische Lösung auf Basis chemischer Prinzipien vorschlägt, dann passiert das, was wir eine Horizonterweiterung nennen. Ganz analog steigt das Kreativitätsniveau an, wenn sich ein Erfinder aus seinem gewohnten Problemumfeld herausbegibt.

Wenn eine Methode vorgegebene Probleme so umformuliert, daß diese im Vergleich zur aktuellen Lösung auf niedrigerem Innovationsniveau liegen, dann führt das zu besseren konstruktiven Lösungen in kürzerer Zeit. Allerdings bedingt der Abwärts-Transfer eines schwierigen Problems herunter in Richtung Niveau 1 manchmal Empfehlungen, die für den Entwickler fremd sind oder jenseits seines/ihres Erfahrungshorizontes liegen.

Beispiel: Würde bei einem solchen Problemtransfer die Empfehlung entstehen, zentrifugale Kräfte dadurch zu reduzieren, daß eine Flüssigkeit auf die Rotationsachse und nicht gegen die außenliegenden Wände Druck ausübt, dann würden die meisten Konstrukteure glauben, dieses Konzept einer Problemlösung käme aus einer anderen Welt. Nur wenige Konstrukteure sind sich der Existenz des Weissenberg-Phänomens für Materialien mit ganz spezifischer innerer Struktur bewußt. Dieses Phänomen wird auch in den meisten Physikkursen nicht gelehrt. Bei einem Interview speziell für dieses Buch erklärte uns ein 50-jähriger erfahrener Physikprofessor, daß ihm Flüssigkeiten, die sich bei Rotation hin zur Achse anstatt – entsprechend der Zentrifugalkraft – nach außen bewegen, nicht bekannt seien. Aber jeder, der eine Brotmaschine benutzt, kann den Teig beim Hochklettern an der Rotationsachse beobachten – und zwar aufgrund der speziellen Eigenschaft der Hefezellen, sich in Richtung der Rotationsachse zu strecken. Ein Lexikon, das alle Effekte aus Physik und Chemie bereitstellt, wäre sehr nützlich und ist ausschnittsweise in Anhang A zu finden. In der Tat gibt es derzeit sehr gute, software-basierende Realisationen eines solchen Lexikons.

Erfinderische Aufgabenstellungen oder Probleme werden oft mit technischen oder konstruktiven Problemen gleichgesetzt. Allerdings zielt der Erfinder darauf ab, Probleme durch Elimination von Widersprüchen zu lösen. Dies ist der zentrale Unterschied zwischen der Erfindung und der Arbeit derer, die im konstruktiven Prozeß involviert sind: wenn einmal die Idee geboren ist, dann muß das Können von Ingenieuren, Technikern und Designern eingesetzt werden. Deren Arbeit veredelt ein innovatives Konzept zu einem fertigen Produkt, das vom Markt verlangt wird.

Ein weiterer, jeder Innovation abträglicher Faktor ist die psychologische Denkbarriere, auch geistiger Trägheitsvektor genannt. Forscher haben in

Kapitel 1

ihrer Arbeit bevorzugte Denkrichtungen, die sich im allgemeinen entlang ihrer Spezialdisziplin bewegen. Natürlich steht in geringerem Umfang auch Wissen aus anderen Disziplinen zur Verfügung, so daß man den Lösungsraum eines Individuums in der Form eines Kegels darstellen kann (Abbildung 1-10).

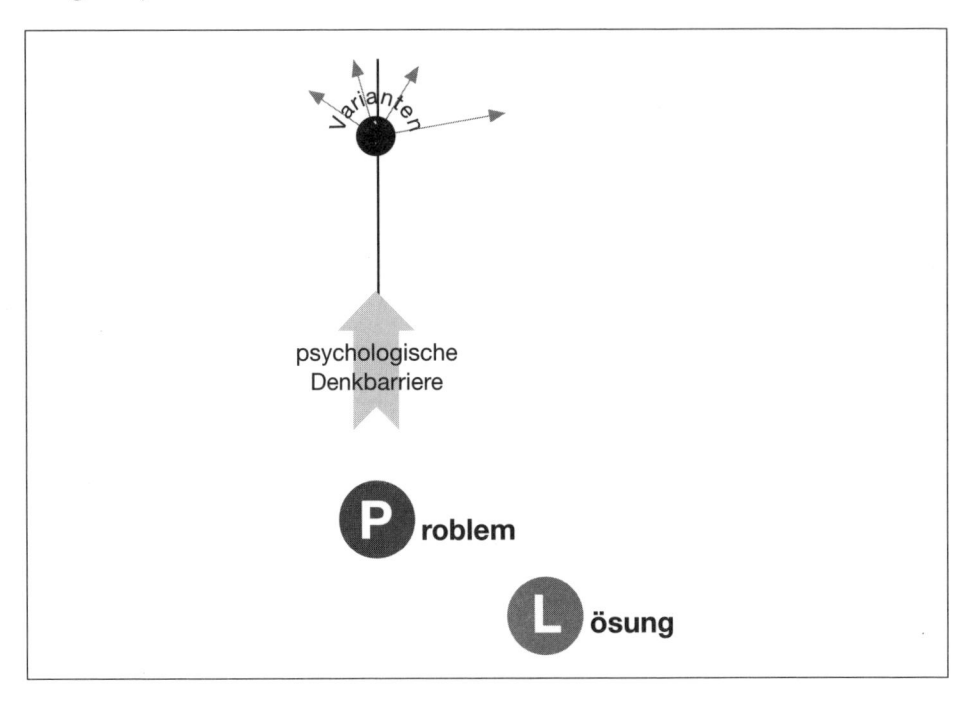

Abbildung 1-10: Die psychologische Denkbarriere veranlaßt uns – unabhängig vom Problem – immer in der gleichen Richtung nach Lösungen zu suchen

Die psychologische Denkbarriere veranlaßt Wissenschaftler und Entwickler, bei neuen Problemen die Lösung in der gleichen Richtung zu suchen wie bei bereits erfolgreich gelösten Fragestellungen. Diese Situation ist mit der einer wohldressierten Laborratte zu vergleichen, die sich immer wieder auf demselben, ganz spezifischen Pfad ihren Weg durch das Labyrinth des gesamten Wissens der Menschheit sucht.

Die psychologische Denkbarriere erinnert einen auch immer wieder an den Witz über einen Autobesitzer, der seinen Wagenschlüssel unter einer Straßenlaterne sucht. Ein Fremder bietet Hilfe an und fragt, wo denn die Schlüssel verloren gingen. Worauf der Wagenbesitzer antwortet: „Ich habe sie im Schatten des Wagens verloren, aber hier unter der Laterne ist das Licht zum Suchen besser!" Innovative Ideen findet man nicht beim Suchen an der falschen Stelle. Alle bis dato bekannten kreativitätsfördernden Methoden führen zu vielen, sich von einer Stelle aus sternförmig ausbreitenden Lösungsansätzen, aber der Input von anderen Technologien und Wissensgebieten fehlt. Natürlich ist dies abhängig von der Teamzusammensetzung, aber in Abbildung 1-11 ist dieser fatale Zustand dargestellt. Kein noch so pfiffiger Prozeß wird hier eine Lösung außerhalb der Gruppen-Wissensbasis zutage fördern.

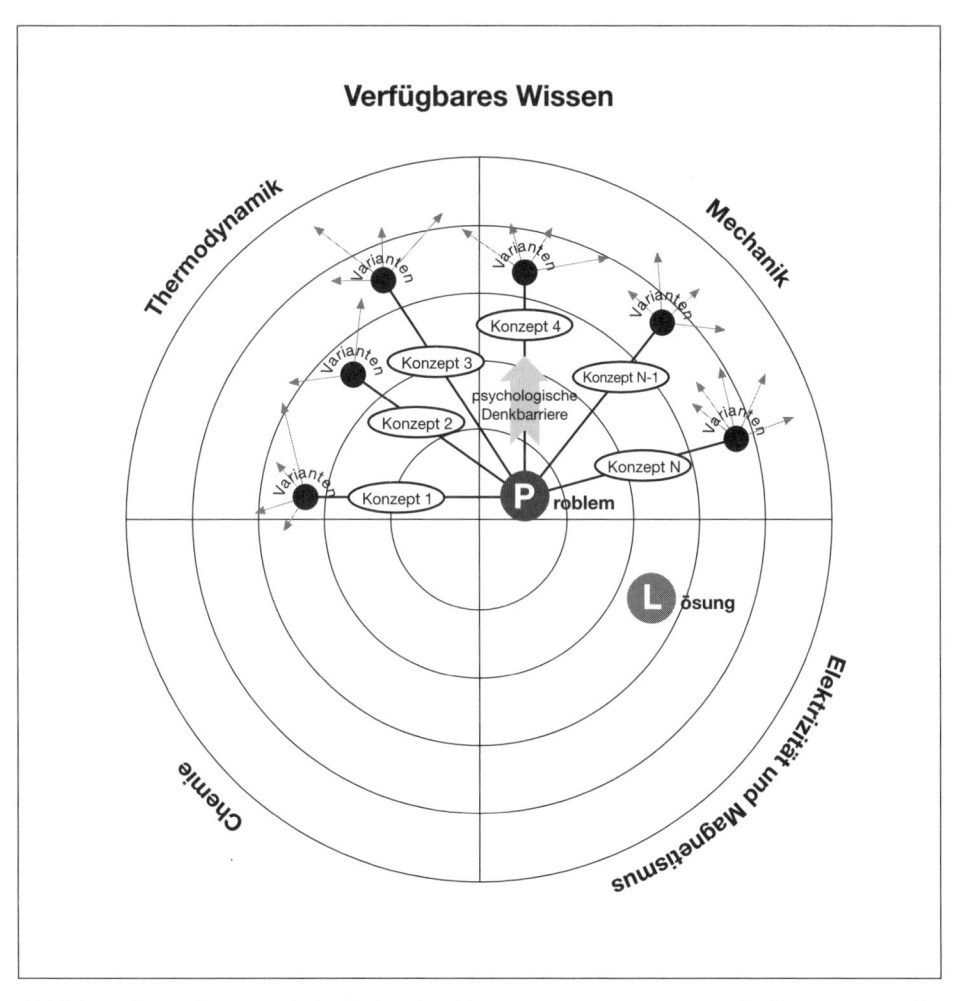

Abbildung 1-11: Die psychologische Denkbarriere schränkt den verfügbaren Raum für eine Lösungssuche ein

Die von A.Osborne in den 40er Jahren eingeführte Technik des Brainstormings erlaubt immerhin ein breites Auffächern des Sternes an Lösungsmöglichkeiten. Er fand heraus, daß ein Problemlöser-Team aus einigen Ideen-Erzeugern und einigen Ideen-Kritikern zusammengesetzt sein sollte, um beide Fähigkeiten zielgerichtet einsetzen zu können. Zunächst wird ein fixer Zeitblock ausschließlich für Ideen-Erzeugung und -Präsentation genutzt. In dieser Zeit können Ideen aus dem Unterbewußtsein in das eher limitierte und konservative Bewußtsein vordringen. Diese Vorgehensweise verbessert die zufallsgesteuerte Lösungssuche, kann aber nur Innovationen auf Niveau 1 und 2 erzeugen.

Ein interdisziplinäres Team zusammenzuführen – was gemäß Abbildung 1-11 ein sehr sinnvoller Ansatz zu innovativen Ideen ist – erweist sich in der Realität als sehr schwierig. Es ist praktisch unmöglich, im Team alle Fachgebiete zu integrieren und Mitglieder zu haben, die alles über ihr Fachgebiet wissen. Betrachten Sie Ihre vergangenen oder gegenwärtigen Projekte und schreiben Sie einmal alle im Team vertretenen Fachgebiete sowie die Wissenstiefe oder Erfahrung jedes einzelnen Teammitgliedes auf (Übung 1-1 in Abbildung 1-12).

Übung 1-1

Schreiben Sie die speziellen Fachgebiete und die Höhe an Erfahrung Ihrer Teammitglieder auf.

Abbildung 1-12: Fachgebiete und Erfahrung Ihrer Teammitglieder

Konstruktive Aufgabenstellungen wären einfacher zu lösen, wenn man einen kompetenten Problemlöser ausfindig machen und anstellen könnte, genau wie man einen Berater beauftragt. Aber welchen Berater? Dieser Suchprozeß nach dem richtigen Helfer basiert zunächst auf einer genauen Problemanalyse. Und genau das ist der erste Schritt zur Problemlösung: Wenn man weiß, welche spezifische Erfahrung benötigt wird, braucht man den Berater nicht mehr – insbesondere nach Anwendung des Prozesses der Problemformulierung in Kapitel 3.

Genrich Altschuller war überzeugt, daß „das kreative Potential des Erfinders erhöht wird", wenn ihm mehr Wissen zur Verfügung steht. Und genau das passiert, wenn man die Altschuller'schen Prinzipien anwendet: die 40 innovativen Grundprinzipien stellen die aus Patenten extrahierten Vorgehensweisen zur Lösung paarweiser Widersprüche zwischen 39 technischen Parametern bzw. 39 Systemcharakteristiken dar.

8. Übertragbare Lösungswege bei innovativen Vorgehensweisen

Bei der Durchsicht der Patentliteratur stellte Altschuller fest, daß ein und dasselbe grundsätzliche Problem (ein Widerspruch technischer Parameter) in einer Reihen von Patenten in verschiedenen Technologiezweigen gelöst worden ist. Dies wurde insbesondere dann offensichtlich, wenn das Problem in einer technologiefreien Terminologie dargestellt wurde. Weiterhin entdeckte er, daß derselbe prinzipielle Lösungsweg immer und immer wieder beschritten wurde, daß allerdings die spezifische Anwendung dieses Lösungsweges oft mehrere Jahre auseinander lagen. Würden Erfinder diese allgemeinen Lösungsprinzipien kennen, dann würden die Zeitspannen von Jahren zwischen wiederholter Anwendung der identischen Lösungsstrategie deutlich kürzer werden. Damit ließe sich der Innovationsprozeß effizienter gestalten, die Zeit zwischen einzelnen Verbesserungsschritten verkürzen und die zwei Disziplinen trennende Technologiegrenze häufiger überschreiten.

An dieser Stelle ist es illustrativ, mehrere Erfindungen, die allesamt das gleiche – aber einem Diamantenhersteller anfangs nicht bekannte – innovative Grundprinzip benutzen, im Detail anzuschauen.

Ein Unternehmen, das künstliche Diamanten herstellt, spaltet die rohen Kristalle in der Regel entlang von Frakturen um so zu weiterverarbeitbaren, kleineren Diamanten zu kommen. Leider führt dieser Spaltprozeß oft zu neuen Frakturen. Ein aus Ingenieuren zusammengesetztes Prozeßverbesserungsteam würde die Lektüre landwirtschaftlicher Patente in diesem Zusammenhang sicherlich als wenig zielführend einstufen. Auch ist die weltweite Patentsammlung nicht so strukturiert, daß die Frage nach Patenten, die sich mit Objekten, die zerlegt werden oder auseinanderfliegen oder explodieren, ohne signifikanten Aufwand recherchierbar wäre.

Altschuller sortierte und strukturierte Patente in einer Art, die Innovation fördert. Durch das Wegnehmen fachtechnischer Termini wurde klar erkennbar, daß das gleiche Problem wieder und wieder gelöst wurde. Und nur eine kleine Anzahl innovativer Grundprinzipien war zum Abbilden der Mehrzahl aller Lösungen nötig.

Hätte das Diamanten-Spaltungsteam in landwirtschaftlichen Patenten oder in einer TRIZ-Wissensbasis recherchiert, dann hätte es die im folgenden dargestellten innovativen und themenbezogenen Lösungen gefunden.

8.1. Erfindung 1: Eindosen von süßem Pfeffer

Vor dem Eindosen von süßem Pfeffer müssen Stengel und Samen von der Schote getrennt werden. Eine Automatisierung dieses manuellen Prozesses war vor der hier dargestellten Erfindung wegen ungleichmäßiger Größe der Schoten nicht möglich.

Im Sinne der Erfindung für das Eindosen von süßem Pfeffer werden die Schoten in ein luftdichtes Gefäß gegeben. Bei der langsamen Erhöhung des Druckes auf 8 bar schrumpfen die Schoten und bilden Risse an der schwächsten Stelle – dort wo die Schote in den Stengel übergeht. Durch die diese Risse passierende Luft baut sich im Inneren der Pfefferschoten der gleiche hohe Druck von 8 bar auf. Beim schnellen Druckverlust des Gefäßes zerplatzen dann die Schoten an ihrer – bereits durch Frakturen während der Druckaufbauphase weiter beschädigten – schwächsten Stelle und Stengel und Samen werden nach oben aus der Schote herausgeschossen.

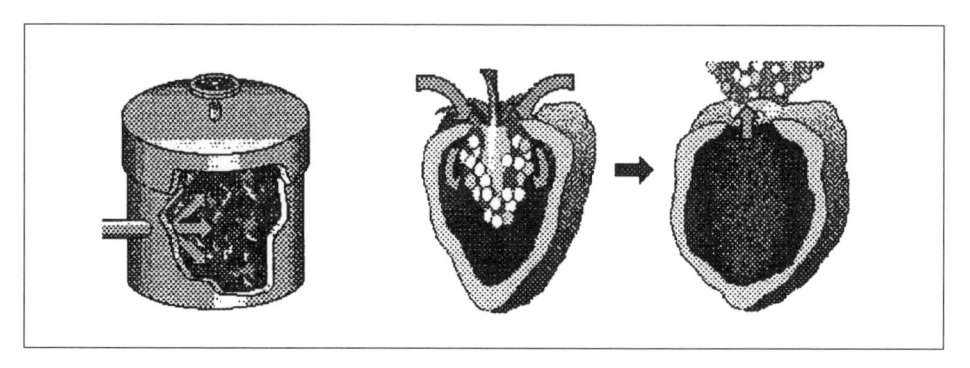

Abbildung 1-13: Abtrennen von Stengel und Samen von der Pfefferschote durch Überdruck

8.2. Erfindung 2: Schälen von Kastanien

Konzeptionell ist der Schälprozeß von Kastanien recht ähnlich: Sie werden unter Wasser in einen Druckkochtopf plaziert. Durch Hitzezufuhr steigt der

Druck auf mehrere Bar an. Schließlich wird der Druck schlagartig auf Umgebungsdruck abgesenkt. Nach Eindringen des überhitzten, unter Druck stehenden Wassers in die Kastanien zerbersten die Schalen beim schlagartigen Druckabbau (Abbildung 1-14).

Ein ganz ähnliches Verfahren wird zum Schälen von Krill – einem kleinen maritimen Krustentier – eingesetzt.

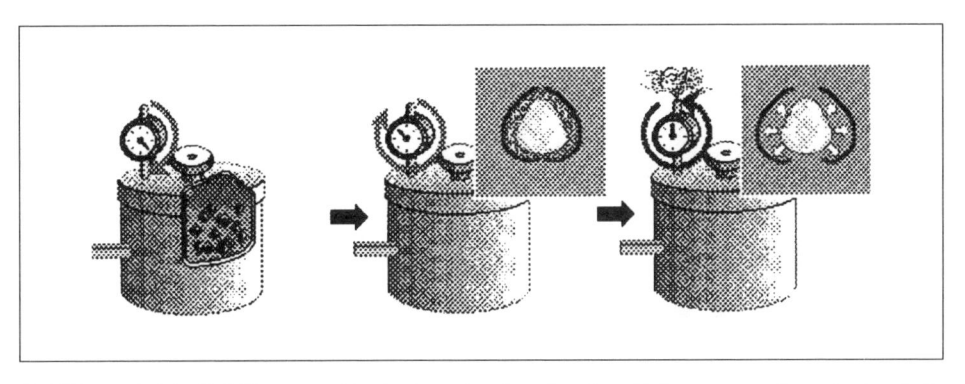

Abbildung 1-14: Schälen von Kastanien durch schnelles Entspannen eines hydrostatischen Überdrucks

8.3. Erfindung 3: Das Schälen von Sonnenblumenkernen

Haben Sie sich noch nie gefragt, wie Sonnenblumenkerne aus ihrer Schale befreit werden? Eine Methode, dies zu tun, funktioniert folgendermaßen: Die Samenkörner werden in einen verschlossenen Behälter plaziert, dieser wird unter Druck gesetzt und schließlich läßt man die Samen über eine Düse den Behälter schnell verlassen. Durch diesen plötzlichen Druckabbau werden die Körner von Ihrer Schale getrennt (Abbildung 1-15).

8.4. Erfindung 4: Puderzuckerpulverproduktion

Ganz analog wird durch Aufbrechen bei schnellem Druckabbau kristalliner Zucker in Puderzucker überführt!

Kapitel 1

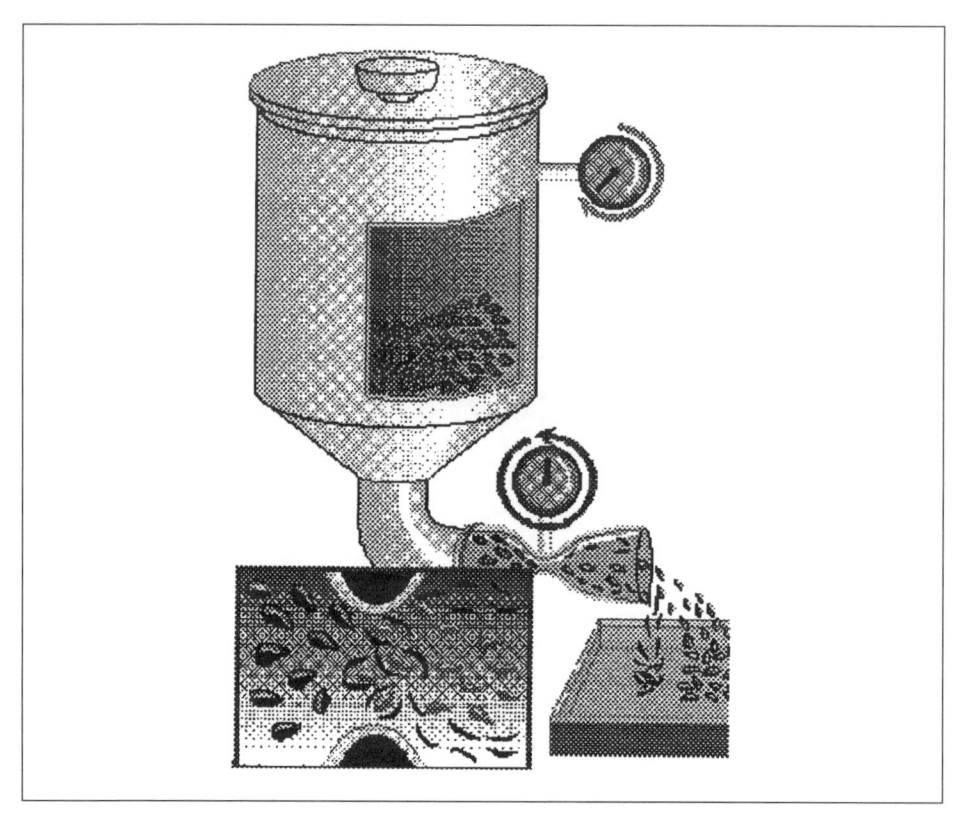

Abbildung 1-15: Schälen von Sonnenblumenkernen beim Ausströmen aus einem Überdruckgefäß

8.5. Erfindung 5: Filterreinigung

Jetzt ein nicht-landwirtschaftliches Problem: Ein Staubfilter zur Entfernung feiner Partikel aus der Luft besteht aus einer Röhre, deren Wände mit einem porösen, filzartigen Material beschichtet sind. Beim Passieren partikelbeladener Luft werden feste Bestandteile in den Poren zurückgehalten. Einen solchen Filter zu reinigen ist schwierig. Eine Reinigungsmöglichkeit allerdings könnte off-line realisiert werden: Der Filter wird ausgebaut, verschlossen und unter 5 bis 10 Bar Druck gesetzt. Durch plötzlichen Druckabbau auf 1 bar im Inneren der Röhre wird Luft auf umgekehrtem Weg durch das Filzmaterial gepreßt und spült einen Großteil der Filter-verstopfenden Partikel heraus und führt diese mit dem Luftstrom nach außen ab (Abbildung 1-16).

1 TRIZ – Überblick

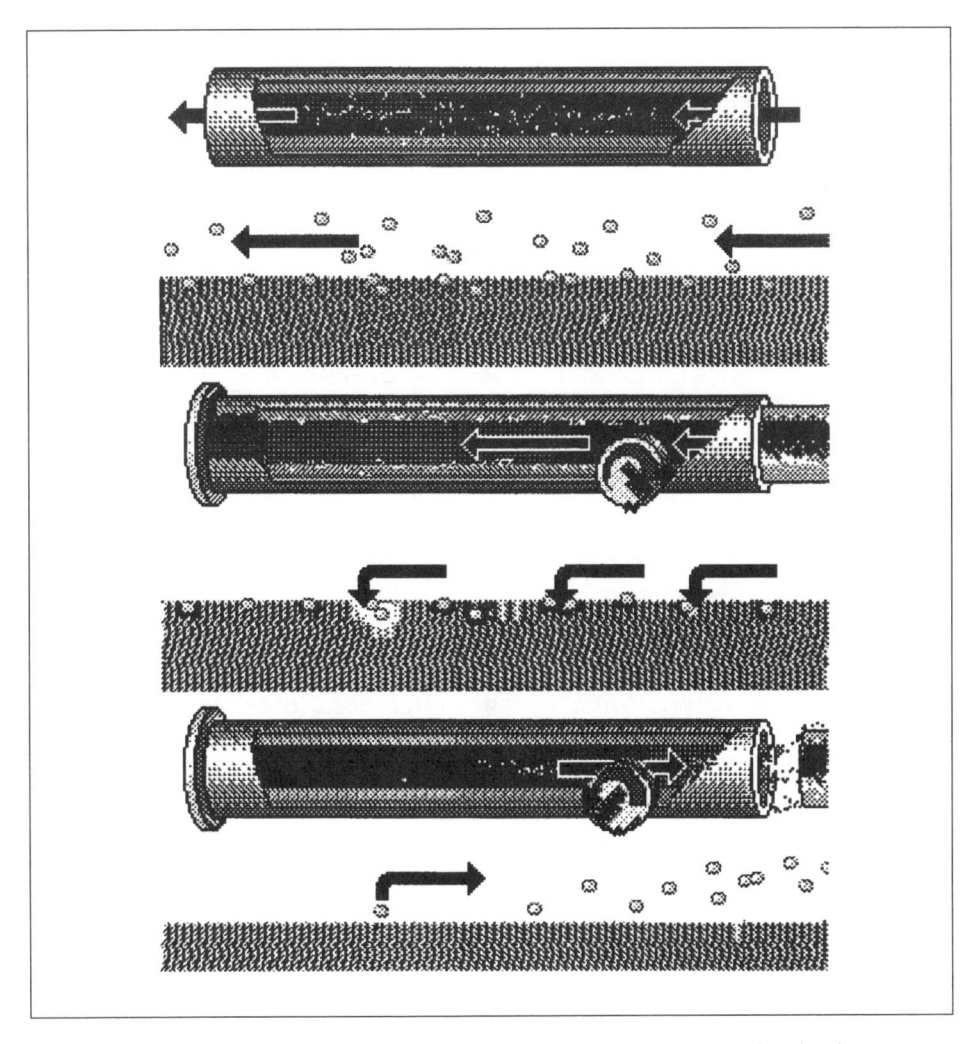

Abbildung 1-16: Filterreinigung durch rasches Entspannen eines Luftüberdrucks

Die oben dargestellten fünf Erfindungen wurden in verschiedenen Branchen der Industrie zu völlig verschiedenen Zeitpunkten gemacht. Stünden diese grundsätzlichen Erfindungen anderen Entwicklern zur Verfügung, dann könnten sie ihre Aufgaben direkter und effizienter lösen. Unglücklicherweise versagt dieser Transfer an interdisziplinären Grenzen. Auch beim Spalten von Diamanten wäre der Weg zu einer effizienten Lösung dann einfacher, wenn entsprechende Entwickler wenigstens eines der oben genannten Patenten kennen würden. Wichtig ist, daß das Prinzip der innovativen Lösung immer identisch ist, sich aber hinsichtlich System und Realisation stark unterscheidet. Das Erzeugen von Lösungskonzepten ist die Aufgabe des Erfinders, während das finale Systemdesign in der Verantwortung der Ingenieure liegt.

8.6. Erfindung 6: Spalten von Kristallen mit Defekten

Für die im folgenden dargestellte Problemlösung erhielt der Diamantenhersteller ein Patent: Die Kristalle werden in ein dickwandiges, luftdichtes Gefäß eingebracht; der Innendruck wird auf einige tausend Atmosphären erhöht und dann plötzlich auf Normaldruck wieder entspannt. Durch diesen plötzlichen Druckabfall und die sich in den vorhandenen Frakturen ausdehnende Luft zerbricht der Kristall.

Gute TRIZ-Anwendungen aus Vergangenheit und Gegenwart nutzen allgemeine Lösungsprinzipien branchenübergreifend aus. Beispielsweise hat die Ford Motor Company mehrmals TRIZ eingesetzt, speziell im Bereich Zuverlässigkeitsanalyse. Mike Lynch, Leiter der Zuverlässigkeitssysteme bei Advanced Vehicle Technology, sagte: „Sie müssen in der Lage sein, über die Tatsache, daß dies eine Pfefferschote und kein Stoßdämpfer ist, hinwegzusehen. Denn das ist nicht die zentrale Frage. Der eigentliche Punkt ist, Druckwechsel und Rostentfernung an Stoßstangen in Beziehung zu setzen. Als Ingenieur oder Wissenschaftler müssen Sie in der Lage sein, diese Verknüpfung herzustellen". Diese Bemerkung von Lynch unterstreicht, wie wichtig eine breite Wissensbasis für kreative Designverbesserungen ist.

Nachdem er alle Komponenten von TRIZ kennengelernt hatte, sagte einmal ein für eine internationale Organisation tätiger Entwickler: „Was ist schon großes dran? Alles was entsteht sind einige kreative Ideen; aber Ideen zu haben ist doch nur ein kleiner Teil der gesamten Entwicklungsarbeit!". In der Tat hat dieser Entwickler recht. TRIZ erzeugt viele innovative – oft patentierbare – Ideen, mehr nicht. Die Knochenarbeit, alle Bedingungen richtig einzustellen und adäquate Materialien zu benutzen, muß nach wie vor geleistet werden. Zum Spalten von Diamantkristallen reichen die 8 Atmosphären Überdruck aus dem Pfefferschoten-Beispiel nicht aus. Erst Experimente können zeigen, welche Absolutdrucke und welcher Druckabfall zum optimalen Ergebnis führt. Und genau hier hat auch der zuvor erwähnte Entwickler den Punkt verfehlt. Für Problemstellungen auf Niveau 1 ist der Einsatz von

TRIZ in der Regel irrelevant, aber bei Fragestellungen auf Niveau 2, 3 und 4 ist der Zeitbedarf zur Generierung von kreativen Ideen ohne Anwendung von TRIZ deutlich höher. Die beste Idee in kürzester Zeit zu haben, bedeutet Zeit und Kosten während des Designprozesses einzusparen.

Altschuller folgerte aus seinen anfänglichen Untersuchungen, daß es sinnvoll ist, das Wissen aus Erfindungen zu extrahieren, zu verdichten und zu generalisieren. Nur auf diesem Weg ist ein einfacher Zugang für Erfinder aller Branchen möglich. Beispielsweise könnten alle fünf oben erwähnten Erfindungen durch folgende Form allgemein beschrieben werden: Deponiere eine bestimmte Menge an Pfefferschoten, Samen, Kristallen o.ä. in einem luftdichten Behältnis, erhöhe den Innendruck langsam und entspanne diesen Überdruck anschließend schnell. Zugrunde liegt das Prinzip, daß der plötzliche Druckabfall eine Explosion erzeugt, die ein Objekt aufspaltet. In der TRIZ-Methodik ist dies eine Möglichkeit von mehreren (siehe Anhang A) um Explosionen zu erzeugen.

Interessant ist, daß die Methode zur Aufarbeitung von süßem Pfeffer 1968 patentiert wurde, der Kastanien-Schälprozeß aber erst 1986 in Japan. Eigentlich stellen die 18 Jahre Zeitspanne zwischen beiden Anwendung des oben abgeleiteten allgemeinen Prinzips eine Zeit- und Ressourcenverschwendung dar. Auch bis zum Patent des Diamanten-Spaltverfahrens vergingen nochmals einige Jahre. Müssen diese großen Zeitabstände zwischen völlig analogen Innovationen in unterschiedlichen Branchen sein?

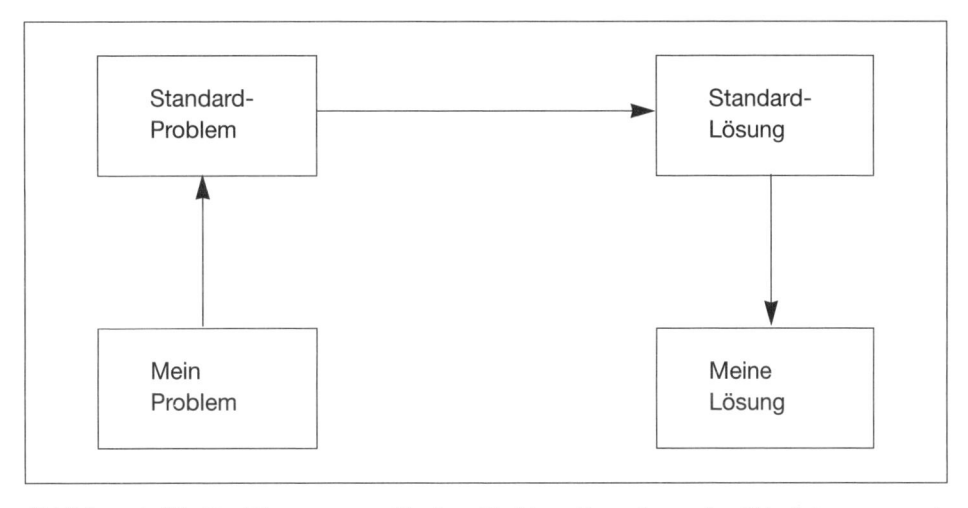

Abbildung 1-17: Der Weg vom spezifischen Problem über allgemeine Prinzipien zur spezifischen Lösung

Abbildung 1-17 zeigt den Schlüssel zu Innovationen basierend auf Analogien. Erfinder sollten ihr Problem möglichst ähnlich zu einem Standardproblem formulieren und dann die möglichen Standardlösungen dieses Standardproblems auf ihr spezielles Problem adaptieren. Auf diesem Weg führt TRIZ innovative Erfahrungen zusammen und bietet einen Zugang zu effizienten Problemlösungen – völlig unabhängig von Branche und Wissensgebiet. In anderen Worten: traditionell werden Probleme durch den Schritt von „mein spezifisches Problem" zu „meine spezifische Lösung" bearbeitet. Aber dieser Schritt tritt kein zweites Mal in identischer Form auf, so daß dieser spezifische Lösungsweg jedesmal neu durch Versuche gefunden werden muß. Was also nach dem kurzen, direkten Weg aussieht kann zu einer unendlich langen Kette von Versuchen führen.

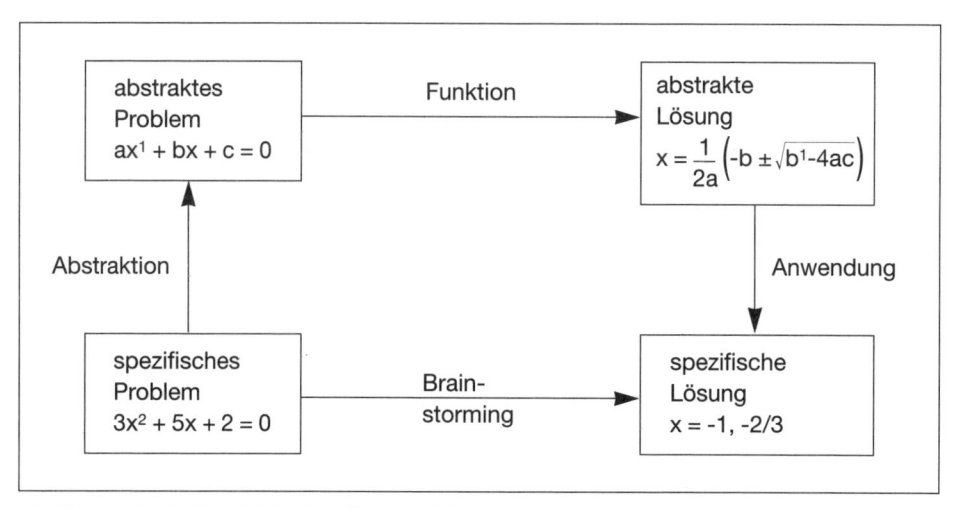

```
┌─────────────────┐   Funktion    ┌─────────────────────────────┐
│ abstraktes      │ ────────────► │ abstrakte                   │
│ Problem         │               │ Lösung                      │
│ $ax^1 + bx + c = 0$ │           │ $x = \frac{1}{2a}(-b \pm \sqrt{b^1 - 4ac})$ │
└─────────────────┘               └─────────────────────────────┘
        ▲                                        │
        │ Abstraktion                            │ Anwendung
        │                                        ▼
┌─────────────────┐  Brain-       ┌─────────────────┐
│ spezifisches    │  storming     │ spezifische     │
│ Problem         │ ────────────► │ Lösung          │
│ $3x^2 + 5x + 2 = 0$ │           │ $x = -1, -2/3$  │
└─────────────────┘               └─────────────────┘
```

Abbildung 1-18: Vergleich des direkten Lösungsweges mit dem Weg über Standardproblem und Standardlösung

Der alternative – TRIZ-gemäße – Ansatz konvertiert zunächst das konkrete Problem durch Abstraktion in ein allgemeines Problem auf einem höheren Abstraktionsgrad (Abbildung 1-18). Stan Kaplan illustrierte dieses Vorgehen in seinem Buch am Beispiel der quadratischen Gleichung. Durch Abstraktion der Fragestellung kann auf Standardlösungen zurückgegriffen werden, die sich dann auf das konkrete Problem anwenden lassen. Natürlich wird Ihr persönliches konstruktives Problem wahrscheinlich keine quadratischen Gleichungen enthalten, aber der TRIZ-Grundsatz „benutze ein analoges Beispiel um analoges Denken und analoges Problemlösen zu illustrieren" sollte damit verdeutlicht werden. Die Widerspruchstabelle in Kapitel 4 enthält standardisierte Lösungen zu genau 1.201 derartiger analoger Probleme. Unter Anwendung der TRIZ-Methodik werden also Widersprüche attraktiv, da sie aufgrund der Analogien Gelegenheit für Verbesserung und Innovation bieten. Trade-off und Kompromiß werden so in ihrer Bedeutung zurückgedrängt, da oben beschriebene, auf Analogien basierende Vorgehensweisen Widersprüche innovativ zu lösen vermögen. Damit rückt das ideale Design in den Bereich des Machbaren und bleibt kein Traum mehr (Abbildung 1-19).

- Trade-off und Kompromiß verschwinden aus Ihrem Vokabular.
- Alles kann als Ressource eingesetzt werden.
- Idealität rückt in den Bereich des Machbaren.
- Widersprüche sind attraktiv.
- Ihr Alter in psychologischen Tests wird niedriger.

Abbildung 1-19: Vorteile der TRIZ-Methodik

Und für diejenigen, die nach dem ewigen Jungbrunnen suchen, sei erwähnt, daß Ihr Alter in psychologischen Tests sinken wird: so wie Kinder ganz natürlich mit Widersprüchen umgehen, so werden Sie lernen, Widersprüche zu akzeptieren, ja sie sogar willkommen zu heißen.

Der erste Schritt zu Ihrer eigenen geistigen Transformation beginnt mit dem Sammeln aller relevanten Informationen zu Ihrem Problem. Das Sammeln und Ordnen dieser Informationen geschieht mit der Innovations-Checkliste, die nun in Kapitel 2 vorgestellt wird.

„Die größte gegenwärtige Aufgabe der Zivilisation ist
Maschinen zu dem zu machen, wozu sie gedacht sind,
nämlich zu Sklaven und nicht zu Herren der Menschheit"

(Havelock Ellis, 1922)

Literatur

[5] Pugh, S.: *Total Design – Integrated Methods for Successful Product Engineering*, Addison-Wesley, Reading, MA, 1991.
[6] Taguchi, G.: *Introduction to Quality Engineering*, Asian Productivity Organization, Tokyo, 1983.
[7] Altschuller, G.S.: *Creativity as an Exact Science*, Gordon and Breach, New York, 1988.
[8] Gordon, W.J.J.: *Synectics*, Harper and Row, NY, 1961.
[9] Edison T.A.: 1903 zitiert in *Harper´s Monthly Magazine*, 78, 6, September 1932.
[10] Altschuller, G.S., Shapiro, R.B.: On the Psychology of Inventive Creativity (russisch), *Voprosy Psikhologii (Questions in Psychology)*, 6, 37-49, 1956.
[11] Shapiro, R.B.: Expulsion of the Seraph of Creativity, State Publishing House of Children Literature of Russina Ministry of Culture (Detgiz), Moskau.
[12] Braham, J.: Inventive Ideas Grow on „TRIZ", *Machine Design*, 60, Oktober, 1995.
[13] *Ideation Methodology: Kurs-Skript*, Ideation International Inc., Southfiled, MI, 1997.
[14] Bar-El, Z.: TRIZ Methodology, *The Entrepreneur Network Newsletter*, Mai 1995.
[15] Altov, H. (Pseudonym von Altschuller): übersetzt von Lev Schulyak, *And Suddenly the Inventor Appeared*, Technical Innovation Center, Auburn, MA, 1994.
[16] Osborne, A.: Applied Imagination, Charles Scribner & Sons, 1953.
[17] Braham, J.: Intentive ideas grow on `TRIZ´, Machine Design, 58, Oktober 1995.
[18] Kaplan, S.: *An Introduction to TRIZ: the Russian Theory of Inventive Problem Solving*, Ideation International Inc., Southfield, MI, 1996.

Kapitel 2

Innovations-Checkliste

Am Ende dieses Kapitels
- **besitzen Sie ein Ihr Problem beschreibendes Dokument,**
- **kennen Sie einige Problemlösungskonzepte.**

1. Informationen zum Problem und dessen Umfeld

Professionelle Problemlöser sagen, ein gut definiertes Problem sei bereits die halbe Lösung. Daher fokussiert sich die TRIZ-Methodik in den ersten Schritten des gesamten innovativen Problemlösungsprozesses auf die exakte Problemdefinition. Voraussetzung ist ein klares Verständnis des innovativ zu verändernden Systems oder der zu verbessernden Konstruktion und des gesamten Umfeldes, wie auch ein präzises Dokumentieren aller relevanten Aspekte. Speziell diesen systematischen Schritt zu unterstützen ist die Aufgabe der sogenannten *Innovations-Checkliste*, einer Art Fragebogen, der Ansatzpunkte und Potential für innovative Lösungen innerhalb des konkreten Problems auslotet. Die Innovations-Checkliste wurde an der Kishnev-TRIZ-Schule in Moldawien entwickelt und unterstützt den Problemlöser im Aufzeichnen aller Ideen, die er während der Erstellung dieser Checkliste hat.

Als Altschuller seine Suche nach Möglichkeiten zur Steigerung der Innovationsfähigkeit seiner Kollegen begann, waren Systemdesign, Konstruktion und Problem jeweils klar definiert, jede relevante Information lag den Teammitgliedern vor. Man ging davon aus, daß dies die übliche Situation im Umgang mit erfinderischen Problemstellungen sei. Konsequenterweise entwickelte er keine Vorgehensweise zur Gewinnung der erforderlichen Informationen, die zur Umformulierung eines Problems notwendig sind, um es dann in kleinere Teilprobleme zu zerlegen. Dieses entscheidende Verfahren der Problemzerlegung wird in Kapitel 3 detailliert erörtert.

Zwei Probleme mit erfinderischer Zielsetzung werden im folgenden als Beispiel zur Einführung der Innovations-Checkliste genutzt:

1) das Entfernen einer Schraube aus einem Knochen am Bein und
2) die Geschwindigkeitserhöhung eines Fahrrades.

Speziell die Schraube stellt ein Problem mit vielen Randbedingungen dar und skizziert auch die Situation eines Entwicklungsteams, das zwischen den alternativen Wegen

a) das Problem heute für einen Patienten zu lösen oder
b) ein neues System für zukünftige Patienten zu entwickeln
   hin und her schwankt.

Das Fahrrad-Problem bietet viele Ansatzpunkte für radikale Systemumgestaltungen.

Auf jede Frage der Innovations-Checkliste folgt eine Erläuterung sowie Antworten für beide Problemfälle. Alle Fragen sollten so detailliert wie möglich beantwortet werden. Typischerweise wird ein Team vier bis acht Stunden mit der Bearbeitung der Innovations-Checkliste zubringen. Diese Liste ist Ausgangsbasis für alle weiteren TRIZ-Werkzeuge. Gleichzeitig hilft sie, das Problem in generischer oder allgemein formulierter Terminologie anstatt in fachspezifischer Sprache zu beschreiben. Das Denken in engen, fachlichen Formulierungen unterstützt den Trägheitsvektor im Denken und provoziert psychologische Denkblockaden, weil technisches Vokabular in der Regel spezielle Lösungen impliziert. „Verdampfen" als terminus technicus eines Spezialisten birgt für kreatives Denken mehr Restriktionen als das von einem 10-jährigen Kind für den identischen Sachverhalt benutzte Wort „trocken machen". TRIZ und die Innovations-Checkliste haben zum Ziel, auch diese mentalen Limitationen zu umgehen.

Das Beantworten der Fragen aus der Innovations-Checkliste stimuliert viele Ideen, die dann umgehend notiert werden müssen. In Kombination mit dem in Kapitel 3 beschriebenen Prozeß der Problemformulierung führt diese Vorgehensweise in 85% aller Fälle zu innovativen Lösungen. Nicht selten fallen im Team bei diesem Prozeß auch Lösungen für andere Aufgabenstellungen an. Insbesondere wird das Problemverständnis durch das Bearbeiten der Innovations-Checkliste beträchtlich erhöht und das System mit anderen Augen gesehen.

2. Informationen über das zu verbessernde System und dessen Umfeld

Benutzen Sie die Standardbezeichnung für Ihr System – falls eine solche existiert. Alle Erläuterungen in diesem Kapitel beziehen sich auf die Beispiele „Knochenschraube entfernen" und „Geschwindigkeitserhöhung Fahrrad". Die Innovations-Checkliste kann übrigens auch für nicht-technische Anwendungen eingesetzt werden.

2.1. Systembezeichnung

technisches System: Schraube und Schraubenzieher (*Schraube*)
technisches System: Fahrrad (*Fahrrad*)

2.2. Primäre nützliche Funktion des Systems

Ein System stellt dann eine Funktion zur Verfügung, wenn etwas anderes beeinflußt wird. Eine Funktion beschreibt man mit einem aktiven Verb, das die Aktivitäten eines oder mehrerer Objekte im System charakterisiert. Die Worte „zur Verfügung stellen" und „erzeugen" sind verboten. Im folgenden eine korrekte Funktionsbeschreibung mit zugehörigen Limitationen: Die Schraube hält die Knochenenden während des Heilungsprozesses in Position. Das aktive Verb ist „hält" und das Objekt sind die „Knochenenden". Einen Limitation für alle Konzeptentwürfe ist, daß sie den Knochenheilungsprozeß nicht negativ beeinflussen dürfen (Abbildung 2-1).

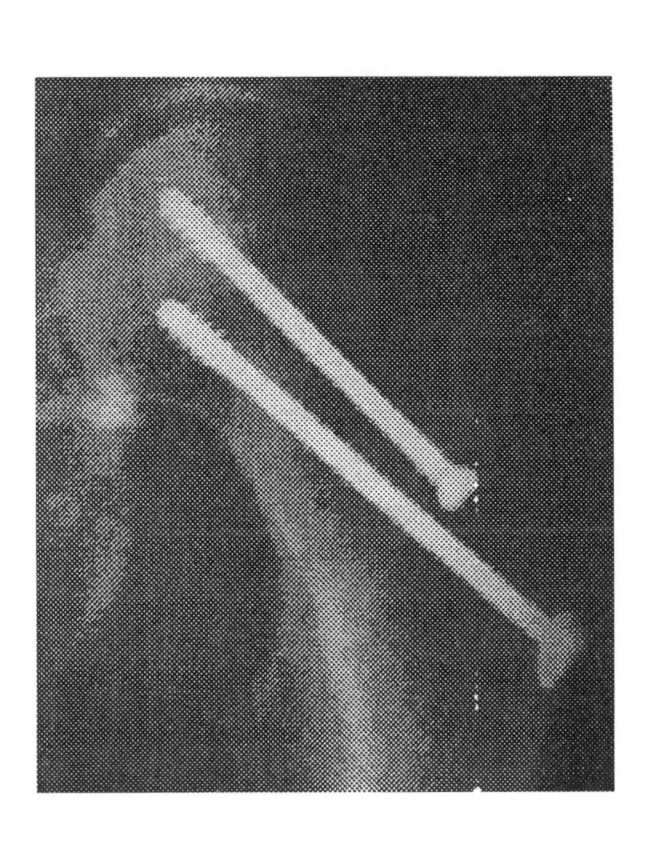

Abbildung 2-1: Position zweier Schrauben im Oberschenkelhalsknochen

Die primäre nützliche Funktion der Schraube:

Die Schraube hält Knochenoberflächen in Position. Wichtig ist, zu klären, ob das Problem auf der Ebene System, Übersystem oder Subsystem bearbeitet werden soll bzw. kann. Das System ist in diesem Fall der Schraubenkopf mit der Funktion, ein Drehmoment auf den Schaft zu übertragen. Manchmal offenbaren sich mehrere Möglichkeiten auf der Ebene des Übersystems, das in diesem Fall durch Schraubenzieher und Knochen repräsentiert wird. Die Ebene des Subsystems ist die hexagonale Kerbe im Schraubenkopf, was aber in diesem Fall eine sehr limitierende Situation darstellt, da nur ein konstruktives Element vorliegt.

Die primäre nützliche Funktion des Fahrrades:

Die Funktion eines Fahrrades ist der Transport von Personen und kleineren Zuladungen über eher kurze Entfernungen.

2.3. Derzeitige oder wünschenswerte Systemstruktur

Die Struktur oder Konstruktion des Systems wird im statischen Zustand – wenn das System nicht arbeitet – beschrieben und mit Zeichnungen illustriert. Alle Subsysteme sind in zweckdienlicher Reihenfolge zu benennen, inklusive aller Verbindungen und Details. Das Übersystem, innerhalb dessen das betrachtete System arbeitet, wird ebenfalls dargestellt.

Schraube:

Die chirurgische Schraube zur Fixierung von Knochen hat ein Gewinde (1), einen Schaft (2), einen Kopf (3), ein metrisches hexagonales Loch im Schraubenkopf (4) und ist hohl (5) (vgl. Abbildung 2-2). Ein Imbus-Schlüssel ist ebenfalls Bestandteil dieses Systems.

Fahrrad:

Die Konstruktion des Fahrrades beinhaltet einen Rahmen (1), ein Tretlager (2), das mit Pedalarmen (3) verbunden ist, welche wiederum die Pedale (4) tragen, sowie einem vorderen Zahnkranz (5). Dieser wiederum ist über die Kette (6) mit dem hinteren Zahnkranz (7) verbunden, der über die Achse (8) das Hinterrad (9) antreibt.

2 Innovations-Checkliste

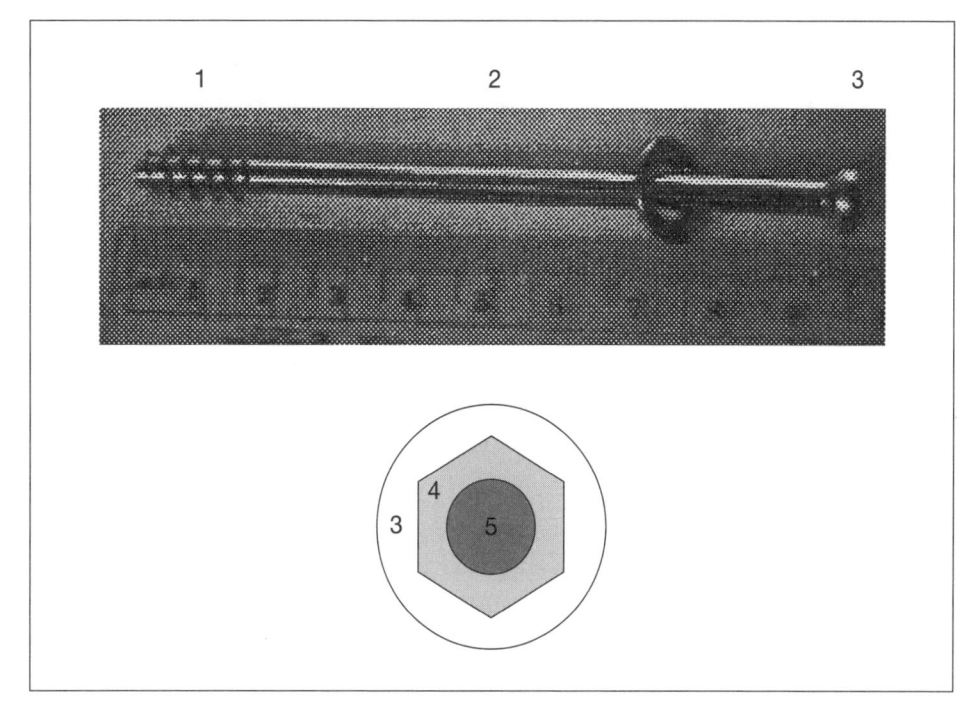

Abbildung 2-2: Die chirurgische Knochenschraube

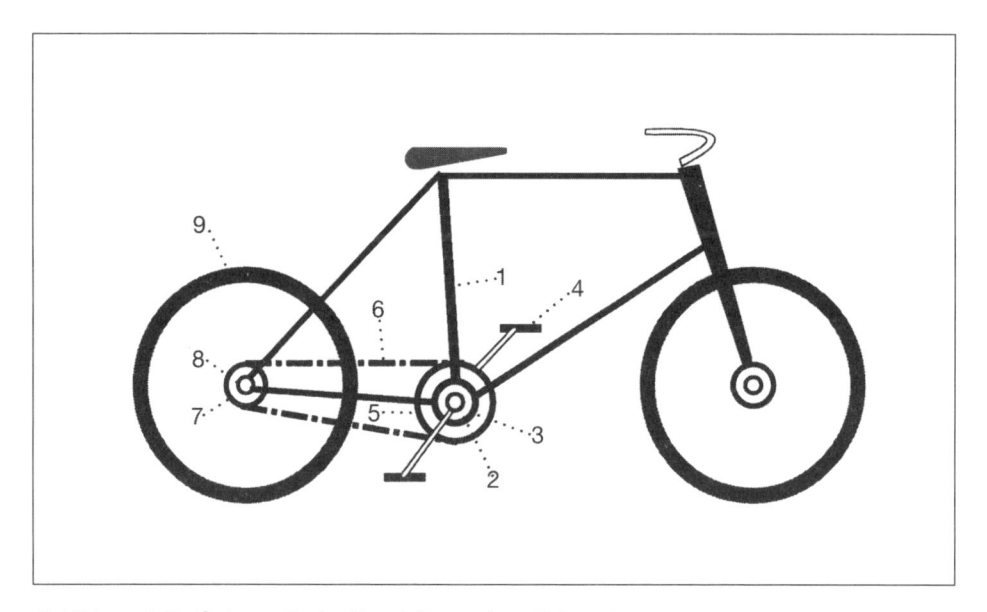

Abbildung 2-3: Schematische Darstellung eines Fahrrades

73

2.4. Die Arbeitsweise des Systems

Hier ist zu beschreiben, wie das System bei Ausübung der primären Nutzfunktion arbeitet und wie die Subsysteme und Einzelelemente interagieren. Jedes Subsystem wird sequentiell hinsichtlich Art und Ziel der Interaktion charakterisiert.

Schraube:

Der Imbus-Schlüssel wird in das hexagonale Loch im Schraubenkopf gesteckt. Übliche Vorgehensweise ist zunächst ein Anziehen der Schraube um sie zu lockern und dann langsames Herausdrehen (was im Verständnis des Autors – J. Terninko – keinen Sinn macht).

Fahrrad:

Der Radfahrer bewegt die Pedale in kreisender Bewegung durch Treten bei der Abwärtsbewegung und – falls der Fuß durch Schlaufen am Pedal befestigt ist – durch Ziehen der Pedale auch bei der Aufwärtsbewegung. Die Pedale bewegen den vorderen Zahnkranz, der über Bewegung der Kette den hinteren Zahnkranz und damit das Hinterrad antreibt, etc.
„Etc." impliziert, daß ab hier jedermann weiß, wie die restlichen Verknüpfungen (Hinterrad-Straße-Vorwärtsbewegung) aussehen. Gleichwohl ist es in der Regel besser, wirklich alle Verknüpfungen und Subsysteme detailliert niederzuschreiben. Häufig führt diese komplette System- und Arbeitsbeschreibung zu der Bemerkung: „Ich habe gar nicht gewußt, daß es so abläuft". Normalerweise entgehen viele grundsätzliche Details unserer Aufmerksamkeit. Beispielsweise machen sich viele Menschen nicht bewußt, daß die vertikale Struktur des Rades durch Spannung der Speichen und nicht durch deren Kompression aufrecht erhalten wird – ein offensichtliches und wesentliches Detail, das viele Menschen so nicht auf Anhieb darstellen können.

2.5. Systemumfeld

Viele kundenorientierte Unternehmen berücksichtigen Umweltaspekte als zusätzliche Rahmenbedingung bei der Lösung wichtiger Probleme. Fragen wie: „Wie interagiert das System mit Übersystemen, in die es ja als Teil eingebunden ist" sind wichtig.

Demzufolge muß die Beschreibung des Systemumfeldes folgendes enthalten:

- jedes andere System, mit dem (positiv oder negativ) interagiert wird,
- alle anderen Systeme, die zwar nicht direkt mit dem betrachteten System wechselwirken, aber unter bestimmten Voraussetzungen dies möglicherweise tun könnten,
- allgemeine Systeme (Übersysteme im Sinne des Wortes, wie beispielsweise öffentlicher Verkehr beim System Fahrrad) in denen das betrachtete System ein Subsystem oder eine Komponente ist,
- die natürliche Umgebung (Wasser, Luft, etc.) des primären Systems.

Schraube:

Der Imbus-Schlüssel interagiert mit dem Schraubenkopf und dem Knochen in der Nähe des Schraubenkopfes. Hierbei gibt es viele Limitationen und Behinderungen aufgrund der zu fordernden Sterilität und der notwendigen Öffnung am Bein, die nur wenig Manövrierspielraum bietet. Das Entfernen der Schraube aus dem Bein ist Teil des Übersystems, das sich durch „Entfernen körperfremden Materials aus dem menschlichen Organismus" beschreiben läßt.

Fahrrad:

Ein Fahrrad geht Interaktionen mit dem Radfahrer, der Straße, der Luft und mit anderen Fahrzeugen ein. Das Fahrrad ist „Nachbar" von anderen Objekten an seinem Aufbewahrungsort in Haus und Garage. Des weiteren ist es eine Komponente des Übersystems „Sportausrüstung". Und schließlich muß das konstruktive Design eines Fahrrades dem Herstellprozeß Rechnung tragen.

3. Verfügbare Ressourcen

Frei verfügbare Ressourcen im Umfeld des relevanten Systems werden gerne übersehen. Innovative Designs und Konstruktionen nutzen häufig natürliche Phänomene vorteilhaft aus. Verfügbare Ressourcen und deren

Potential im Reduzieren spezifischer Systemnachteile sind aufzulisten, wobei man sich an folgender Liste typischer Ressourcen orientieren kann:

- stoffliche Ressourcen
- feldförmige Ressourcen
- funktionale Ressourcen
- Informationsressourcen
- zeitliche Ressourcen
- räumliche Ressourcen

In Anhang G finden sich Details zu diesen Ressourcen und Kapitel 5 setzt sich mit diesem Thema anhand von Beispielen detailliert auseinander.

Schraube:

funktionale Ressourcen:	der menschliche Körper selbst versucht, körperfremdes Material abzustoßen.
stoffliche Ressourcen:	Blut, Calcium und Feuchtigkeit sind zugegen.
feldförmige Ressourcen:	chemische Reaktionen im Körper können die Schraube auflösen, Körpertemperatur steht zur Verfügung, im Operationssaal sind Elektrizität und Licht verfügbar.

Fahrrad:

stoffliche Ressourcen:	Während des Tretens erzeugt der Radfahrer Schweiß und Kohlendioxid. Schweiß kann man bei der Erzeugung von Elektrizität nutzen!
feldförmige Ressourcen:	Kostenlose Energie kann in der Umwelt gefunden werden: Wind, der Windschatten eines LKW.
räumliche Ressourcen:	freier Platz im Rahmen und unterhalb des Sattels. Man kann beispielsweise die Bowdenzüge für Bremse und Gangschaltung innen durch das Rohr des Lenkers führen!
zeitliche Ressourcen:	Zeit beim Fahren in der Ebene oder bergab ist eine Ressource.
Informationsressource:	die sich verändernden Geräusche beim (Gang-)Schalten sind eine Informationsressource.

funktionale Ressourcen: in diese Gruppe gehört die Möglichkeit, Gänge zu wechseln.

Wichtig ist, darüber nachzudenken, ob sich vorhandene Ressourcen beispielsweise durch chemische Umsetzung, Prozessierung, Akkumulation etc. so verändern lassen, daß sie zur Kompensation schädlicher Effekte im System eingesetzt werden können. Diese zu diesem Zweck veränderten Ressourcen nennt man auch abgeleitete Ressourcen.

Beispielsweise ist eine oft als schädlich eingestufte Ressource im Prozeß des Geschirrspülens das „Fett". Weicht man aber fettiges Geschirr und Besteck in Natriumbicarbonat-Lösung (Soda) ein, dann wird auf der Oberfläche als abgeleitete Ressource Seife erzeugt – also genau dort wo man sie auch braucht! Im täglichen Leben übersehen oder ignorieren wir viele abgeleitete Ressourcen, weil wir sie eher als Nachteil statt als Mittel zum Zweck sehen.

4. Informationen zur Problemsituation

4.1. Angestrebte Verbesserung des Systems bzw. der Konstruktion oder ein Nachteil, der eliminiert werden soll

Der Grund oder die Gründe, die das Problem verursachen, sind zu dokumentieren. Als Problem ist in diesem Zusammenhang alles das zu verstehen, was Sie am System stört. Der Zusammenhang zwischen der primären nützlichen Funktion und anderen nützlichen Funktionen einerseits und dem Problem oder Nachteil andererseits muß verdeutlicht werden.

Typische Nachteile können sein:

- eine notwendige nützliche Funktion fehlt oder ist nur teilweise oder schlecht implementiert,
- das System enthält schädliche Faktoren, beispielsweise schädliche Komponenten oder schädliche Folgen einer Aktion,
- notwendige Informationen über den Zustand einer Komponente fehlen oder sind unvollständig,
- das System ist zu komplex,
- die Kosten des Systems sind zu hoch,

- die Ausprägung eines Systemcharakteristikums ist geringer als notwendig oder größer als benötigt,
- das System leistet hinsichtlich Messung und Kontrolle weniger als notwendig.

Schraube:

Große Reibungs- und Schneidekräfte des Gewindes bedingen beim Herausdrehen ein hohes Drehmoment. Die primäre nützliche Funktion des Systems (das Halten der Knochenenden während der Heilung) ist bereits erfolgreich beendet. Das Entfernen der Schraube ist eine zweitrangige Funktion und versagt bei zu geringem Drehmoment auch noch!

Fahrrad:

Die Fahrgeschwindigkeit des Fahrrades ist durch die menschliche Antriebsmaschine limitiert.

4.2. Mechanismus oder Wirkweise des Nachteils

Sofern möglich ist der Mechanismus oder die Entstehungsart eines Nachteils zu klären, inklusive aller Bedingungen und Umstände, die sein Auftreten provozieren. Es ist grundsätzlich immer vorteilhaft, die Ursachen eines Nachteils im Detail zu verstehen. Diese Kenntnisse sind für den im nächsten Kapitel dargestellten Prozeß der Problemformulierung wichtig.

Schraube:

Nach einiger Zeit ist Knochengewebe um die Schraube herum und in die Schraube hinein gewachsen. Insbesondere ist das hexagonale Loch nun fast kreisrund verwachsen und der Schraubenkopf im Knochen versteckt. Der Knochen hat sich des weiteren fest mit der Schraube verbunden. Das hexagonale Loch für den Imbus-Schlüssel ist nun nicht für hohe Drehmomente geeignet.

Fahrrad:

Es existieren zwei Hauptgründe für langsame Fahrgeschwindigkeit: a) limitierter Energietransfer vom Radfahrer und b) Luftwiderstand der Person. Auch der Luftwiderstand der Speichen ist ein Grund, spielt aber im Vergleich zu den vorgenannten eine untergeordnete Rolle.

4.3. Entwicklungsgeschichte des Problems

Nach welchen Entwicklungsschritten des Systems trat das Problem auf? Die Vorgeschichte und Gründe müssen beschrieben werden. Möglicherweise kann ein alternativer Entwicklungsweg des Systems beschrieben werden, der das Problem vermieden hätte.

Schraube:

In der Regel setzt der Arzt eine Wartezeit von einem Jahr bis zur Entfernung der Schraube an. Diese Zeit stellt sicher, daß der Knochenbruch verheilt ist. Nach Entfernung der Schraube muß der Patient noch solange an Krücken gehen, bis das Loch im Knochen zugewachsen ist. Auch wenn ein Patient körperlich recht aktiv und deutlich jünger als die für eine solche Operation am Oberschenkelhalsknochen typischen 70- bis 80-jährigen Patienten ist, bestand im konkreten Fall – mangels Daten zu jüngeren, schneller heilenden Patienten – der Arzt auf diesem Zeitraum. Bei 70- bis 80-jährigen Patienten wird die Schraube oft sogar einfach im Knochen belassen, während hier bei einem jüngeren Patienten die Entfernung zu einem früheren Zeitpunkt technisch deutlich einfacher gewesen wäre!
  Grundsätzlich gab es außer der Schraube noch zwei weitere Möglichkeiten für die primäre Nutzfunktion „Beinbruch heilen", deren Sekundäreffekte bzw. Nebenwirkungen aber inakzeptabel waren:

- längeren Bettaufenthalt mit Streckverband oder vollständigem Gipsverband über 2 Monate hinweg mit möglichen Komplikationen bei 10% aller Patienten,
- kein Gips, da der vorliegende Bruch den Knochen nicht vollständig trennte; hier könnte allerdings eine plötzliche Belastung oder ein Stolpern den Bruch komplettieren.

Für mich (J. Terninko) ist es zu spät, um über diese oder auch andere Optionen nachzudenken, sie stehen aber alle für zukünftige Patienten zur Diskussion.

Fahrrad:

Die geringe Geschwindigkeit des Fahrrades hängt mit seiner Entwicklungsgeschichte und den Charakteristika des Originaldesigns zusammen. Natürlich ist es möglich, das Standarddesign eines Fahrrades zu ändern. Beispielsweise kann der Radfahrer von einer liegenden Position aus agieren. Hieraus resultieren neue Probleme in der Konstruktion, aber auch im Marketing. Da man sich an das heutige Design von Fahrrädern gewöhnt hat, trifft möglicherweise eine derart signifikante konstruktive Änderung nicht auf allgemeine Akzeptanz, d.h., es ist wenig vorteilhaft, über die Liegeposition sekundäre Probleme zu verursachen.

4.4. Andere zu lösende Probleme

Läßt sich die generelle Richtung der Weiterentwicklung eines Systems so beeinflussen, daß die Ursachen bestimmter Nachteile ausgemerzt werden? Möglicherweise entstehen neue, aber einfacher zu lösende Probleme!

Schraube:

Werkzeuge, die Kopf oder Schaft der Schraube greifen, wären eine Alternative zum Imbus-Schlüssel. Voraussetzung für das Zugreifen am Kopf wäre allerdings ein Entfernen von Knochengewebe, das den Kopf der Schraube umgibt (Abbildung 2-4). Das am Schaft greifende Werkzeug würde eine noch größere Öffnung am Bein und noch mehr zu entfernendes Knochengewebe erfordern (Abbildung 2-5). Jedes teilweise Entfernen von Knochengewebe schwächt aber die Struktur des Knochens insgesamt und hat längere Rekonvaleszenzzeiten zur Folge als das direkte, für den Knochen beschädigungsfreie Entfernen der Schraube via Imbus-Schlüssel. Obwohl diese beiden Methoden prinzipiell funktionieren würden, wäre eine weniger invasive und vom Erfolg her sicherere Methode zu bevorzugen.

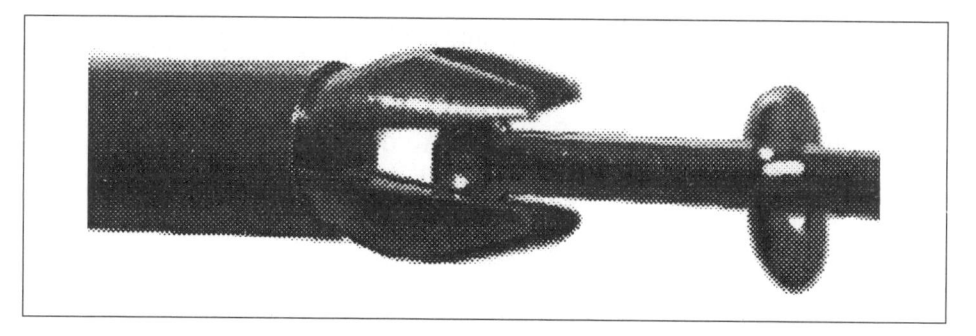

Abbildung 2-4: Alternatives Entfernen der Schraube durch Greifen am Kopf

Abbildung 2-5: Alternatives Entfernen der Schraube durch Greifen am Schaft

Man könnte die Schraube am Platz belassen und den Patienten davon überzeugen, daß es ein fast normaler Zustand ist, Metall im Knochen zu haben. Und bei kaltem Wetter könnte man schmerzlindernde Medikamente verabreichen. Allerdings besteht die Möglichkeit der Wetterfühligkeit auch bei erfolgreich entfernter Schraube! Diese Erkenntnis hat natürlich Einfluß auf die Abwägung von Vorteilen und Risiken.

Wäre das ursprüngliche Problem nicht das Entfernen einer Schraube, sondern das Verbinden zweier Knochen gewesen, dann wäre Klebstoff eine Alternative. Allerdings hat in solchen Fällen Kleber bis heute nur mit zusätzlicher mechanischer Unterstützung funktioniert. Biologisch abbaubare Schrauben als weitere Alternative befinden sich heutzutage erst in der Entwicklung. Könnte die Schraube allerdings als Überträger für gesundheitsverbessernde Maßnahmen – beispielsweise zur positiven Beeinflussung des Magnetfeldes in der Beckengegend oder zur Messung der Knochen-Innentemperatur – eingesetzt werden, dann wäre die Akzeptanz für ein Verbleiben im Knochen durch den Patienten deutlich höher.

Fahrrad:

Durch eine aerodynamische Verkleidung kann der Luftwiderstand gesenkt werden, wobei sich allerdings das Eigengewicht des Fahrrades erhöht und das Radfahren anstrengender wird. Hier wäre es einen Versuch wert, primäres und sekundäres Problem gleichzeitig zu lösen, d.h. einen Weg zu finden, unter Gewichtsreduktion die Verkleidung beizubehalten. Sollte sich der Luftwiderstand nicht reduzieren lassen, dann wäre eine alternative Möglichkeit zur Geschwindigkeitserhöhung das Verbessern der Übersetzungseffizienz.

Für den Fall, daß es unmöglich ist, das Fahrrad technisch zu verbessern, sollte man eine Verbesserung der Antriebsfunktion in Betracht ziehen. Ein Moped beispielsweise ist ein Fahrrad mit Hilfsmotor, der im wesentlichen nicht den menschlichen Antrieb ersetzt, aber bei Bergfahrt merklich unterstützt. Ein motorisierter Tretroller wäre hinsichtlich der angestrebten Geschwindigkeitserhöhung ebenfalls eine Alternative.

Funktion des Fahrrades ist es, den Radfahrer und eine Zuladung zu transportieren. Eliminiert man die Notwendigkeit, Lasten zu transportieren – wird das Fahrrad also ausschließlich zu sportlichen Zwecken genutzt – dann kann man mit einfachen Mitteln eine höhere Geschwindigkeit realisieren. Wäre die primäre Funktion des Fahrrades ausschließlich körperliche Betätigung, dann liegt eine konstruktive Lösung nahe, die gar keine Strecke zurücklegt und trotzdem einen wunderbaren „Workout" bietet.

Sollte es letztlich unmöglich sein, die Geschwindigkeit des Fahrrades zu erhöhen, dann muß das Problem anders definiert werden. Bei gleicher Geschwindigkeit könnte man beispielsweise die Fahrzeit durch Benutzung einer Abkürzung verringern. Damit hat sich das Problem zu einer Frage der Routen-Selektion gewandelt. Oder man kann die Energiequelle des Fahrrades beispielsweise beim Einsatz im Zustelldienst durch Anwerbung eines Profi-Rennsportlers perfektionieren.

An dieser Stelle ein kurzer Exkurs zu dem Problem oder Ziel immer kürzerer Tür-zu-Tür-Reisezeiten: Die Luftverkehrsindustrie kann immer schnellere Flugzeuge entwickeln, aber auf vielen Routen sind bodengebundene Reise, Check-in-Prozedur und Abfertigung des Gepäcks signifikante Beiträge in die gesamte Tür-zu-Tür-Zeit. Es passiert häufig, daß an den üblichen Fragestellungen gearbeitet wird, nicht jedoch an den wirklich kritischen. So werden in Nordamerika immer mehr Flughäfen und schnellere Flugzeuge gebaut, aber mit zunehmenden Sicherheitsanforderungen wird die Zeit am Boden immer länger. Alternativ hierzu wurden in einigen europäischen Ländern die Fluglinien zwischen Großstädten durch schnelle Zugverbindungen ersetzt mit dem Erfolg kürzerer Tür-zu-Tür-Zeiten. Hier zeigt sich die Notwendigkeit, tatsächlich am Flaschenhals eines Problems zu arbeiten.

Zurück zum Fahrrad: öffentlicher Verkehr ist ein Übersystem zum Fahrrad. In einigen Städten sind öffentliche Busse für den Transport von Fahrrad und Radfahrer ausgelegt. Auch andere Transportmöglichkeiten des Fahrrades können in anderen Übersystemen effizient sein, beispielsweise im nichtöffentlichen Transport (Polizei etc.).

Nicht in jeder Situation führt jede Alternative zu lohnenswerten Problemstellungen mit effizienten Lösungen. Dennoch ist es hilfreich, alle Möglichkeiten zu überprüfen, denn selbst wenn sie nicht unmittelbar zu einer neuen Lösung führen, so könnten sich manche Ansätze in einem späteren Stadium des Problembearbeitungsprozesses dann doch noch als pfiffig erweisen. Neue Produkte können direkt aus diesem Prozeß entstehen, oft aber werden aus einem Projekt hierbei zwei: eines für heute und eines für die Zukunft.

5. Veränderung des Systems

5.1. Veränderungen zulassen

Als nächstes muß der Grad zulässiger Veränderungen am System auf Basis des Problemlösungsprozesses herausgefunden und beschrieben werden. Die Freiheitsgrade für Veränderungen hängen im wesentlichen von folgenden Faktoren ab:

- dem gegenwärtigen Fertigungsstand des Systems (in Entwicklung, Prototyp, Pilotproduktion, Massenproduktion, existierende und gut etablierte Technologie etc.),
- direkte und indirekte Verluste durch die negativen Effekte des Problems,

- möglicher Profit und andere Vorteile, die durch das Lösen des Problems entstehen.

Prüfen Sie, welches der folgenden Statements ein bestimmtes Problem mit erfinderischer Komponente am besten beschreibt:

Eine *Kehrtwendung im Design* inklusive völlig neuartiger Produkte und/oder Technologien ist möglich.

Schraube: Zum Entfernen ist jedes Werkzeug zunächst denkbar.

Massive Designänderungen sind möglich, aber nur innerhalb der durch Kosten, Ausrüstung, Material und Marketingstrategie aufgespannten Grenzen.

Fahrrad: Es liegen Bedenken über den künftigen Markterfolg bei massiver Designänderung vor.

Nur kleine Änderungen sind erlaubt; alle Optionen sind durch die Notwendigkeit, die vorliegende Technologie einzuhalten sowie Verpflichtungen gegenüber Kunden zu erfüllen, limitiert. Alle Restriktionen müssen in diesem Fall sehr spezifisch beschrieben werden.

Fahrrad: Gravierende Änderungen im Herstellprozeß sind teuer.

Es können *nur kleinste Änderungen* durchgeführt werden, genaue Gründe sind dargelegt.

Schraube: Bedenken zum Wohlbefinden des Patienten.

Welche technische, ökonomische oder anderweitige Eigenschaft wird verändert und welche Limitationen gelten für diese Änderung?

Schraube: Ein neues Werkzeug zum Entfernen der Schraube muß hohen Sterilisationstemperaturen widerstehen und die räumlichen Bedingungen einer minimal invasiven Operation erfüllen.

Fahrrad: Radikale Veränderungen von Design und Herstellprozeß sind möglich, gleichwohl muß ein Fahrrad immer wie ein Fahrrad aussehen, um Kunden nicht abzuschrecken.

5.2. Grenzen der Systemänderung

Schreiben Sie auf, was am existenten System geändert werden kann und was nicht. Welche technischen, ökonomischen oder anderweitigen Eigenschaften sollten:

- konstant bleiben?
- sich nicht verringern?
- sich nicht erhöhen?

Erläutern Sie die Gründe für diese dem System auferlegten Restriktionen und geben Sie an – soweit möglich – unter welchen Bedingungen diese Einschränkungen aufgehoben werden können. Sollte die Elimination dieser Restriktionen neue, sekundäre Probleme zur Folge haben, klären Sie, ob es nicht vorteilhafter ist, diese neuen Herausforderungen anzunehmen.

Schraube:

Die Umweltanforderungen – Sterilität bei der Anwendung im menschlichen Körper – dürfen weder geändert noch ignoriert werden, da sie für Sicherheit und Gesundheit des Patienten essentiell sind.

Fahrrad:

Das Fahrrad kann nicht vollständig durch andere Verkehrsmittel ersetzt werden, es sei denn, man denkt an einen tiefen Winter mit viel Schnee und Kälte. Sicherheit und einfache Handhabbarkeit dürfen nicht außer acht gelassen werden, sie bilden letztlich die Grundlage für die Reputation aller fahrradherstellenden und -verkaufenden Firmen. Von Radrennsportlern wird der Punkt Sicherheit natürlich anders beurteilt, ebenso die Bequemlichkeit. Straßenverkehr stellt an das Fahrrad andere Anforderungen als eine Wettkampfbahn.

6. Auswahlkriterien für Lösungskonzepte

6.1. Angestrebte technische Eigenschaften
6.2. Angestrebte ökonomische Eigenschaften
6.3. Angestrebter Zeitplan
6.4. Erwartungsgemäße Neuartigkeit
6.5. Andere Auswahlkriterien

Kennzeichnen Sie diejenigen Komponenten des Systems, die zum Erfüllen der oben genannten Eigenschaften qualitativ und/oder quantitativ verändert werden müssen. Werden hierdurch die Nachteile des Systems beeinflußt?

Wie und warum? Gibt es zusätzliche Kriterien, die eine Selektion möglicher Lösungen beeinflussen? Anhand welcher Kriterien wird letztendlich die Selektion durchgeführt?

Schraube:

Sinnvolle Vorgehensweisen wären: Reibungskräfte reduzieren, die Übertragung des Drehmomentes an den Schraubenkopf verbessern oder die zum Gewindeschneiden im Knochen notwendigen Kräfte erniedrigen. Die Schraube läßt sich leichter drehen, wenn die Reibung geringer ist oder das Eindringen der Schraube in den Knochen leichter vonstatten geht. Ein höheres Drehmoment ist dann sinnvoll, wenn Abrutschen und Beschädigungen des Schraubenkopfes ausgeschlossen sind.

Gibt es eine körperverträgliche Variante des Maschinenöls? Vielleicht etwas in der Art eines Kriechöles, das von selbst entlang der Schraube wandert und so – ohne den Knochen zu schädigen – die Reibung reduziert?

Diese Idee ist neu und bei der Ausarbeitung der hier vorliegenden Innovations-Checkliste entstanden!

Aber würde dies auch noch nach einiger Zeit funktionieren, wenn der Knochen schon fest mit der Schraube verwachsen ist?

Weitere Kriterien für die Bewertung eines neuen Designs:

- die benötigte Entwicklungszeit bis zum ersten funktionsfähigen Prototyp,
- die zur Entfernung der Schraube notwendige Zeit,
- die Größe der Operationswunde, die für den Werkzeugeinsatz notwendig ist,
- die Wahrscheinlichkeit, daß die Schraube überhaupt entfernt werden soll.

Fahrrad:

Eine verbesserte Aerodynamik, d. h. ein geringerer Luftwiderstand von Fahrrad und Radfahrer, führt bei gleichem Kraftaufwand zu höherem Fahrtempo.

Bewertungskriterien für ein neues Design sind:

- die prozentuale Verbesserung oder Erhöhung der Geschwindigkeit,
- die Größe der Investitionen, um die geplante konstruktive Änderung zu implementieren,

- die Wahrscheinlichkeit, ein Patent und damit Patentschutz erteilt zu bekommen,
- die Nähe zum klassischen Aussehen eines Fahrrades,
- die Chance auf einen höheren Verkaufserfolg.

7. Historie von Lösungsversuchen

7.1. Vorangegangene Versuche zur Problemlösung

Eine Dokumentation bereits durchgeführter Versuche zur Problemlösung kann man zur Beantwortung der Frage, warum diese Versuche scheiterten, nutzen.

7.2. Andere Systeme, die ein ähnliches Problem beinhalten

Analysieren Sie eine zum aktuellen Problem ähnliche Situation und fragen Sie:

– Wurde dieses analoge Problem schon anderswo gelöst? Wie?
– Kann diese Lösung auf das aktuelle Problem übertragen werden?
– Wenn nicht: Warum? Wo liegen die Grenzen?

Schraube:

Analoge Probleme könnten sein:

a) festgerostete Schrauben in Metall
b) Holzschrauben mit abgedrehtem Kopf
c) Nägel, die vor 2 Jahren in einen lebenden Baum geschlagen wurden

Lösungen dieser analogen Probleme:

a) Eine „Ausdreh-Hilfe" folgender Art: ein Loch wird exakt im Zentrum der festgerosteten Schraube, die ein normales Rechtsgewinde hat), gebohrt. Dann wird eine spitze Schraube mit Linksgewinde in dieses Loch

hineingedreht – solange bis sie fest sitzt und dann noch ein Stück weiter: die festgerostete Schraube wird sich lockern und sich schließlich leicht herausdrehen lassen.
b) Mit einer Säge wird ein neuer Schlitz in das verbliebene obere Ende der Schraube gesägt. Dann kann ein normaler Schraubenzieher zum Herausdrehen eingesetzt werden.
c) Nachgewachsenes Holz rund um die Nagelköpfe wird entfernt, so daß die Beißzange wieder ansetzen kann.

Limitationen:
Die Verbindung zwischen Kopf und Schaft ist das schwächste Glied bei der Weitergabe von Drehmoment entlang der Längsachse einer Schraube. Bricht der Kopf ab, dann wird ein Herausdrehen sehr schwierig. Alle drei oben dargestellten Analog-Lösungen könnten auf unser Problem einer festsitzenden Schraube im Knochen übertragen werden. Zu bedenken ist, daß zugunsten des Patienten der Vorgang des Entfernens schnell ablaufen muß und daß keine körperfremden Materialien zurückbleiben dürfen. Aus letztgenanntem Grund sind Vorgehensweisen wie Sägen und Bohren als problematisch zu bewerten.

Fahrrad:

Beispiele für analoge Problemfälle:

a) Geschwindigkeitserhöhung bei Rollschuhen,
b) Erhöhen der Geschwindigkeit eines Paddelbootes (bei Gegenwind und Wasserwiderstand).

Bekannte Lösungen dieser analogen Probleme:

a) Übergang zu Rollerblades: alle Räder hintereinander und optimierte Kugellager,
b) sportliches Ruderboot: Form von Bootshülle und Ruder verändert (schmal und lang), Rudertechnik geändert.

Limitationen:
Das neue System soll wie ein klassisches Fahrrad aussehen!

Viele TRIZ-Praktiker sind der Meinung, die Innovations-Checkliste stellt genügend Führung und Systematik bereit, um Probleme jeglicher Art lösen zu können. Andere Anwender hingegen ziehen es vor, im Anschluß hieran auch die nächsten Schritte der TRIZ-Methodik mit gleicher Konsequenz durchzuführen.

Nachdem Sie jetzt gelernt haben, wie man alle Informationen zum Problem und dessen Umfeld systematisch zusammenträgt, werden Sie im folgenden Kapitel 3 Bekanntschaft mit dem Prozeß der *Problemformulierung* machen, der das ursprüngliche Problem in viele kleinere Probleme zerlegt. Bei großen Projekten kann es sogar notwendig werden, mehrere solche Formulierungsprozesse durchzuführen.

Auf den ersten Blick mag es als sehr aufwendig erscheinen, ein Problem derart detailliert aufzuarbeiten. Dieser Eindruck relativiert sich aber, wenn man Kosten und Verluste durch ein halbherziges, schlecht geplantes Optimierungsprojekt gegenrechnet. Gute Planung zahlt sich immer aus – leider werden aber selten die dafür erforderlichen Ressourcen zur Verfügung gestellt!

„Diejenigen, die sich nicht auf neue Methoden einlassen,
müssen immer wieder mit den alten Unzulänglichkeiten rechnen.
Zeit ist nämlich der größte Erneuerer."

Francis Bacon (aus „Of Innovation". Essays 1625).

Literatur

[19] IWB Software, Ideation International Inc., Southfield, MI, 1997.

Kapitel 3

Problemformulierung

Am Ende dieses Kapitels sind Sie in der Lage
- **ihr Gesamtproblem in seinen Verknüpfungen darzustellen,**
- **Teilprobleme zu formulieren,**
- **eine umfassende Liste von Teilproblemen zu erstellen.**

1. Der Prozeß der Problemformulierung

Dieses Kapitel geht detailliert auf den Prozeß der Problemformulierung ein. Ziel ist es, ein einfaches Ursache-Wirkungs-Diagramm zu erzeugen, welches die Beziehung zwischen primärem Nachteil eines Systems und dessen primärem Nutzen darstellt. In der TRIZ Methodik werden die Begriffe „nützliche Funktion" und „schädliche Funktion" zur Kennzeichnung von Vorteilen und Nachteilen eines Systems genutzt. Wichtig ist, zu wissen, daß im Zusammenhang mit dem Prozeß der Problemformulierung der Begriff „Funktion" inhaltlich sehr diffus benutzt wird und auch Ereignisse – beispielsweise Explosionen oder plötzlichen Phasenwechsel – miteinschließt.

Um in die graphische Art der Darstellung einzusteigen, empfiehlt es sich, entweder mit der „primären schädlichen Funktion" (PSF) oder der „primären nützlichen Funktion" (PNF) des Gesamtsystems zu beginnen. Wenn Sie – gewissermaßen mit der negativen Seite beginnend – mit der PSF starten, dann versuchen Sie, alle Funktionen zu finden, die eine Verbindung zur PNF, also zur positiven Seite des Systems, herstellen. Es muß mindestens ein Verbindungsweg zwischen PSF und PNF existieren.

Das so erzeugte Schaubild gibt eine gute Übersicht zu all den kleineren Problemen, die in einer innovativ zu bearbeitenden Aufgabenstellung stecken. Eine effiziente Lösung des Gesamtproblems („eliminiere die primäre schädliche Funktion") wird durch diese Darstellung der Ursachen-Wirkungs-Beziehungen erleichtert: sind alle Beziehungen positiver wie negativer Art identifiziert, dann kann schon die Lösung eines einzigen dieser sekundären Detailprobleme zur Lösung der gesamten Aufgabenstellung führen. Natürlich sollte man mit dem Detailproblem beginnen, welches das Gesamtsystem am stärksten beeinträchtigt.

Im vorherigen Kapitel 2 haben wir alle relevanten Informationen zur Eliminierung der PSF zusammengetragen. Im nun folgenden Schritt führt der Prozeß der Problemformulierung zur präzisen und formalisierten Beschreibung des Problems mit allen Beziehungen zwischen nützlichen und schädlichen Detailfunktionen. Die dabei gebräuchliche Art der Formulierung fordert, daß jedes Detailproblem aus mindestens zwei Funktionen besteht.

2. Los geht's

Die acht Standardfragen der Problemformulierung unterstützen uns in der Suchen nach Verknüpfungen zwischen den Funktionen. Alle acht Fragen zu stellen verhindert, wichtige Beziehungen zu übersehen. Prinzipiell gibt es drei mögliche Verknüpfungen zwischen schädlichen (SF) und nützlichen (NF) Funktionen:

1. NF_n bedingt eine SF_n: $NF_n \longrightarrow SF_n$
2. NF_n ist zur Elimination einer SF_n vorhanden: $NF_n \longrightarrow SF_n$
3. NF_n ist Voraussetzung für eine NF_{n+1}: $NF_n \longrightarrow NF_{n+1}$

Diese drei Verknüpfungsprinzipien führen zu acht Standardfragen, vier bezüglich nützlicher Funktionen und vier bezüglich schädlicher Funktionen:

Die vier Standardfragen bei nützlichen Funktionen:

1. Ist diese nützliche Funktion Voraussetzung für (eine) andere nützliche Funktion(en)? $NF_n \longrightarrow NF_{n+1}$
2. Werden durch diese nützliche Funktion irgendwelche schädliche Effekte verursacht? $NF_n \longrightarrow SF_n$
3. Wurde diese nützliche Funktion zur Eliminierung (eines) schädlicher(n) Effekt(s) eingeführt? $NF_n \longrightarrow SF_n$
4. Ist für diese nützliche Funktion (eine) andere nützliche Funktion(en) Voraussetzung? $NF_{n-1} \longrightarrow NF_n$

Die vier Standardfragen bei schädlichen Funktionen:

5. Wird diese schädliche Funktion durch (eine) andere schädliche Funktion(en) verursacht? $SF_{n-1} \longrightarrow SF_n$
6. Werden durch diese schädliche Funktion irgendwelche weiteren schädlichen Effekte verursacht? $SF_n \longrightarrow SF_{n+1}$
7. Wurde diese schädliche Funktion durch eine nützliche Funktion verursacht? $NF_n \longrightarrow SF_n$
8. Wurde zur Eliminierung dieser schädlichen Funktion eine nützliche Funktion eingeführt? $NF_n \longrightarrow SF_n$

3 Problemformulierung

Fragen 1 bis 4 beziehen sich auf nützliche Funktionen: die ersten drei identifizieren Folgen der NF während Frage 4 in Richtung Ursache den Bogen zur primären nützlichen Funktion (PNF) schließt. Nach dem ersten Cyclus, der sich mit den direkt an die PNF geknüpften Funktionen auseinandersetzt, werden alle vier Fragen gleichermaßen relevant.

Eine bejahende Antwort zu welcher Frage auch immer erschließt weitere Funktionen oder Verknüpfungen im Modell der konkreten Aufgabenstellung. Zur Darstellung dieser Beziehungen bietet sich ein Flußdiagramm an.

Ein Teil der hier relevanten Informationen wurde bereits in der Innovations-Checkliste erarbeitet. Natürlich können mehrere Fragen bejaht werden, und jedes Ja kann mehrere Verknüpfungen erschließen. Wichtig ist, alle vier Fragen für jede Funktion zu stellen, so daß ein umfassendes Modell der Verknüpfungen entsteht.

Die PNF wird in der zweiten Frage der Innovations-Checkliste (1.2) definiert („primäre nützliche Funktion des Systems"); und als Quelle für die PSF dient die dritte Frage der Innovations-Checkliste („derzeitige oder wünschenswerte Systemstruktur, Problem-Situation"). Ob man mit der PNF

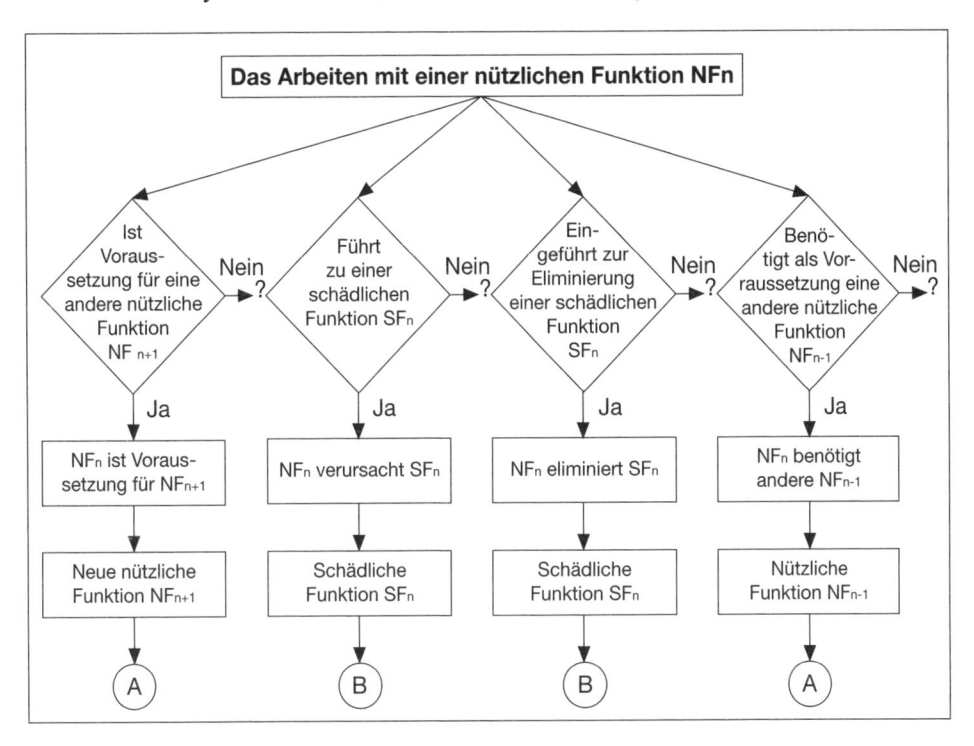

Abbildung 3-1: Die vier Fragen bei einer nützlichen Funktion (NFn)

oder der PSF, also am positiven oder negativen Ende beginnt, ist letztlich ohne Einfluß auf das Resultat. Die in Abbildung 3-1 und 3-2 dargestellten Flußdiagramme bilden den gründlichen Ansatz dieser Fragemethodik ab. Jede identifizierte Funktion wird durch einen Satz von vier Fragen im Detail analysiert.

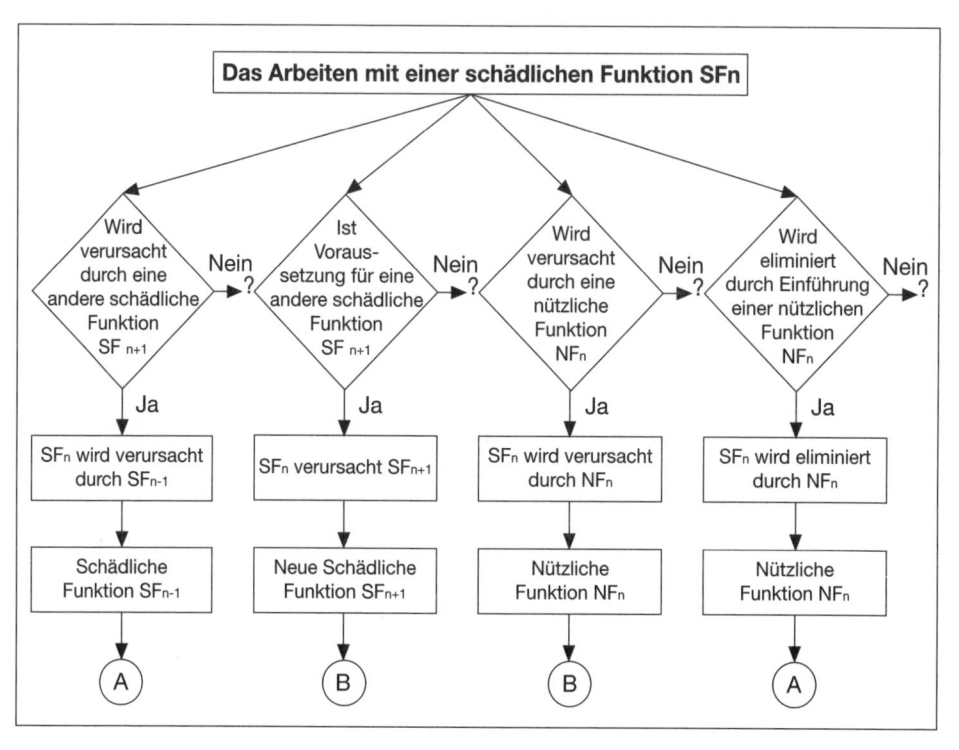

```
                    Das Arbeiten mit einer schädlichen Funktion SFn

   Wird                    Ist                      Wird                     Wird
   verursacht              Voraus-                  verursacht               eliminiert
   durch eine      Nein    setzung für eine  Nein   durch eine      Nein     durch Einführung  Nein
   andere schädliche ?     andere schädliche   ?    nützliche         ?      einer nützlichen    ?
   Funktion                Funktion                 Funktion                 Funktion
   SF n+1                  SF n+1                   NFn                      NFn
        │ Ja                    │ Ja                    │ Ja                     │ Ja
   SFn wird verursacht     SFn verursacht SFn+1    SFn wird verursacht      SFn wird eliminiert
   durch SFn-1                                     durch NFn                durch NFn

   Schädliche              Neue Schädliche         Nützliche                Nützliche
   Funktion SFn-1          Funktion SFn+1          Funktion NFn             Funktion NFn

        (A)                     (B)                     (B)                      (A)
```

Abbildung 3-2: Die vier Fragen bei einer schädlichen Funktion (SFn)

In zwei auf die PNF oder PSF aufbauenden Beispielen (Schmelzofen, Knochenschraube) soll der Prozeß der Problemformulierung illustriert werden. Um schädliche und nützliche Funktionen beim Zeichnen von Flußdiagrammen wie auch beim Niederschreiben von Problemdarstellungen visuell gut unterscheiden zu können, gilt: nützliche Funktionen werden im Text durch runde Klammern (NF) und graphisch durch weiße Kreise, schädliche Funktionen hingegen durch eckige Klammern [SF] und graue Quadrate dargestellt. Die drei Verknüpfungsprinzipien werden durch verschiedene Linientypen dargestellt:

ein Pfeil mit einfacher Linie (——▶ , „ist Voraussetzung") für eine Funktion, die für eine andere Funktion notwendig ist,

ein Pfeil mit Doppellinie (═══▶ , „verursacht") symbolisiert eine Funktion, die eine andere Funktion zur Folge hat und

ein senkrecht durchgestrichener Pfeil (——|——▶ , „eliminiert") symbolisiert eine Funktion, die eine andere Funktion ausschaltet oder kompensiert.

3. Schmelzofenproblem

Bei einem Unternehmen, das sich auf die Entwicklung von Schmelzöfen zur Erzaufbereitung spezialisiert hat, gibt ein Kunde einen schnelleren, effizienten und kompakten Ofen in Auftrag, wobei insbesondere der Betrieb bei hohen Temperaturen ein kritischer Designparameter ist.

Vorhandene Erfahrungen mit metallseparierenden Hochöfen lassen sich folgendermaßen zusammenfassen: Metall wird aus dem Erz durch Aufschmelzen in einem Hochtemperatur-Ofen extrahiert. Um die Ziegelsteinwände des Ofens zu kühlen wird Wasser durch in die Wände eingelassene Rohre gepumpt. Bricht eine Rohrleitung, dann leckt Wasser durch die Ziegelsteinmauer in die Schmelze, was zu explosionsähnlichen Ereignissen führt.

Die PNF ist das Extrahieren von Metall. Welche Funktion benötigt man zum Metallextrahieren? Um dieses Beispiel illustrativ einfach zu halten, wird hier einzig die Funktion (Erz schmelzen) als die Ja-Antwort auf Frage 4 der Standardfragen in Abbildung 3-1 berücksichtigt:

(Erz schmelzen) ist Voraussetzung für (Gewinnung von Metall).

Abbildung 3-3 stellt diese Beziehung als Flußdiagramm dar.

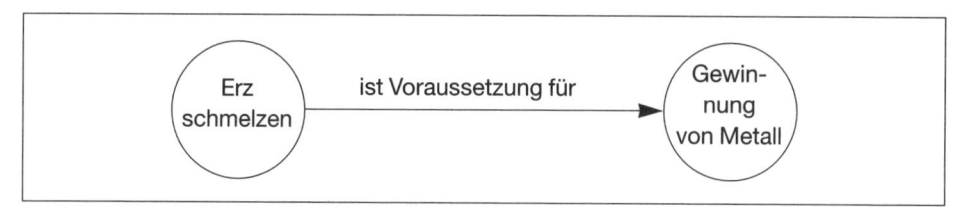

Abbildung 3-3: Flußdiagramm, Schmelzofen-Beispiel

Kapitel 3

Wichtig ist, daß (Erz schmelzen) hier nur wörtliche Bedeutung hat. Keinerlei Informationen oder Annahmen über Behälter, Temperatur, Atmosphäre oder andere Bedingungen sind hierin enthalten. Denn diese Bedingungen wären weitere Funktionen, die in derselben Art analysiert und abgebildet werden müßten. Dadurch sorgt die Erstellung eines derartigen Flußdiagramms für Klarheit über all diese Funktionen.

Von (Erz schmelzen) geht es nur mit Frage 4 wieder in einer sinnvollen Verknüpfung weiter:

(hohe Temperatur) ist Voraussetzung für (Erz schmelzen).

Diese neue Funktion (hohe Temperatur) läßt sich in Abbildung 3-3 links einfügen, was zur in Abbildung 3-4 dargestellten Detaillierung führt.

(hohe Temperatur) — ist Voraussetzung für → (Erz schmelzen) — ist Voraussetzung für → (Gewinnung von Metall)

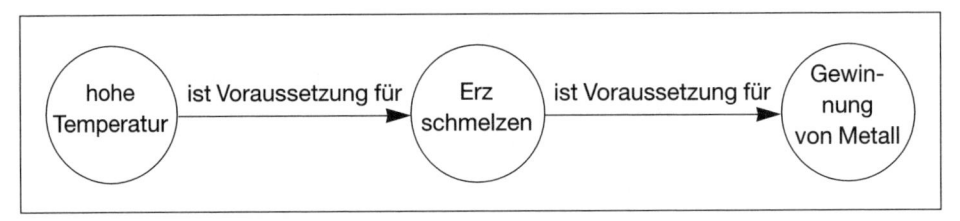

Abbildung 3-4: Flußdiagramm, erweitert, Schmelzofen-Beispiel

Ausgehend von (hohe Temperatur) ergeben sich weitere Teilprobleme im Prozeß der Problemformulierung:
Die Funktion (hohe Temperatur) hat eine bejahende Antwort auf Frage 2:

(hohe Temperatur) verursacht [Überhitzung der Ofenwände].

Da [Überhitzung der Ofenwände] eine schädliche Funktion ist, können Fragen 5 bis 8 gestellt werden.
Ein Ja auf die Frage 8 führt zu:

(Kühlen der Wände) eliminiert [Überhitzung der Ofenwände]

Auch auf die Fragen 5, 6 und 7 hin lassen sich vielfältige funktionale Verknüpfungen beschreiben. Der Kürze wegen seien nur die folgenden ausgeführt:

(Durchfluß von Wasser durch Rohre) ist Voraussetzung für (Kühlen der Wände).
(Pumpen von Wasser durch Rohre) ist Voraussetzung für (Durchfluß von Wasser durch Rohre).
(Hoher Druck) ist Voraussetzung für (Pumpen von Wasser durch Rohre).
(Hoher Druck) verursacht [Auslaufen von Wasser in die Schmelze].
[Risse im Rohr] verursachen [Auslaufen von Wasser in die Schmelze].

Dieser analytische Prozeß kann nun für [Risse im Rohr] und [Auslaufen von Wasser in die Schmelze] weiter vertieft werden. Auch hier wieder zugunsten des illustrativen Beispiels der Fokus auf [Auslaufen von Wasser in die Schmelze]:

[Auslaufen von Wasser in die Schmelze] verursacht [Explosion].

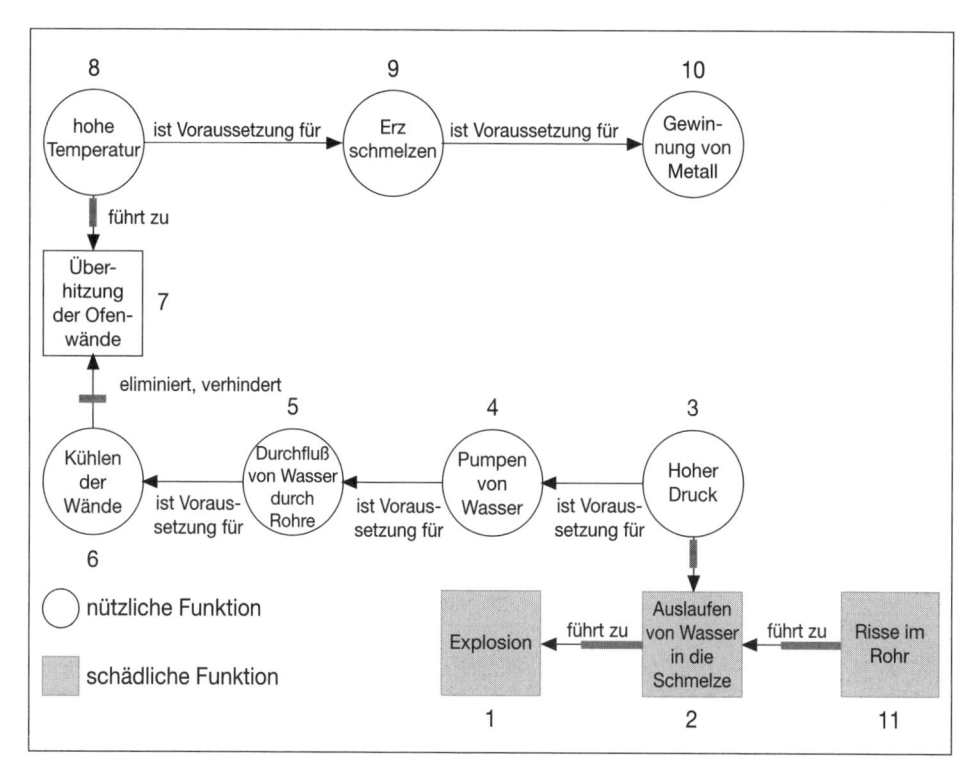

Abbildung 3-5: Ursachen-Wirkungs-Diagramm im Schmelzofen-Beispiel

4. Formulierung von Teilproblemen

Geht man von [Explosion] als primärer schädlicher Funktion aus, dann lassen sich auf Basis der bis hierher geleisteten Arbeit 21 Teilprobleme definieren. Die Zahlen an jedem Knoten in Abbildung 3-5 dienen als Bezugspunkte zur Zuordnung der Teilprobleme.

Die Verknüpfungen in Abbildung 3-5 weisen darauf hin, daß zwei Arten von Teilproblemen vorliegen: *präventive* für schädliche Funktionen und *alternative* für nützliche Funktionen. Jeder Knoten, der zwei Verknüpfungen – beispielsweise eine „verursacht" und eine „ist Voraussetzung für" – aufweist, deckt einen Widerspruch auf.

Zusätzliche Teilprobleme lassen sich für jeden einzelnen Knoten durch die zwei Fragen: „Läßt sich ein Nutzen aus einer [SF] ziehen?" oder „Läßt sich eine Verbesserung einer (NF) erzielen?" formulieren. Die folgende Bezifferung aller Teilprobleme bezieht sich auf die in Abbildung 3-5 vermerkten Zahlen.

1a. Finde einen Weg zur Eliminierung, Reduktion oder Prävention der [Explosion] wenn [Auslaufen von Wasser in die Schmelze] vorliegt.
1b. Finde einen Weg, um Nutzen aus [Explosion] zu ziehen.
2a. Finde einen Weg zur Eliminierung, Reduktion oder Prävention von [Auslaufen von Wasser in die Schmelze] wenn (hoher Druck) und [Risse im Rohr] vorliegen.
2b. Finde einen Weg, um Nutzen aus [Auslaufen von Wasser in die Schmelze] zu ziehen.
3a. Finde einen alternativen Weg, so daß (hoher Druck) Voraussetzung für (Pumpen von Wasser durch Rohre) ist, aber ohne daß [Auslaufen von Wasser in die Schmelze] verursacht wird.
3b. Finde einen Weg, um (hohen Druck) zu verstärken.
3c. Finde einen Weg zur Auflösung des WIDERSPRUCHES: (Hoher Druck) ist einerseits Voraussetzung für (Pumpen von Wasser) und verursacht andererseits [Auslaufen von Wasser in die Schmelze].
4a. Finde einen alternativen Weg, so daß (Pumpen von Wasser) Voraussetzung für (Durchfluß von Wasser durch Rohr) ist, ohne daß (hoher Druck) Voraussetzung ist.
4b. Finde einen Weg, um (Pumpen von Wasser) zu verstärken.
5a. Finde einen alternativen Weg, so daß (Durchfluß von Wasser durch Rohr) Voraussetzung für (Kühlen der Wände) ist, aber nicht (Pumpen von Wasser) als Voraussetzung braucht.

5b. Finde einen Weg, um (Durchfluß von Wasser durch Rohr) zu verstärken.
6a. Finde einen alternativen Weg, so daß (Kühlen der Wände) [Überhitzen der Ofenwände] eliminiert, aber (Durchfluß von Wasser durch Rohr) nicht Voraussetzung ist.
6b. Finde einen Weg, um (Kühlen der Wände) zu verstärken.
7a. Finde einen Weg zur Eliminierung, Reduktion oder Prävention von [Überhitzen der Ofenwände] verursacht von (Hohe Temperatur), wo (Kühlen der Wände) nicht Voraussetzung ist.
7b. Finde einen Weg, um Nutzen aus [Überhitzen der Ofenwände] zu ziehen.
8a. Finde einen alternativen Weg von (Hohe Temperatur) als Voraussetzung für (Erz schmelzen) ohne daß [Überhitzen der Ofenwände] verursacht wird.
8b. Finde einen Weg, um (Hohe Temperatur) zu verstärken.
8c. Finde einen Weg zur Auflösung des Widerspruches: (Hohe Temperatur) ist Voraussetzung für (Erz schmelzen), soll aber nicht [Überhitzen der Ofenwände] bewirken.
9a. Finde einen alternativen Weg für (Erz schmelzen) als Voraussetzung für (Gewinnung von Metall) ohne daß (Hohe Temperatur) Voraussetzung ist.
9b. Finde einen Weg, um (Erz schmelzen) zu verstärken.
10a. Finde einen alternativen Weg für (Gewinnung von Metall), ohne daß (Erzschmelzen) Voraussetzung ist.
10b. Finde einen Weg, um (Gewinnung von Metall) zu verstärken.
11a. Finde einen Weg zur Eliminierung, Reduktion oder Prävention von [Rissen im Rohr].
11b. Finde einen Weg, um Nutzen aus [Rissen im Rohr] zu ziehen.

Aus der Sicht des Gesamtsystems heraus liegen Teilprobleme auf drei Niveaus vor: 1a, 1b, 2a, 2b, 3a, 3b sind auf der Ebene des Subsystems und erfordern ganz spezifische Detaillösungen. Die Teilprobleme 8a, 8b, 9a, 9b, 10a, 10b, 11a, 11b führen zu größeren Änderungen am System bis hin zum Ersatz des kompletten Systems durch ein anderes und sind daher als langfristige Lösungen zu sehen. Die zwischen diesen beiden Extremen liegenden Teilprobleme 4a, 4b, 5a, 5b, 6a, 6b, 7a, 7b zielen zwar auf signifikante, aber keinesfalls radikale Änderungen ab und sind daher nützlich für die Lösung der gegenwärtigen Krise. Der hier dargestellte Prozeß der Problemformulierung führte zu einer vollständigen Liste aller Teilprobleme, und auf Grundlage dieser gründlichen Analyse eröffnen sich dem Problembearbeitungsteam viele mögliche Ansätze und Wege zur Ausarbeitung der am besten geeigneten Problemlösung.

Flußdiagramme wie in Abbildung 3-5 bieten eine optische Orientierungshilfe zur Ausarbeitung nutzbringender Teilproblemformulierungen.

Ein gut formuliertes Problem ist ein fast schon gelöstes Problem! Häufig werden beim Prozeß der Problemformulierung Lösungen ganz offensichtlich, weil die Beziehungen zwischen einzelnen Funktionen einfacher zu durchschauen sind (z. B.: [Risse im Rohr] verursachen [Explosion]) als beim üblichen Betrachten des singulären Gesamtproblems. Persönliches Fachwissen und gesunder Menschenverstand reichen dann oft zur Lösung von Teilproblemen aus. Als Beispiel soll hier Teilproblem 2a dienen:

Finde einen Weg zur Eliminierung, Reduktion oder Prävention von [Auslaufen von Wasser in die Schmelze], wenn (hoher Druck) und [Risse im Rohr] vorliegen.

Warum läuft Wasser aus, wenn Druck und Risse im Rohr zugegen sind? Weil der Druck außerhalb des Rohres geringer als innendrin ist. Also entstünde keine Leckage, wenn der Druck im Rohr geringer als außerhalb wäre. Geht das? Ja, bei Verwendung einer Saugpumpe zur Bewegung des Wassers.

Teilproblem 4a „Finde einen alternativen Weg, so daß (Pumpen von Wasser durch Rohr) Voraussetzung für (Durchfluß von Wasser durch Rohr) ist, ohne daß (hoher Druck) Voraussetzung ist" hätte dieses Lösungskonzept der Saugpumpe auch provozieren können. Dieses Frage-Antwort-Spiel zeigt, wie ein gut ausformuliertes Problem ganz einfach zu praktischen und preiswerten Lösungen führt. Bleiben Sie am Ball und versuchen Sie, Lösungen zu den anderen Teilproblemen zu finden und denken Sie daran, daß technisch komplizierte Lösungen nicht immer erforderlich sind.

Diese Lösung für [Auslaufen von Wasser in die Schmelze] unterbricht die Verbindung zwischen (hoher Druck) und (Pumpen von Wasser durch Rohr). Dadurch werden die vier am weitesten von der PNF entfernten Knoten eliminiert. Andererseits gilt: je näher das Teilproblem an der PNF liegt, desto größer werden die notwendigen Änderungen am Gesamtsystem.

Der Prozeß der Problemformulierung eröffnet Wege in den verschiedensten Richtungen mit Problemlösungen, die heute, morgen oder in der nahen Zukunft implementiert werden können. Die hier für den Schmelzofen erarbeiteten Teilprobleme weisen in verschiedene evolutionäre Richtungen der Weiterentwicklung dieses Prozesses der Metallgewinnung aus Erz. Finde einen alternativen Weg zur (Gewinnung vom Metall) ohne daß (Erz schmelzen) Voraussetzung ist. Dieses Teilproblem 10a weist in die Richtung, einen nicht auf Erwärmen basierenden Prozeß zu suchen, also beispielsweise auf einen chemischen Prozeß.

Die Vorgehensweise der Problemformulierung kann bei allen Fragestellungen eingesetzt werden – nicht nur in technischen Angelegenheiten. Um dieses Werkzeug beispielsweise für eine Serviceanwendung zu adaptieren, muß nur das Wort „Funktion" durch die Bezeichnung „Aufgabe" ersetzt werden.

Bei Systemen, wo viele Ausfallmöglichkeiten vorliegen, sollte man Quality Function Deployment (QFD) und/oder Analytic Hierarchy Process (AHP) zur Priorisierung nutzen. Die hierdurch identifizierte wichtigste Ausfallmöglichkeit (die PSF) ist der Ausgangspunkt für eine nun folgende Problemformulierung. Große Problemstellungen können zu Hunderten von Teilproblemen führen. Dies macht eine Gruppierung notwendig und erlaubt so das Fokussieren aller Bemühungen auf die vielversprechendsten Teilprobleme.

Fehlen in Ihrem Hause die Ressourcen zur Erstellung eines kompletten Netzes an Teilproblemen, dann können folgende Kriterien den Auswahlprozeß fokussieren:

1. Konzentrieren Sie sich auf das Teilproblem mit dem besten Kosten/Nutzen-Verhältnis.
2. Je fundamentaler ein Teilproblem ist, desto größer der potentielle Nutzen aus dessen Lösung.
3. Schädliche Ursachen zu eliminieren ist besser als sie nur zu mildern.
4. Die Höhe der Schwierigkeiten bei der Implementation einer Lösung muß berücksichtigt werden. Eine zu radikale Lösung könnte sich je nach Kultur und geistigen Trägheitsmoment in einem Unternehmen als nicht akzeptabel erweisen.

Nicht alle Probleme sind so überschaubar wie das Schmelzofen-Beispiel. Würden die acht Standardfragen der Problemformulierung zu folgenden hypothetischen Antworten (Abbildung 3-6) führen, dann wären die resultierenden Teilprobleme deutlich verzwickter:

      (NF1) ist Voraussetzung für (PNF),
      (NF2) ist Voraussetzung für (PNF),
      (NF2) verursacht [SF1],

Kapitel 3

(NF3) verursacht [SF1],
(NF4) eliminiert [SF1],
(NF4) verursacht [PSF].

Wie im vorangegangenen Beispiel dienen die Zahlen an den Knoten der Abbildung 3-6 der Zuordnung der Teilprobleme.

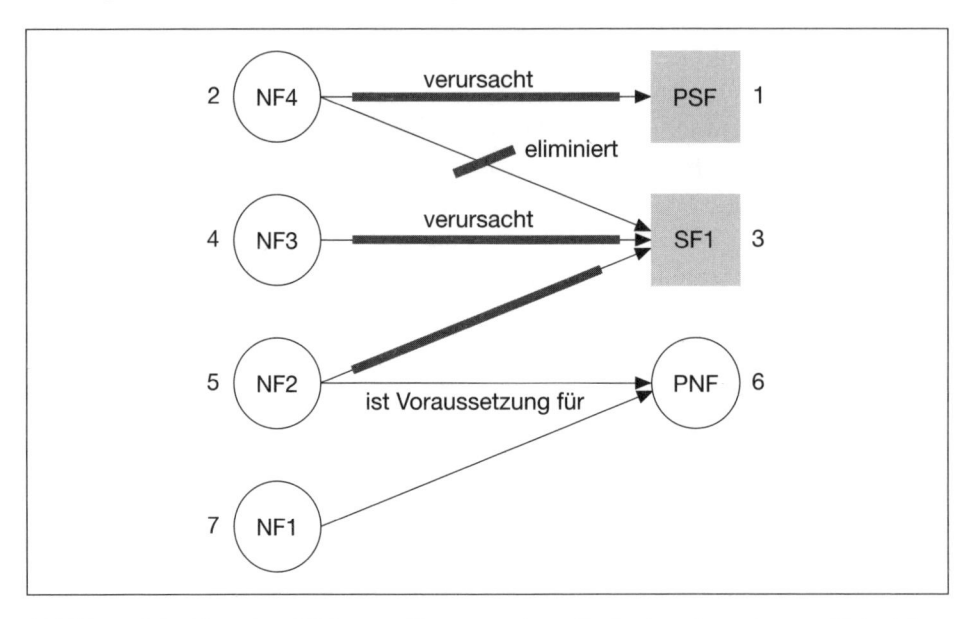

Abbildung 3-6: Ursachen-Wirkungs-Diagramm, hypothetisches, komplexeres Beispiel.

1a. Finde einen Weg zur Eliminierung, Reduktion oder Prävention von [PSF] wenn (NF4) vorliegt.
1b. Finde einen Weg, um Nutzen aus [PSF] zu ziehen.
2a. Finde einen alternativen Weg, so daß (NF4) zur Eliminierung, Reduktion oder Prävention von [SF1] beiträgt, ohne [PSF] zu verursachen.
2b. Finde einen Weg, um (NF4) zu verstärken.
2c. Finde einen Weg zur Auflösung des WIDERSPRUCHES: (NF4) soll [SF1] eliminieren, ohne [PSF] zu verursachen.
3a. Finde einen Weg zur Eliminierung, Reduktion oder Prävention von [SF1], wenn (NF3) und (NF2) vorliegen, ohne daß (NF4) Voraussetzung ist.
3b. Finde einen Weg, um Nutzen aus [SF1] zu ziehen.

4a. Finde einen Weg zur Eliminierung, Reduktion oder Prävention von (NF3).
4b. Finde einen Weg, um (NF3) zu verstärken.
5a. Finde einen alternativen Weg, um (NF2) als Voraussetzung für (PNF) zur Verfügung zu stellen, ohne [SF1] zu verursachen.
5b. Finde einen Weg, um (NF2) zu verstärken.
5c. Finde einen Weg zur Auflösung des WIDERSPRUCHES: (NF2) soll (PNF) zur Verfügung stellen, ohne [SF1] zu verursachen.
6a. Finde einen alternativen Weg, um (PNF) ohne die Voraussetzung von (NF1) und (NF2) zur Verfügung zu stellen.
6b. Finde einen Weg, um (PNF) zu verstärken.
7a. Finde einen alternativen Weg, um (NF1) als Voraussetzung für (PNF) zur Verfügung zu stellen.
7b. Finde einen Weg, um (NF1) zu verbessern.

Zwei neue Muster sind in Abbildung 3-6 zu erkennen: Das erste zeigt eine Funktion (NF2), die dazu da ist, die primäre nützliche Funktion zur Verfügung zu stellen, aber auch eine schädliche Funktion verursacht. Das zweite Muster zeigt eine nützliche Funktion (NF4), die eine schädliche eliminiert, aber gleichzeitig die primäre schädliche Funktion erzeugt.

5. Problemformulierung Knochenschraube

Schauen wir uns den Prozeß der Problemformulierung am Beispiel der Schraube im Bein eines Patienten ausgehend von der PSF an. Folgende Informationen – die normalerweise Teil der Innovations-Checkliste sind – sind wichtig:

In Abbildung 3-7 ist der linke Oberschenkelhalsknochen dargestellt. Es bildete sich ein Riß am Hals zwischen Oberschenkelknochen und Oberschenkelkopf. Der Riß liegt ausgerechnet an der dünnsten Stelle des Halses vor und ist Folge eines von rechts unten zum Oberschenkelkopf hin gerichteten Stoßes.

Beide Schrauben in Abbildung 3-8 sind 96 mm lang. Die untere Schraube mit dem Dichtungsring wurde nach einem Jahr entfernt. In der gleichen Operation wurde das hexagonale Loch für den Imbusschlüssel im Kopf der zweiten Schraube ausgedreht, d.h. zerstört; sie wurde daher an Ort und Stelle belassen. Der Patient entschied, TRIZ anzuwenden, um mehr alterna-

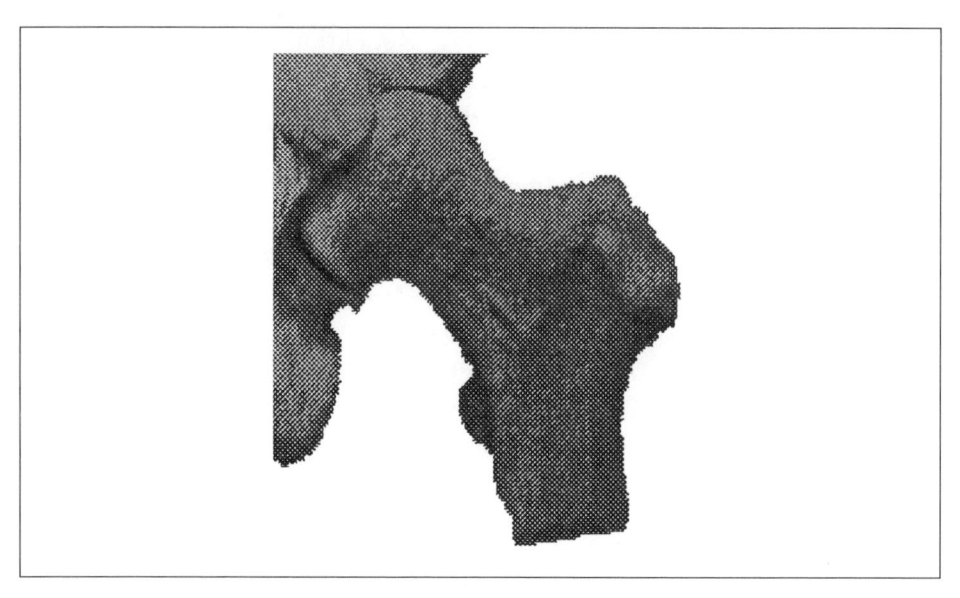

Abbildung 3-7: Der Oberschenkelhals als Verbindung zwischen Oberschenkelknochen (rechts unten) und Oberschenkelkopf (links oben am Becken)

tive Vorgehensweisen zu generieren, als der behandelnde Arzt bieten konnte, denn die Schraube am Platz zu belassen, stellt keine akzeptable Lösung dar.

Bei einer Gesamtlänge von 96 mm und einem Schaftdurchmesser von 4,5 mm hat die Edelstahlschraube 16 mm Gewinde, welches in beide Richtungen selbstschneidend ist (Abbildung 3-9).

Das Gewinde der Schraube ist so gestaltet, daß es den Knochen einschneidet, sowohl beim Hinein- als auch beim Herausdrehen (Abbildung 3-10). Als Besonderheit sei das 2 mm durchmessende Loch erwähnt, das zusammen mit einem in den Knochen eingeführten Draht als Führung beim Setzen der Schraube dient.

Der Schraubenkopf hat einen Durchmesser von 7 mm und hat auf dem Gesicht ein 4,5 mm durchmessendes hexagonales Loch (Abbildung 3-11). Auch hier wieder zentrisch das 2 mm durchmessende Führungsloch, das möglicherweise einen Weg zur Problemlösung darstellt.

Die beabsichtigte Verbesserung an diesem System ist das Entfernen der im Oberschenkelhalsknochen zurückgebliebenen Schraube.

Die PSF ist [Schraube kann nicht herausgedreht werden].

Im Prozeß der Problemformulierung werden folgende sechs Funktionsverknüpfungen basierend auf der Grafik in Abbildung 3-12 identifiziert:

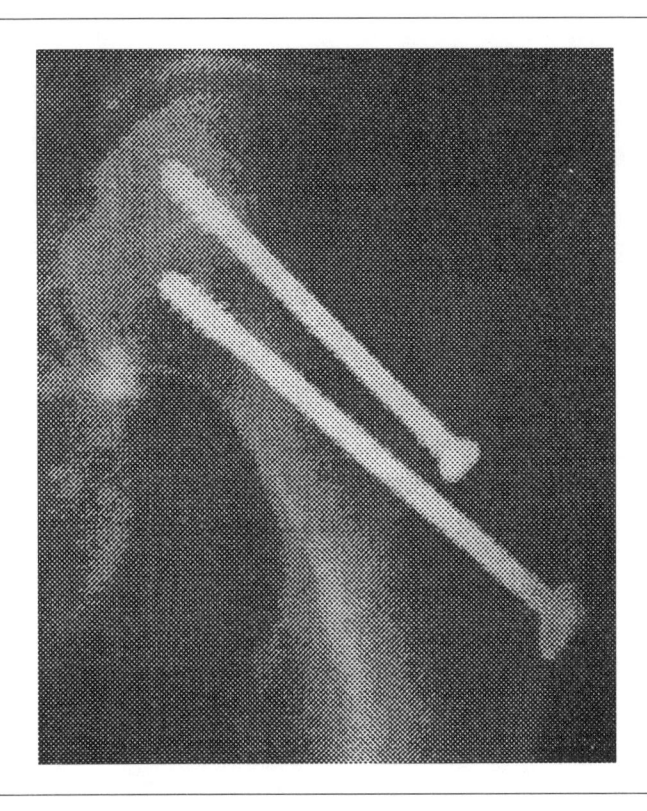

Abbildung 3-8: Röntgenaufnahme der beiden Edelstahlschrauben im Oberschenkelhalsknochen des Patienten

- [Imbusschlüssel kann nicht greifen] verursacht [Schraube kann nicht herausgedreht werden].
- [hexagonales Loch ist ausgedreht] verursacht [Imbusschlüssel kann nicht greifen].
- (großer Reibungswiderstand) verursacht [Imbusschlüssel kann nicht greifen].
- (großer Reibungswiderstand) ist Voraussetzung für (Schraube ist im Knochen fixiert) und verursacht [Imbusschlüssel kann nicht greifen].
- (Knochenwachstum um Schraubenkopf und -schaft) ist Voraussetzung für (großer Reibungswiderstand).
- (Knochenwachstum um Schraubenkopf und -schaft) ist Voraussetzung für (Ausheilen des Risses im Oberschenkelhalsknochen und Ausfüllen des Schraubenloches).

Kapitel 3

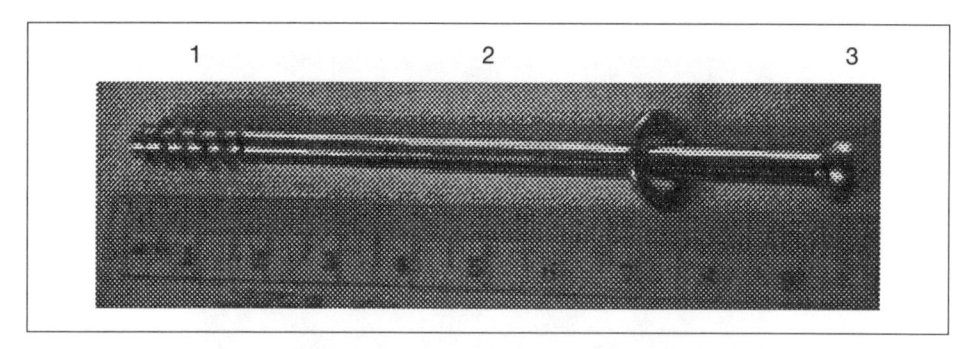

Abbildung 3-9: Gesamtansicht einer der beiden verwendeten Edelstahlschrauben mit Dichtungsring

Abbildung 3-10: Unteres Ende der Schraube mit Gewinde und Führungsloch

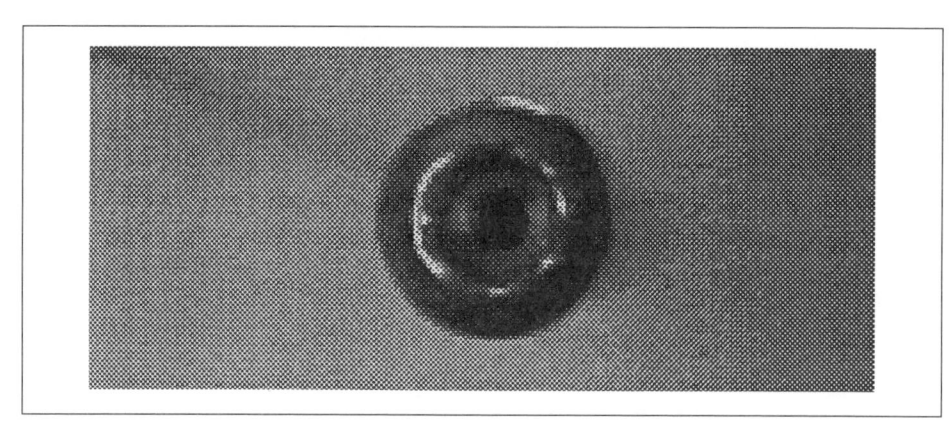

Abbildung 3-11: Kopf der Schraube mit hexagonalem Imbusloch und kleinerem, rundem Führungsloch

3 Problemformulierung

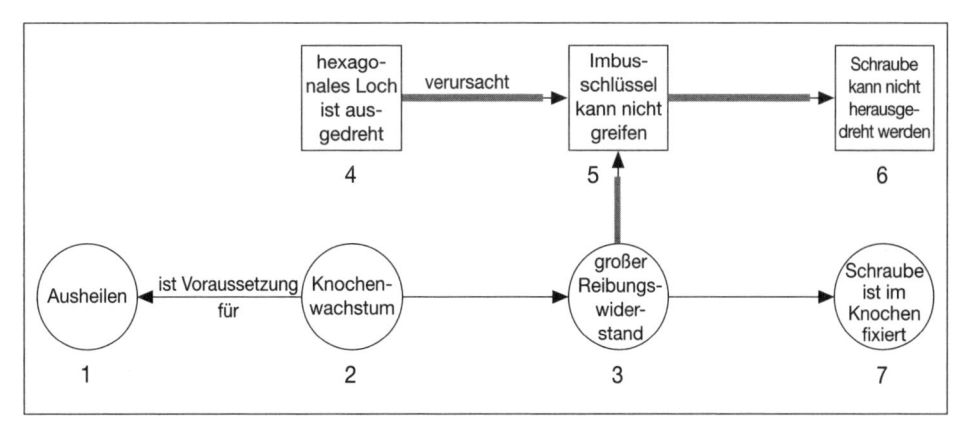

Abbildung 3-12: Ursachen-Wirkungs-Diagramm des Schrauben-Beispiels

Das Strukturieren dieses Problems ist also recht einfach. Im folgenden werden bei der Formulierung der Teilprobleme spontan aufgetretene Ideen an Ort und Stelle gleich vermerkt:

1a. Finde einen Weg, um (Ausheilen des Risses im Oberschenkelhalsknochen und Ausfüllen des Schraubenloches) zu verstärken.
1b. Finde einen alternativen Weg für (Ausheilen des Risses im Oberschenkelhalsknochen und Ausfüllen des Schraubenloches), der kein (Knochenwachstum um Schraubenkopf und -schaft) benötigt.
2a. Finde einen Weg, um (Knochenwachstum um Schraubenkopf und -schaft) zu verstärken.
2b. Finde einen alternativen Weg für (Knochenwachstum um Schraubenkopf und -schaft) als Voraussetzung für sowohl (Ausheilen des Risses im Oberschenkelhalsknochen und Ausfüllen des Schraubenloches) als auch (großen Reibungswiderstand).
3a. Finde einen Weg, um (großen Reibungswiderstand) zu verstärken.
3b. Finde einen alternativen Weg, um (großen Reibungswiderstand) zur Verfügung zu stellen, wodurch (Schraube ist im Knochen fixiert) zur Verfügung gestellt oder verbessert wird, ohne daß hierdurch [Imbusschlüssel kann nicht greifen] bedingt und auch kein (Knochenwachstum um Schraubenkopf und -schaft) benötigt wird.
3c. Finde einen Weg zur Auflösung des WIDERSPRUCHES: (großer Reibungswiderstand) sollte vorhanden sein für (Schraube ist im Knochen

109

fixiert) und sollte nicht zugegen sein wegen [Imbusschlüssel kann nicht greifen].

Lösungskonzepte: einölen, schmieren, vibrieren, Schrauben schrumpfen, Knochen weich machen, Schraube auflösen, Gewinde auflösen.

Bei der Vorstellung, wie diese Gedanken an seinem Bein verwirklicht würden, wurde es dem Patienten ganz mulmig. Obwohl es nicht ungewöhnlich ist, daß sich jemand, der ein Problem bearbeitet, derart emotional einbringt, ist dies hier doch ein dramatisches Beispiel für die Stimme des Kunden, der hier sagt: „So nicht!"

4a. Finde einen Weg, um Nutzen aus [hexagonales Loch ist ausgedreht] zu ziehen;
4b. einen Weg, um [hexagonales Loch ist ausgedreht] zu vermeiden.
5a. Finde einen Weg, um Nutzen aus [Imbusschlüssel kann nicht greifen] zu ziehen.
5b. Finde einen Weg, um [Imbusschlüssel kann nicht greifen] zu eliminieren unter der Voraussetzung, daß [hexagonales Loch ausgedreht ist] und (großer Reibungswiderstand) vorliegt.

Lösungskonzepte: benutze die linksgängige Ausdrehhilfe, einen schraubstockähnlichen Griff oder Kleber. Schneide ein neues hexagonales Loch oder einen Schlitz, wende ein Drehmoment auf die Spitze der Schraube an.

6a. Finde einen Weg, um Nutzen aus [Schraube kann nicht herausgedreht werden] zu ziehen.
6b. Finde einen Weg, [Schraube kann nicht herausgedreht werden] zu eliminieren unter der Bedingung von [Imbusschlüssel kann nicht greifen].
7a. Finde einen alternativen Weg für [Schraube ist im Knochen fixiert], der nicht (großen Reibungswiderstand) als Voraussetzung hat.
7b. Finde einen Weg, um (Schraube ist im Knochen fixiert) zu verstärken.

Die Problemformulierung ist zusammen mit der Innovations-Checkliste ein mächtiges Innovationswerkzeug, das bereits bahnbrechende Industrieprodukte und Patente ermöglicht hat.

Rockwell International wollte das Design von Golfwagen-Bremsen verbessern. Ihre Problemformulierung führte zu 21 verbundenen Funktionen und 21 Teilproblemen. Schließlich entstand ein effizienteres Bremssystem mit deutlich weniger Einzelteilen.

Allied Signal benutzte TRIZ zur Weiterentwicklung eines Schutzringes für Flugzeugturbinen. Neun verknüpfte Funktionen führten über die entsprechenden Teilprobleme zu einem innovativen und patentierten Design dieses wichtigen Bauteils, das ausschnittsweise in Anhang F dargestellt ist.

Innovations-Checkliste und Problemformulierung gelten nicht als Methoden des „klassischen" TRIZ, wurden aber entwickelt, um Limitationen der klassischen Methodik zu eliminieren. Heutzutage sind beide Vorgehensweisen wichtige Instrumente im TRIZ-Werkzeugkasten.

Im nächsten Kapitel wird ein dritter Bestandteil des Innovations-Werkzeugkastens, eine der ersten von Altschuller entwickelten Vorgehensweisen, präsentiert: Das Lösen von Widersprüchen durch Anwendung von 40 allgemeinen Lösungsprinzipien (der „40 Prinzipien").

„Fast alle Menschen sind intelligent. Es ist die Methodik, die ihnen fehlt."

F. W. Nichol

Literatur

[20] The Formulator Software: Ideation International Inc., Southfield, MI, 1996.
[21] IWB Software: Ideation International Inc., Southfield MI, 1997.
[22] Zusmann, A., Terninko, J.: *TRIZ/Ideation Methodology for Customer-Driven Innovation*, 8th Symposium on Quality Function Deployment, The QFD Institute, Novi MI, Juni 1996.

Kapitel 4

Lösen von Widersprüchen

Am Ende dieses Kapitels sind Sie in der Lage
- **Konzepte zur Lösung physikalischer Widersprüche zu entwickeln,**
- **Konzepte zur Lösung technischer Widersprüche zu generieren.**

1. Wann macht die Widerspruchsanalyse Sinn?

Die Widerspruchsanalyse ist eine mächtige Methode, um auf ein Problem mit anderen Augen zu schauen. Wenn Sie erst einmal den frischen Wind dieser Vorgehensweise verspürt haben, dann wird die Widerspruchstabelle Ihr Werkzeug für die Lösung zahlreicher Probleme werden. Wenn Ihre Fragestellung die weiter unten erläuterten Kriterien erfüllt, dann sind Sie so gut wie auf dem Weg, eine Vielfalt von kreativen und effizienten Lösungsmöglichkeiten zu entdecken.

2. Die Wurzeln der Widerspruchsanalyse

Viele herausfordernde Probleme können entweder als technischer oder physikalischer Widerspruch formuliert werden. Zwar ist die Unterteilung in *technisch* und *physikalisch* etwas willkürlich, aber es handelt sich hier um akzeptierte Terminologie in der TRIZ-Literatur.

Eine Herausforderung wird dann als technischer Widerspruch bezeichnet, wenn die bekannten Verbesserungsmöglichkeiten bei einer Funktion sich nur auf Kosten einer anderen Systemeigenschaft realisieren lassen. In anderen Worten: Ein technischer Widerspruch liegt vor, wenn das Verbessern des Systemparameters „A" zur Verschlechterung des Systemparameters „B" führt (verstärkt man beispielsweise einen Behälter, dann wird er schwerer). Weitere Beispiele technischer Widersprüche: 1) schnellere Schlittschuhe (zum Wettlauf) sind weniger manövrierfähig (für Figuren), 2) höhere Beschleunigung eines Autos erhöht den Benzinverbrauch.

Ein physikalischer Widerspruch liegt vor, wenn eine Eigenschaft eines Produktes oder einer Dienstleistung in zwei sich widersprechenden Zuständen vorliegen soll (ein Gegenstand soll heiß sein, aber auch kalt).

3. Der physikalische Widerspruch näher betrachtet

Ein Autobesitzer möchte für den innerstädtischen Verkehr und zum Parken ein kleines Auto. Andererseits wäre für entspanntes, komfortables Reisen ein großer Wagen vorteilhaft. Honda forderte 1995 unter der Prämisse, konventionelle Karrosserieformen zu vergessen, seine Konstrukteure heraus, diese sich widersprechenden Anforderungen zu erfüllen. Als zusätzliches

Kriterium galt, daß dieser Wagen mitten in Tokyo einfach zu parken sein müßte. Das Designteam entwickelte schließlich ein fast kugelförmiges Auto, klein in den Außenmaßen und groß im Inneren.

Diesem physikalischen Widerspruch entspricht folgender technischer Widerspruch: Ein großer Wagen ist schwierig zu parken. Wenn also ein Problem entweder das Format eines technischen oder das eines physikalischen Widerspruchs trifft, dann können die in diesem Kapitel dargestellten Vorgehensweisen hilfreich sein (*können* deshalb, weil noch eine weitere Bedingung, die weiter unten im Abschnitt „Technische Widersprüche" erläutert wird, erfüllt werden muß).

4. Wie man ein innovatives Problem zu einem Widerspruch strukturiert

Ein zentraler Punkt in dieser Problemanalyse ist es, zu verstehen, wie ein spezifisches Problem als Widerspruch formuliert werden kann. Die in Kapitel 2 gewonnenen Informationen der Innovations-Checkliste haben Ihr Wissen über die konkrete Problemsituation in einem Format organisiert, das uns beim systematischen Untersuchen des Lösungsraumes unterstützt. Diese Checkliste enthält Fragen wie: „Was ist die primäre nützliche Funktion des Systems?" und: „Was soll verbessert werden?", deren Antworten schon Widersprüche enthalten können. Die folgenden Beispiele basieren auf den in Kapitel 2 dargestellten Fallstudien.

„Entfernen der Schraube aus dem Knochen" und: „Erhöhen der Geschwindigkeit des Fahrrads" sind die Antworten auf Frage 1 der Innovations-Checkliste („Was wollen Sie verbessern").

Technische Widersprüche werden in der Regel durch die aktuellen Designüberlegungen oder durch die Physik verursacht. Aber Vorsicht, die Limitationen seitens der Physik müssen nicht real sein. Wie in Kapitel 2 erläutert, gehen viele Menschen davon aus, daß die Zentrifugalkraft immer alles nach außen schleudert. Der wenig bekannte Weissenberg-Effekt hingegen beschreibt Materialien, die sich entlang der Rotationsachse strecken. Das heißt, heutige Limitationen sind möglicherweise nur durch ein Wissensdefizit verursacht. Die Durchsicht der in Anhang A enthaltenen physikalischen Effekte erweitert den Horizont und führt zu mehr Lösungsmöglichkeiten.

Die Frage 3 der Innovations-Checkliste („Was ist die Ursache des Problems?") führt beim Fahrrad-Beispiel zum technischen Widerspruch: höhere Geschwindigkeit erfordert mehr Kraft.

Frage 4 führt zu einem anderen technischen Widerspruch: Reduktion des Luftwiderstandes führt zu erhöhtem Gewicht. Diese Situation enthält auch einen physikalischen Widerspruch: Eine aerodynamisch günstige Verkleidung für geringeren Luftwiderstand einzusetzen, aber keine zusätzliche Kraft zu haben, sind sich widersprechende Anforderungen hinsichtlich des zusätzlichen Gewichts der Verkleidung.

Der Prozeß der Problemformulierung in Kapitel 3 führt zu allen Teilproblemen, die mit der zentralen Herausforderung verknüpft sind. Natürlich kann diese Vorgehensweise auch für nicht-technische Aufgabenstellungen angewandt werden.

Generell gilt: Ein technischer Widerspruch liegt vor, wenn eine gewünschte Funktion A eine Funktion C benötigt, welche aber die Funktion B negativ beeinflußt oder zu einer nicht erwünschten Funktion führt. Die folgenden Teilprobleme entstehen aus diesem technischen Widerspruch:

- Finde einen alternativen Weg für (C), der (A) zur Verfügung stellt oder verbessert, ohne daß [B] verursacht wird.
- Finde einen Weg zur Eliminierung, Reduktion oder Prävention von [B] in Gegenwart von (C).
- Finde einen Weg, um (C) zu verstärken.
- Finde einen Weg zur Auflösung des WIDERSPRUCHES: (C) soll zugegen sein, um (A) zur Verfügung zu stellen, soll aber nicht zugegen sein, weil es [B] bedingt.
- Finde einen alternativen Weg, um (A) zur Verfügung zu stellen, der (C) nicht benötigt.
- Finde einen Weg, um (A) zu verstärken.
- Finde einen Weg, um Nutzen aus [B] zu ziehen.

Ein möglicher Ausgangspunkt für die Widerspruchsanalyse im Schrauben-Beispiel ist folgendes Teilproblem: (großer Reibungswiderstand) sollte vorhanden sein als Voraussetzung für (Schraube ist im Knochen fixiert), sollte aber nicht vorhanden sein wegen [Imbusschlüssel kann nicht greifen].

Oder präzise als Widerspruch formuliert:
Finde einen Weg zur Auflösung des WIDERSPRUCHES: (großer Reibungswiderstand) sollte vorhanden sein für (Schraube ist im Knochen fixiert) und sollte nicht zugegen sein wegen [Imbusschlüssel kann nicht greifen].

Der positive Vorgang des Fixierens der Schraube im Knochen verursacht Schwierigkeiten beim Entfernen der Schraube. Dieser technische Widerspruch wird im Prozeß der Problemformulierung aufgedeckt.

5. Die Widerspruchstabelle zur Verbesserung des konventionellen Problemlösungsprozesses

In den TRIZ-Trainingsunterlagen von Ideation International Inc. ist zu lesen:

„Menschen lösen Probleme durch Analogieschlüsse. Also versuchen wir, das Problem mit dem wir konfrontiert sind, in Beziehung zu Standardproblemen (Analogien), für die bereits Lösungen existieren, zu setzen. Setzen wir hierbei auf die richtige Analogie, dann führt uns das zu sinnvollen Lösungsansätzen. Unser Wissen über analoge Probleme rekrutiert sich aus Ausbildung, Beruf und Lebenserfahrung" (TRIZ-Trainer, 1995, Seite 167).

Was aber, wenn wir noch nie mit einem analogen Problem zu dem gerade aktuellen konfrontiert wurden? Mit dieser ganz offensichtlichen Frage wird der Nachteil unserer Standard-Vorgehensweise bei kreativen Fragestellungen offensichtlich. Eine Tabelle der Konflikte (die sogenannte Widerspruchstabelle, Anhang E) zwischen 39 Systemcharakteristika oder 39 technischen Parametern (Anhang B, Abbildung 4-1) ist die Antwort auf diese Frage, wie man mit einem unbekannten Konflikt umgeht. Sie bietet zu etwa 1200 standardisierten Problemen meist zumindest eines von 40 universellen Lösungsprinzipien, die sogenannten innovativen Prinzipien, (Anhang C, Abbildung 4-2).

Viele Entwickler versuchen immer wieder, den direkten Weg vom Problem zur Lösung durch trial-and-error zu gehen. Weitaus effizienter ist es aber, analoge Standard-Probleme und deren Standard-Lösungen anzuschauen. Insbesondere durch die Widerspruchstabelle in der TRIZ-Methodik wird die weltweite Sammlung von Patenten bei der Suche nach Lösungsmöglichkeiten zugänglich. Hierzu muß die entwicklerische Fragestellung als Widerspruch im Format dieser Widerspruchstabelle formuliert werden. In der Tabelle finden sich dann häufig genutzte Lösungsprinzipien, die bei der Lösung eines ähnlichen Problems bereits mit Erfolg eingesetzt wurden. Aufgabe des Problemlösers ist es dann, diese Lösungsprinzipien auf sein konkretes Problem zu adaptieren.

In allem was wir sehen und denken sind Widersprüche versteckt, die wir

1 Gewicht eines bewegten Objektes	21 Leistung
2 Gewicht eines stationären Objektes	22 Energieverschwendung
3 Länge eines bewegten Objektes	23 Materialverschwendung
4 Länge eines stationären Objektes	24 Informationsverlust
5 Fläche eines bewegten Objektes	25 Zeitverschwendung
6 Fläche eines stationären Objektes	26 Materialmenge
7 Volumen eines bewegten Objektes	27 Zuverlässigkeit
8 Volumen eines stationären Objektes	28 Meßgenauigkeit
9 Geschwindigkeit	29 Fertigungsgenauigkeit
10 Kraft	30 äußere negative Einflüsse auf Objekt
11 Druck oder Spannung	
12 Form	31 negative Nebeneffekte des Objektes
13 Stabilität eines Objektes	
14 Festigkeit	32 Fertigungsfreundlichkeit
15 Haltbarkeit eines bewegten Objektes	33 Benutzungsfreundlichkeit
16 Haltbarkeit eines stationären Objektes	34 Reparaturfreundlichkeit
17 Temperatur	35 Anpassungsfähigkeit
18 Helligkeit	36 Komplexität in der Struktur
19 Energieverbrauch eines bewegten Objektes	37 Komplexität in der Kontrolle oder Steuerung
	38 Automatisierungsgrad
20 Energieverbrauch eines stationären Objektes	39 Produktivität

Abbildung 4-1: Die 39 technischen Parameter

aber in der Regel nicht weiterverfolgen (beispielsweise sollte die Tür eines Omnibus für bequemes Zusteigen breit sein, für eine maximale Anzahl an Sitzplätzen aber sollte sie eher schmal sein). Wir könnten natürlich fragen „Was wäre wenn?".

Dieses: „Was wäre wenn?" ist nicht identisch mit der Frage: „Was ist hier schlecht?", sondern ist ein Denkansatz in Richtung neuer Wahrnehmung

1 Segmentierung	21 Überspringen
2 Abtrennung	22 Schädliches in Nützliches wandeln
3 örtliche Qualität	23 Rückkopplung
4 Asymmetrie	24 Mediator, Vermittler
5 Vereinen	25 Selbstversorgung
6 Universalität	26 Kopieren
7 Verschachtelung	27 billige Kurzlebigkeit
8 Gegengewicht	28 Mechanik ersetzen
9 vorgezogene Gegenaktion	29 Pneumatik und Hydraulik
10 vorgezogene Aktion	30 flexible Hüllen und Filme
11 Vorbeugemaßnahme	31 poröse Materialien
12 Äquipotential	32 Farbveränderung
13 Umkehr	33 Homogenität
14 Krümmung	34 Beseitigung und Regeneration
15 Dynamisierung	35 Eigenschaftsänderung
16 partielle oder überschüssige Wirkung	36 Phasenübergang
17 höhere Dimension	37 Wärmeausdehnung
18 mechanische Schwingungen	38 starkes Oxidationsmittel
19 periodische Wirkung	39 inertes Medium
20 Kontinuität	40 Verbundmaterial

Abbildung 4-2: Die 40 innovativen Prinzipien

altbekannter Sachverhalte, die wir oft als einfach gegeben hinnehmen. Weiterführende Fragen wie: „Welche Konsequenzen hat das gegenwärtige Design?" oder: „Was wäre, wenn wir ein ganz anderes System, eine ganz andere Vorgehensweise benutzen würden?" unterstützen uns, Problemlösungen zu finden, die wir üblicherweise übersehen. Bevor wir aber erkunden, wieviel erfrischendes Denken TRIZ in unsere Fragestellungen hineinbringt, sollten wir physikalische und technische Widersprüche detaillierter diskutieren.

5.1. Technische Widersprüche

Jedes zu Erfindungen führende Problem enthält mindestens einen Widerspruch. Diese Erkenntnis zog Altschuller aus der Analyse unzähliger Patente. Der Nutzen dieser Arbeit für jeden Entwickler ist, daß er nun nicht mehr alle Patente aus allen Fachgebieten durchsehen muß, sondern sein Problem lediglich im Format der Widerspruchstabelle formulieren muß. Welches der 40 innovativen Grundprinzipien dann zur Lösung herangezogen werden kann, bestimmen die beiden sich widersprechenden technischen Parameter. Oft – nicht immer – ist es relevant, zu klären, welcher Parameter verbessert und welcher Parameter hierbei verschlechtert wird, denn die Reihenfolge kann Anzahl und Identität der Prinzipien beeinflussen.

Den Widerspruch im konkreten, eigenen Problem als eine Zweierkombination der 39 Parameter zu formulieren, erfordert einiges an Abstraktionsvermögen. Der zu verbessernde Parameter im Schraubenproblem, der zur Heilung des Knochens führt, ist [Schraube ist im Knochen fixiert]. Keiner der 39 Parameter in Abbildung 4-1 oder Anhang B spiegelt diesen Ausdruck wider. Mit etwas Abstraktion aber kann [Schraube ist im Knochen fixiert] als „Volumen eines stationären Objektes" (technischer Parameter 8) umschrieben werden. Mit identischer Abstraktion im Denken kann der mit dieser Verbesserung korrespondierende, sich verschlechternde Parameter [Imbusschlüssel kann nicht greifen] als „Kraft" (Parameter 10) umschrieben werden.

5.2. Innovative Prinzipien

Zur ausführlichen Diskussion der innovativen Prinzipien wurden zwei der 40 Prinzipien willkürlich ausgewählt: Prinzip 7 – Verschachtelung und Prinzip 4 – Asymmetrie.

Prinzip 7 – Verschachtelung (Abbildung 4-3) – zeigt sich in vielen alltäglichen Produkten, von der zerlegbaren Angel über das zusammenklappbare hölzerne Metermaß bis zu ineinander stapelbaren Kochtöpfen. Die Anwendung dieses innovativen Prinzips hilft, räumliche Limitationen zu überwinden.

In unserem Zeitalter der Symmetrie scheint innovatives Prinzip 4 – Asymmetrie (Abbildung 4-4) – zunächst jeder Intuition zu widersprechen: das Abrollgeräusch von schneetauglichen Winterreifen auf trockener Straße wird durch unregelmäßige Unterteilung der Lauffläche deutlich verbessert. Eine

> **Prinzip 7 – Verschachtelung**
>
> a. Ein Objekt befindet sich im Inneren eines anderen Objektes, das sich ebenfalls im Inneren eines dritten befindet.
> *Beispiel:* Druckminenbleistift mit integriertem Minenvorrat.
>
> b. Ein Objekt paßt in oder durch den Hohlraum eines anderen.
> *Beispiel:* Teleskop-Antenne

Abbildung 4-3: Erläuterungen und Beispiele zu innovativem Prinzip 7

kleine, aber wesentliche Verbesserung, insbesondere wenn man bedenkt, daß sie dem nach Einheitlichkeit und Symmetrie rufenden Bestreben vieler Qualitätsspezialisten zuwiderläuft.

> **4. Asymmetrie**
>
> a. Ersetze symmetrische Formen durch asymmetrische.
> b. Erhöhe den Grad an Asymmetrie, wenn diese schon vorliegt.

Abbildung 4-4: Erläuterungen und Beispiele zu innovativem Prinzip 4

Aus ästhetischen Gründen werden Halterungen von Motoren und Generatoren oft symmetrisch ausgeführt, obwohl durch die Rotation der Maschinen die Belastung der Halterungen in Wirklichkeit asymmetrisch verteilt ist. Material- und Gewichtseinsparung ohne Stabilitätseinbußen können bei nur in eine Richtung betriebenen Maschinen durch ein belastungsgerechtes Design der Halterungen (Abbildung 4-5) realisiert werden.

Die 40 innovativen Prinzipien haben einen bemerkenswert breiten Anwendungsbereich, der sich bis in den Bereich von Geschäftsprozessen erstreckt. Oft stimuliert schon einfaches Durchgehen der Liste dieser 40 Prinzipien neue Ideen. Zusätzlich zum prägnanten Überblick in Abbildung 4-2 sind in Anhang C Erläuterungen und Beispiele aufgeführt. Um sich ein Bild der Leistungsfähigkeit dieser Prinzipien zu machen, sollten Sie sich eines herausgreifen und über möglichst viele Anwendungen, die Sie kennen, nachdenken.

4 Widerspruchsanalyse

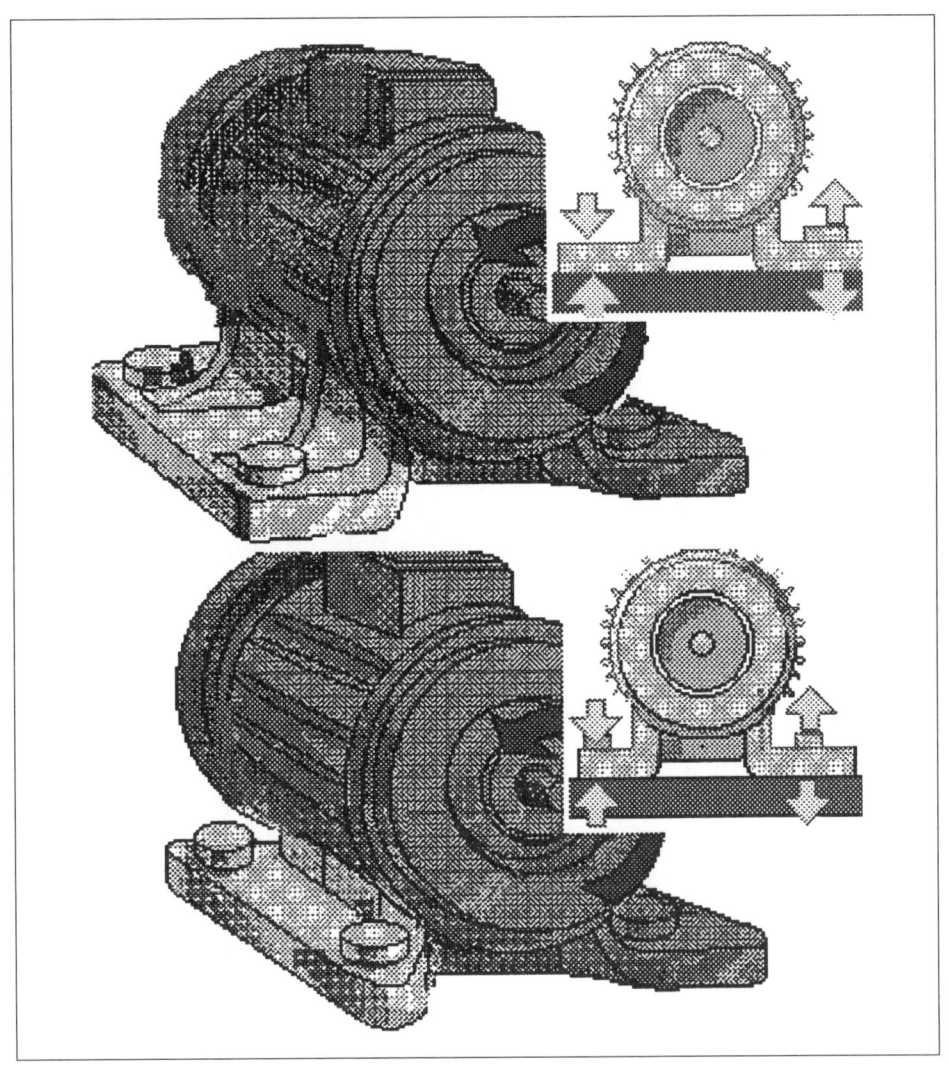

Abbildung 4-5: Designverbesserung an Motor- oder Generatorhalterungen gemäß innovativem Prinzip 4 – Asymmetrie

Im nächsten Schritt nehmen Sie ein beliebiges Produkt – beispielsweise eines aus Ihrer Abteilung oder Gruppe – und finden Sie heraus, welche innovativen Prinzipien bereits angewendet wurden und welche Prinzipien darüber hinaus eine zusätzliche Verbesserung bringen könnten.

> **Übung 4-1**
>
> Suchen Sie sich 10 der 40 innovativen Prinzipien heraus und finden Sie eine allgemein bekannte Anwendung hierfür.
> *Beispiel:* Eine Fahrradkette widerspiegelt Prinzip 1 – Zerlegung.
> Benutzen Sie Anhang C.

Abbildung 4-6: Übung zu allgemein bekannten Anwendungen der innovativen Prinzipien

> **Übung 4-2**
>
> Welches der 40 Prinzipien wurde in dem in Ihrer Abteilung oder Gruppe realisierten Produkt verwirklicht?
> Benutzen Sie Anhang C.

Abbildung 4-7: Übung zum Einsatz der innovativen Prinzipien am eigenen Produkt

5.3. Widerspruchstabelle

Altschuller notierte in der 39 x 39 – Matrix, die sich durch die paarweise Kombination aller Parameter ergab, alle Prinzipien, die er bei der Lösung des betreffenden Widerspruches fand (Anhang E). Es gibt Felder, die mehr als ein innovatives Prinzip enthalten, aber es existieren auch leere Felder, d.h., bis dato wurde zur Lösung des betreffenden Widerspruches kein aussagekräftiges und abstrahierbares Patent gefunden. In der Tabelle in Anhang E widerspiegeln die Zeilen den zu verbessernden Parameter und die Spalten den hierbei beeinträchtigten, verschlechterten Parameter. Im Schnittpunkt entsprechender Zeilen und Spalten sind dann die empfohlenen innovativen Prinzipien – abgekürzt durch ihre Numerierung (vgl. Abbildung 4-2 und Anhang C) – dargestellt. In der Regel findet sich mehr als ein Prinzip, das in der Vergangenheit zur Lösung jedes einzelnen Widerspruches eingesetzt wurde. Anhang D faßt die Prinzipien in Reihenfolge ihrer Anwendungshäufigkeit zusammen.

Weiter oben wurde bereits das Problem der Knochenschraube im Sinne der Widerspruchstabelle vorstrukturiert: Die allgemeinen Lösungsvorschläge im Schnittpunkt der Zeile: „Volumen eines stationären Objektes" (Parameter 8) mit der Spalte „Kraft" (Parameter 10) sind Prinzipien 2, 18 und 37 (Abbildung 4-8 und Abbildung 4-9).

zu verbessernder Parameter \ nicht erwünschte Veränderung (Konflikt)	1 Gewicht eines bewegten Objektes	2 Gewicht eines stationären Objektes	* * * *	10 Kraft	* * * *	38 Automatisierungsgrad	39 Produktivität
7	Volumen eines bewegten Objektes							
8	Volumen eines stationären Objektes				2, 18, 37			
* *								
* *								
39	Produktivität							

Abbildung 4-8: Ausschnitt aus der Widerspruchstabelle am Beispiel Knochenschraube

Empfohlene innovative Prinzipien

  2   Abtrennung
 18   mechanische Schwingungen
 37   Wärmeausdehnung

Abbildung 4-9: Empfohlene innovative Prinzipien am Beispiel Knochenschraube

Diese allgemeinen Lösungskonzepte (Lösungen analoger Probleme) müssen nun auf den konkreten Fall der Schraube im Oberschenkelknochen adaptiert werden. Wie Anhang C und Abbildungen 4-10 und 4-11 zeigen, sind insbesondere der zweite und der dritte Vorschlag vielversprechend.

Das Prinzip 18 „Mechanische Schwingungen" (Abbildung 4-10) führt zu dem Vorschlag, die Resonanzfrequenz des Knochens zu nutzen. Leichte Mikrovibrationen, beispielsweise in der Art, wie man sie zum Lockern festsitzender Bolzen einsetzt, könnten sich auch bei der Schraube als hilfreich erweisen. Ultraschall könnte genau auf den Bereich des Schraubengewindes

> **18. Mechanische Schwingungen**
>
> a. Versetze ein Objekt in Schwingung.
> b. Oszilliert das Objekt bereits, erhöhe die Frequenz.
> c. Benutze die Resonanzfrequenz(en).
> d. Ersetze mechanische Schwingung durch Piezovibrationen.
> e. Setze Ultraschall in Verbindung mit elektromagnetischen Feldern ein.
>
> *Beispiel:*
>
> 1. Statt mit einer gewöhnlichen Handsäge wird der Gipsverband mit einem oszillierenden Messer entfernt.
> 2. Gußmassen werden Vibrationen ausgesetzt, um deren Verteilung und Homogenität zu fördern.

Abbildung 4-10: Innovatives Prinzip 18 – mechanische Schwingungen, Erläuterungen und Beispiele

fokussiert werden, was aber vom Patienten als zu riskant empfunden wurde. Als sehr spannend wird hier der Gedanke an Vibrationen auf Basis des Piezo-Effekts empfunden.

Das Prinzip 37 „Wärmeausdehnung" führt gemäß Abbildung 4-11 zu der Idee, die im Knochen festsitzende Schraube zur Reduktion ihres Durchmessers zu kühlen.

> **37. Wärmeausdehnung**
>
> a. Nutze die thermische Expansion oder Kontraktion von Materialien aus.
> b. Benutze Materialien mit unterschiedlichen Wärmeausdehnungskoeffizienten.
>
> *Beispiel:*
>
> 1. Um das Dach eines Gewächshauses automatisch zu öffnen und zu schließen, werden die Fenster mit bimetallischen Streben versehen. Beim Temperaturwechsel biegen sich die Streben und schließen oder öffnen hierdurch die Fenster.

Abbildung 4-11: Innovatives Prinzip 37 – Wärmeausdehnung, Erläuterungen und Beispiele

Bei realen Problemen existieren in der Regel mehrere Widersprüche. Sie sollten alle untersucht werden. Das Problem zu formulieren und sich eine Richtung, in die die Weiterentwicklung fokussiert werden soll, festzulegen, sind die zentralen Schritte jeder Innovation. Die konkrete Umsetzung der allgemeinen Lösungsprinzipien ist eine zusätzliche Herausforderung an die Kreativität eines Einzelnen oder eines Teams. Wie oben das Beispiel Knochenschraube zeigt, sind auch nach Darlegung kreativer und plausibler Konzepte noch viele technische Fragen offen. Was ist beispielsweise die Resonanzfrequenz eines menschlichen Knochens, speziell am Oberschenkelhals? Welchen Wert hat der Wärmeausdehnungs- oder -kontraktionskoeffizient für Edelstahl und Knochenmaterial? Wie groß muß die Veränderung im Durchmesser sein, um die Schraube vom Knochengewebe zu lösen? Wie muß das gesamte benötigte Material beschaffen sein, um die Bedingungen eines Operationssaales hinsichtlich Sterilität und Sterilisierbarkeit zu erfüllen? Letztere Fragestellung kann durchaus den erneuten Einsatz von TRIZ erforderlich machen.

5.4. Benutzung der Widerspruchstabelle: Eine Fallstudie

Der pneumatische Transport von Metallkugeln ist ein illustratives Beispiel. Ursprünglich war das Gesamtsystem für den Transport von Plastikkugeln entwickelt worden, muß jetzt aber zur Beförderung von Kugeln aus Metall herhalten (Abbildung 4-12).

Vorgeschichte des Problems

Metallröhre lenkt den Strom an Plastikkugeln.

Luftströmung bewegt das Material – die Kugeln – voran.

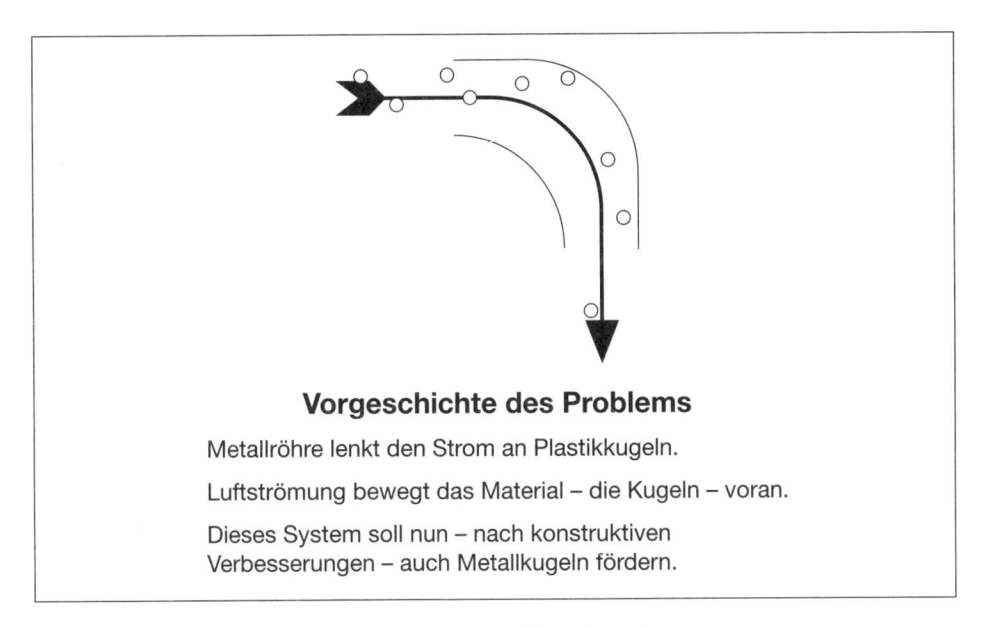

Dieses System soll nun – nach konstruktiven Verbesserungen – auch Metallkugeln fördern.

Abbildung 4-12: Pneumatischer Transport von Metallkugeln

Vor Einsatz der Widerspruchstabelle wurde – wie in Abbildung 4-12 dargestellt – die Historie des Problems eruiert. Neue und zusätzliche Forderung ist, das Material – die Kugeln – deutlich schneller zu transportieren.

Konventionelle Problemlösungen

a. Verstärke den Bogen.
b. Mache den Bogen leicht und schnell auswechselbar.
c. Verändere die Form des Bogens.
d. Verwende ein anderes Bogenmaterial.

Abbildung 4-13: Konventionelle Problemlösungen, Pneumatik-Beispiel

---

Welche Ziele soll das System erfüllen?

a. Richtungsänderung des Stromes an Kugeln.
b. Weniger Energieverbrauch.
c. Schneller Transport der Kugeln.

Abbildung 4-14: Ziele, Pneumatik-Beispiel

Herkömmliche entwicklerische Vorgehensweise wäre, den Bogen, der die Kugeln in ihrer Richtung umlenkt (Abbildung 4-12), materialmäßig zu verstärken. Angestrebte Verbesserungen (Abbildung 4-14) zielen insbesondere auf eine Erhöhung der Geschwindigkeit und eine Reduktion des Energieverbrauches ab. Mit jeder dieser Verbesserungen sind mehrere Parameter verknüpft, die sich im Gegenzug verschlechtern! In der ersten Spalte von Abbildung 4-15 sind alle Parameter aufgeführt, die sich bei Erhöhung der Transportgeschwindigkeit der Kugeln verschlechtern. Damit ist der Einstieg in die Widerspruchstabelle bereits erfolgt und die Spalten zwei (Parameter-Nummer) und drei (innovative Prinzipien) in Abbildung 4-15 spiegeln die zugehörigen Informationen aus der Tabelle in Anhang E wider.

In Abbildung 4-16 sind ganz analog die Aussagen der Widerspruchstabelle für eine Verbesserung (Reduzierung) des Energieverbrauchs nebst zugehörigen Konflikten dargestellt.

Zu verändernder/verbessernder Parameter: Geschwindigkeit (Parameter 9)		
nicht erwünschte Veränderung (Konflikt)	Parameter (Nummer)	innovative Prinzipien
Zuverlässigkeit	27	11, 35, 27, 28
Kraft	10	13, 28, 15, 19
Festigkeit	14	8, 3, 26, 14
Temperatur	17	28, 30, 36, 2
Energieverbrauch eines bew. Objekts	19	8, 15, 35, 38
Materialverschwendung	23	10, 13, 28, 38
Materialmenge	26	18, 19, 29, 38
negative Nebeneffekte des Objekts	31	2, 24, 35, 21

Abbildung 4-15: Informationen aus der Widerspruchstabelle im Zusammenhang mit Geschwindigkeitserhöhung der Kugeln, Pneumatik-Beispiel

Zu verändernder/verbessernder Parameter: Energieverbrauch eines bewegten Objekts (Parameter 19)		
nicht erwünschte Veränderung (Konflikt)	Parameter (Nummer)	innovative Prinzipien
Zeitverschwendung	25	35, 38, 19, 18
Produktivität	39	12, 28, 35

Abbildung 4-16: Informationen aus der Widerspruchstabelle im Zusammenhang mit Verbesserung (Reduktion) des Energieverbrauches der Kugeln, Pneumatik-Beispiel

Das Zusammenrechnen aller in den oben erwähnten Widersprüchen genutzter innovativer Prinzipien führt zu der Strategie, zunächst die am häufigsten vorkommenden detailliert weiterzuverfolgen. Diese Hitliste ist in Abbildung 4-17 dargestellt. Innovatives Prinzip 28 „Mechanik ersetzen" ist mit das am häufigsten genannte. Der vorliegende Rohrbogen ist ein mechanisches System.

Häufigkeitsanalyse für Parameter 9 und 19:		
Prinzip	Häufigkeit	Bemerkung
28	5	a) akustisch, optisch, olfaktorisch
		b) magnetisch, elektrisch
		c) ersetzte Felder
35	5	
38	4	
19	3	

Abbildung 4-17: Häufigkeitsanalyse der vorgeschlagenen innovativen Prinzipien aus Abbildung 4-15 und Abbildung 4-16, Pneumatik-Beispiel

„Mechanik ersetzen" schlägt (gemäß Anhang C) folgendes vor:

a. Ersetze ein mechanisches System durch ein optisches, akustisches oder olfaktorisches (geruchsbasierendes) System.
b. Benutze elektrische, magnetische oder elektromagnetische Felder.
c. Ersetze Felder:
   1. stationäre durch bewegliche,
   2. konstante durch periodische,
   3. strukturlose durch strukturierte.
d. Setze Felder in Verbindung mit ferromagnetischen Teilchen ein.

Als Beispiel sei genannt: Um die Haltekraft eines metallischen Überzuges auf einem Thermoplast zu erhöhen, wird der Beschichtungsprozeß in Gegenwart eines elektromagnetischen Feldes ausgeführt, wodurch das Metall mit höherer Kraft angepreßt wird.

Alternative b. führt schnell zu der Idee, einen Magneten außen am Rohrbogen anzubringen, der ein Schutzpolster aus Metallkugeln an der Innenwand erzeugt. Ausgehend von dieser Idee entstehen jetzt noch weitere, beispielsweise die Kugeln elektrisch aufzuladen oder zu magnetisieren und die Rohrwand mit gleichsinniger Polarität zu versehen.

Manchmal führt die Nutzung eines innovativen Prinzips zu sekundären Problemen. Sind diese aber leichter zu lösen als das originäre, primäre Problem, dann wurde trotzdem ein Fortschritt erzielt! Diese Argumentation gilt sinngemäß beim Einsatz aller TRIZ-Werkzeuge.

> **Übung 4-3**
>
> Arbeiten Sie analog zu dem auf den vorangegangenen Seiten dargestellten Beispiel:
> – Welcher technische Widerspruch ist in dem in Ihrer Abteilung oder Gruppe realisierten Produkt enthalten?
> – Benutzen Sie die Widerspruchstabelle in Anhang E um Lösungsvorschläge auszuarbeiten!

Abbildung 4-18: Übung zur Widerspruchstabelle am eigenen Problem

6. Physikalische Widersprüche und Separationsprinzipien

Ein physikalischer Widerspruch liegt vor, wenn die Existenz eines definierten Zustandes zusammen mit seiner gegenteiligen Einstellung gefordert wird (etwas muß rutschig und gleichzeitig rauh sein). Diese Denkweise läßt sich auch auf Funktionen und Komponenten anwenden. Physikalische Widersprüche löst man durch Separation der Anforderungen auf. Vier zentrale Separationsprinzipien tragen zur Entwicklung verbesserter, widerspruchsfreier Designs bei: Separation im Raum, in der Zeit, innerhalb eines Objekts und seiner Teile, durch Bedingungswechsel.

Manchmal bietet die Widerspruchstabelle keine geeigneten Prinzipien zur Auflösung eines technischen Widerspruchs an. Dann kann die Umwandlung des technischen in einen physikalischen Widerspruch (Abbildung 4-19) weiterhelfen.

> **Physikalischer Widerspruch**
>
> basiert auf sich gegenseitig ausschließenden Zuständen, die auf eine einzelne Funktion, eine Komponente oder die Funktion des Gesamtsystems bezogen sind.

Abbildung 4-19: Der physikalische Widerspruch

Prinzipiell transformiert man einen technischen Widerspruch in einen physikalischen, indem man diejenige Charakteristik identifiziert, die sowohl das gewünschte wie auch das ungewünschte Resultat beeinflußt. Genau diese Charakteristik definiert dann den physikalischen Widerspruch.

Was ist der physikalische Widerspruch im Falle des folgenden technischen Widerspruches: ein guter Verschluß der Glasampullenspitze „A" führt zur

Beschädigung des Medikamentes „B" in diesem Behältnis. Es muß überlegt werden, welche dritte Funktion „X" so wirkt, daß „A" verbessert wird, „B" aber sich verschlechtert. Wenn zum einen große Hitze „X" zur Verbesserung von „A" führt (Zuschmelzen einer Ampulle), aber „B" zerstört und zum anderen das Nicht-Erhitzen von „A" auch nicht zur Zerstörung von „B" führt, dann lautet der physikalische Widerspruch (Abbildung 4-20): „X" (Hitze) muß da sein und „X" darf nicht da sein oder: „A" muß heiß sein und „A" muß kalt sein.

Beispiel:

Technischer Widerspruch:
Erhitzen von „A" verbessert „A", zerstört aber „B".

Physikalischer Widerspruch:
„A" muß heiß sein und „A" muß kalt sein.

Abbildung 4-20: Zusammenhang zwischen technischem und physikalischem Widerspruch

Im Verlaufe dieses Formulierungs-Prozesses können aus einem technischen Widerspruch auch mehrere physikalische Widersprüche entstehen. Beispielsweise könnte zusätzlich gelten, daß die Verwendung des Materialzusatzes „Y" zu einem guten Verschluß, aber zu zerstörtem Medikament führt, während Nichtbenutzung des Materialzusatzes „Y" zu schlechtem Verschluß, aber intaktem Arzneimittel führt. Der physikalische Widerspruch lautet hier also: „Y" muß eingesetzt werden und „Y" darf nicht eingesetzt werden.

Auch in unserem Beispiel der Knochenschraube kann ein technischer Widerspruch als ein physikalischer formuliert werden: In Abbildung 3-12 gilt für den Knotenpunkt 3 bzw. Teilproblem 3c der folgende Widerspruch: (großer Reibungswiderstand) sollte vorhanden sein für (Schraube ist im Knochen fixiert) und sollte nicht zugegen sein wegen [Imbusschlüssel kann nicht greifen]. Der technische Widerspruch wird durch den zu verbessernden Parameter für (Schraube ist im Knochen fixiert) und die nicht erwünschte Veränderung wegen [Imbusschlüssel kann nicht greifen] repräsentiert. Die Verbindung „X" beider Parameter – also die den negativen Effekt verursachende Teilkomponente des gewünschten Effektes – stellt (großer Reibungswiderstand) dar. Demzufolge lautet in diesem Fall der physikalische Widerspruch: *Der Reibungswiderstand muß groß sein* und *der Reibungswiderstand muß gering sein*. Das Separationsprinzip Zeit führt zu dem Vorschlag, großen Reibungswiderstand während der Heilungsphase des Knochens zu nutzen und auf geringen Reibungswiderstand während der Entfernung der Schraube zurückzugreifen. Der hier zielführende, schon in Kapitel 3 geäußerte Vorschlag, Vibrationen im Bereich der Resonanzfrequenz des Knochens zu nutzen, wurde ja vom Patient aus Furcht vor sekundären Problemen abgelehnt. Der technische Widerspruch liegt hier aus Sicht des Patienten in einer leicht entfernbaren Schraube auf Kosten weiterer Schädigungen am Knochen. Dies läßt sich in den physikalischen Widerspruch *Vibrationen mit hoher Energie* und *Vibrationen mit niedriger Energie* umsetzen. Gemäß dem Separationsprinzip Zeit führt dies zu der Idee, hohe Vibrationsenergie nur für einen „Lockerungs-Puls" zu nutzen und niedrige Vibrationsenergie dann für das Herausdrehen einzusetzen. Möglicherweise kann in diesem Zusammenhang Frequenz auch als gepulster Krafteinsatz interpretiert werden und so zu weiteren Ideen führen.

Bei der Neukonstruktion einer derartigen Schraube könnte eine Design-Anforderung folgendermaßen lauten:

Finde einen alternativen Weg zur Fixierung im Knochen, so daß die nützliche Funktion (Knochen und Fragmente in der richtigen Position halten) zur Verfügung gestellt wird, aber ohne die schädliche Funktion [ist schwierig zu entfernen]!

Oder besser verständlich: die Schraube muß Knochen und Fragmente in Position halten und leicht entfernbar sein. Dieser technische Widerspruch läßt sich in einen physikalischen umwandeln: *Die Schraube sitzt fest im Knochen* und *die Schraube sitzt nicht fest im Knochen*. Ausgehend von dem Separationsprinzip Zeit führt dies zu: *Die Schraube sitzt fest im Knochen während des Heilungsprozesses* und *die Schraube sitzt nicht fest im Knochen nach erfolgter Heilung*. Eine biologisch abbaubare Schraube wäre in diesem Falle eine Lösung; in der Tat wird heutzutage in diese Richtung geforscht.

Eine Brille ist ein gutes Beispiel für drei der vier Separationsprinzipien (Abbildung 4-21). Eine Brille wird benötigt, um in der Ferne und/oder in der Nähe scharf zu sehen. Hätten innovative Optiker vor 100 Jahren die Separationsprinzipien angewandt, dann würden wir das heutige Brillendesign schon seit 100 Jahren kennen! Als Regel sollten wir uns hier merken, daß man bei einem gegebenen Problem prinzipiell jedes Separationsprinzip durchdenken sollte, da es von vornherein nicht klar ist, welches zur besten Idee führt.

Kapitel 4

> **Brille**
>
> *Separation im Raum:* sog. bifokale Gläser, d.h. zwei verschiedene Gläser in einem.
>
> *Separation in der Zeit:* zwei Brillen, die man je nach Bedarf aufsetzt und wechselt.
>
> *Separation durch Bedingungswechsel:* Die Brillengläser werden – wie bei augengesteuerten Autofocus-Kameras – durch selbstfokussierende Linsensysteme ersetzt.

Abbildung 4-21: Einsatz der Separationsprinzipien am Beispiel Brille

Physikalische Widersprüche können auf Basis dreier Grundprinzipien – Typ A, B oder C – formuliert werden (Abbildung 4-22):

A. Die erste Art der Formulierung basiert auf einer Funktion, die zur Erreichung eines Zieles im Einsatz sein muß, aber zur Vermeidung schädlicher Einflüsse außer Betrieb sein muß. Beispiel hierfür ist das Einlöten von Mikrochips: Die Pins werden bei Kontaktierung und Befestigung erhitzt, aber Hitze zerstört den Chip selbst.

B. Die zweite Art der Formulierung erfordert, daß zur Zielerreichung eine Eigenschaft einen bestimmten Wert annehmen muß, zur Vermeidung schädlicher Einflüsse aber der entgegengesetzte Einstellwert notwendig wäre. Beispielsweise müssen die Tragflächen eines Flugzeuges beim Start groß sein, aber für einen Flug bei hoher Geschwindigkeit eher klein. Separation in der Zeit ist hier häufig erfolgreich.

C. Die dritte Art des physikalischen Widerspruches erfordert zur Zielerreichung die Anwesenheit eines Elementes oder einer Komponente, zur Vermeidung schädlicher Effekte aber dessen Abwesenheit. Ein Fahrwerk am Flugzeug muß beispielsweise für Start und Landung zugegen sein, ist aber beim Flug hinderlich.

Die vier Separationsprinzipien aus Abbildung 4-23 werden im folgenden präzise definiert und anhand eines Beispiels erläutert.

6.1. Separation im Raum

Grundgedanke bei diesem Separationsprinzip ist, sich widersprechende Erfordernisse räumlich zu trennen. Versuchen Sie (real oder wenigstens theoretisch), das System in Teile oder in Subsysteme zu zerteilen und ordnen Sie die sich widersprechenden Funktionen verschiedenen Teilen zu.

> **Die Grundstrukturen physikalischer Widersprüche**
>
> A. Um ein angestrebtes Resultat zu erreichen, ist die Ausführung einer Funktion notwendig, aber zur Vermeidung schädlicher oder ungewollter Effekte ist die Nicht-Ausführung dieser Funktion nötig.
> *Beispiel:* Zur Bestückung einer Platine müssen die Pins eines Chips erhitzt werden, aber zur Vermeidung von Beschädigungen darf nicht erhitzt werden.
>
> B. Um ein angestrebtes Resultat zu erreichen, muß eine Systemeigenschaft einen bestimmten Wert annehmen, aber zur Vermeidung schädlicher oder ungewollter Effekte wäre die gegenteilige Einstellung erforderlich.
> *Beispiel:* Flugzeugtragfläche sollte für Start und Landung groß, für einen schnellen Flug aber klein sein.
>
> C. Um ein angestrebtes Resultat zu erreichen, muß ein Systemelement oder eine Komponente zugegen sein, aber zur Vermeidung schädlicher oder ungewollter Effekte ist dessen Abwesenheit erforderlich.
> *Beispiel:* Das Fahrwerk am Flugzeug muß für Start und Landung zugegen sein, ist aber beim Flug hinderlich.

Abbildung 4-22: Die drei Grundstrukturen physikalischer Widersprüche

> **Auflösung physikalischer Widersprüche**
>
> Separation im Raum
> Separation in der Zeit
> Separation innerhalb eines Objekts und seiner Teile
> Separation durch Bedingungswechsel

Abbildung 4-23: Die vier Separationsprinzipien für physikalische Widersprüche

Beispiel:

Problem: Für Oberflächenbeschichtung auf chemischem Weg werden die zu beschichtenden metallischen Oberflächen in Metallsalz-Lösungen (Nickel, Kobalt, Chrom) eingetaucht. Im Verlaufe einer Reduktionsreaktion schlägt sich elementares Metall aus der Lösung auf der Oberfläche des zu beschichtenden Produktes nieder. Hohe Temperatur beschleunigt diesen Prozeß, führt aber auch zu Zersetzung der Salzlösung. Bis zu 75% des eingesetzten Salzes gehen so an Wand und Boden des Gefäßes verloren. Der Zusatz von stabilisierenden Substanzen ist ineffizient und eine Reduzierung der Temperatur führt zu deutlich geringerer Produktivität.

Widerspruch: Die Lösung wird bei prägnanter Umformulierung des Problems schnell sichtbar: Der Prozeß muß zugunsten schneller, effektiver Beschichtung heiß ablaufen, für eine effiziente Ausnutzung der vorhandenen Salzmenge muß er aber kalt geführt werden. An dieser Stelle wird offensichtlich, daß eigentlich nur der Bereich heiß sein muß, wo die Beschichtung stattfindet!

Lösung: Das zu beschichtende Werkstück wird vor Eintauchen in eine kalte Salzlösung erhitzt. Dann ist die ganze Salzlösung kalt und stabil, nur am Ort des Beschichtens ist die Temperatur erhöht. Man kann das Werkstück sogar während eines längeren Beschichtungsvorganges heiß halten, indem man es induktiv heizt (Abbildung 4-24).

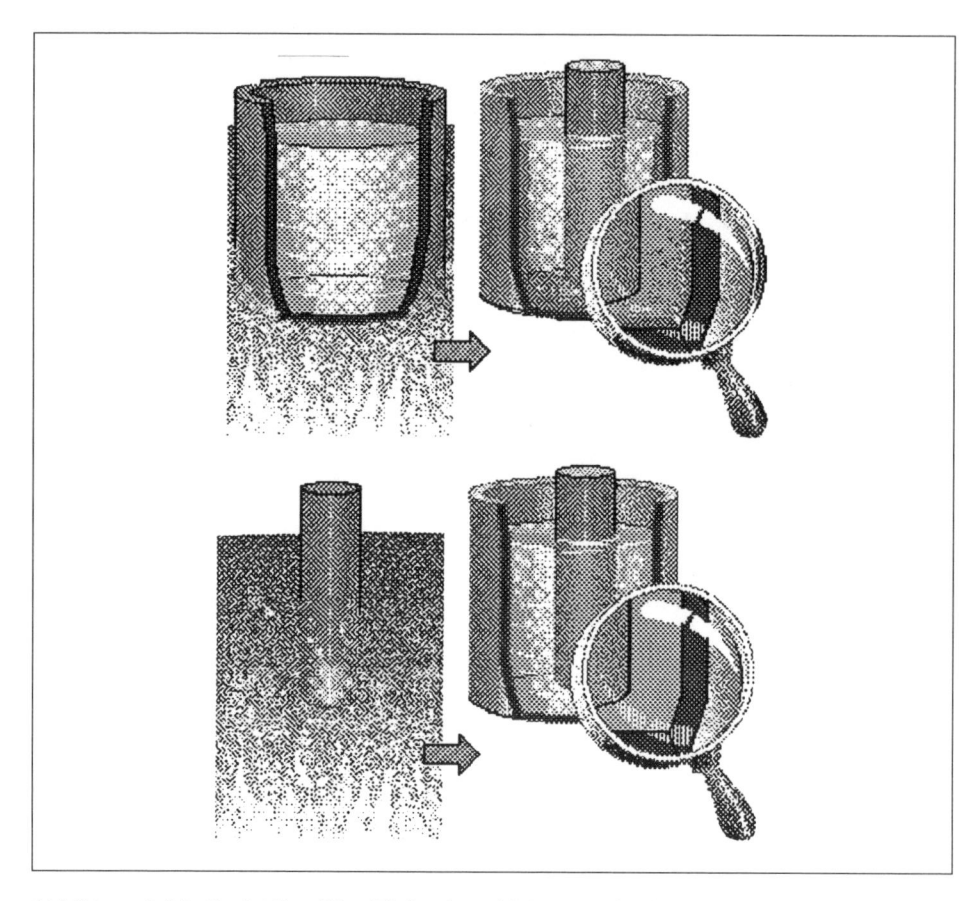

Abbildung 4-24: Reduktive Oberflächenbeschichtung mit Metallen. Konventioneller, heißer Prozeß (oben) und verbesserter, nur das Werkstück erhitzender Prozeß (unten)

6.2. Separation in der Zeit

Hier versucht man, sich widersprechende Funktionen zeitlich zu trennen. Wenn also ein System oder ein Prozeß sich widersprechenden Anforderungen genügen muß, gegensätzliche Funktionen erfüllen oder unter konträren Bedingungen arbeiten muß, dann versuchen Sie (real oder wenigstens theoretisch), die Funktionsweise des Systems zeitlich so zu unterteilen, daß die sich widersprechenden Anforderungen, Funktionen oder Bedingungen zu verschiedenen Zeiten benötigt werden bzw. stattfinden.

Beispiel:

Problem: Ein Draht für elektrotechnische Verwendung wird ummantelt isoliert, indem er zuerst durch ein flüssiges Emaillebad zum Aufbau einer Isolationsschicht und dann durch eine Düse zur Entfernung überflüssigen Emailles und zur präzisen Formgebung geleitet wird. Die Düse muß heiß sein, um eine präzise Formgebung zu gewährleisten. Steht aber der Draht für wenige Minuten oder gar länger still, dann backt das Emaille in der Düse einschließlich des Drahtes fest und das ganze System ist verstopft. Erst nach komplettem Anlagen-Stop und Reinigung der Düse kann der Prozeß wieder aufgenommen werden.

Widerspruch: Die Düse muß – solange der Draht gezogen wird – heiß sein, soll aber kalt sein, wenn der Draht stillsteht. Wie kann man die Düse automatisch heizen und nicht heizen? Eine Ressource, die hier zur Verfügung steht, ist die signifikante Zugkraft, die den Draht durch die Düse zieht und natürlich bei Stillstand wegfällt.

Lösung: Die Düse wird – wie Abbildung 4-25 zeigt – auf eine Feder montiert. Solange der Draht läuft, preßt der Zug die Feder zusammen und bewegt die Düse in eine Heizzone (induktiv oder durch Kontakt mit heißen Kammerwänden). Stoppt die Bewegung des Drahtes, dann preßt die Feder die Düse aus der Heizzone hinaus in eine kühlere Umgebung.

Manchmal wird ein Widerspruch originär gar nicht als zeitliches Problem formuliert, kann aber durchaus in ein solches konvertiert werden.

Beispiel:

Problem: Als die ersten Breitwand-Kinofilme erschienen, konnten sie nicht großflächig verteilt werden, weil in der Mehrzahl der Filmtheater der brei-

Kapitel 4

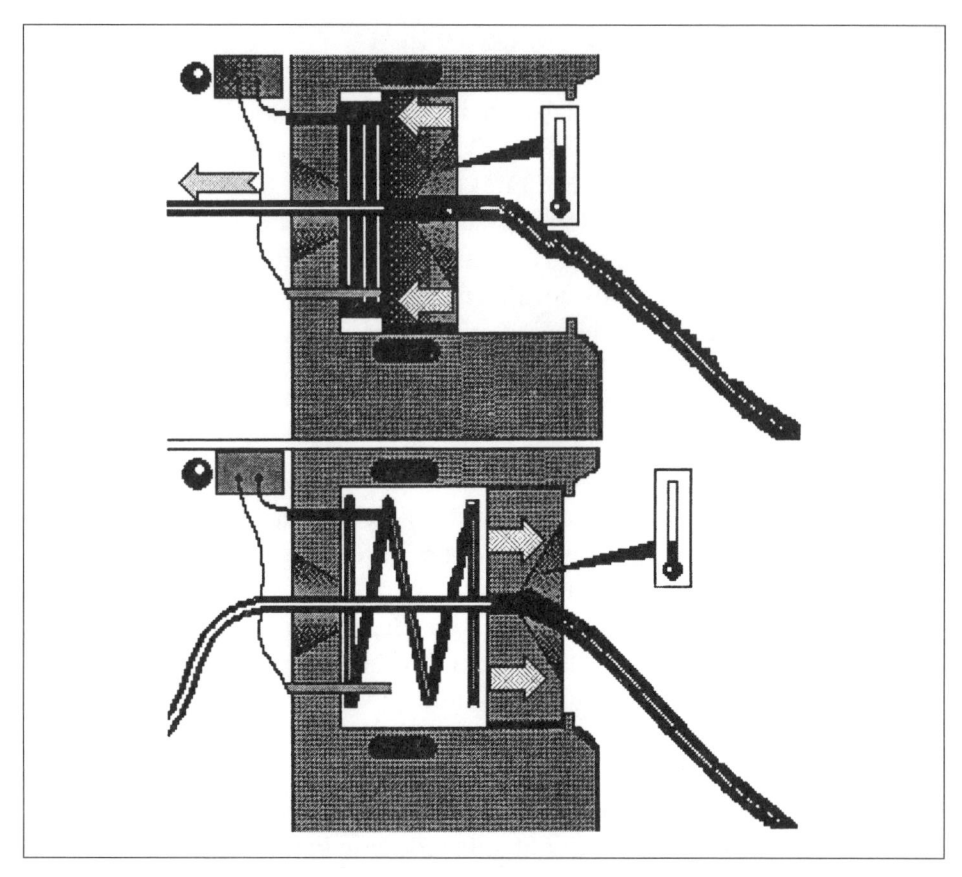

Abbildung 4-25: Verbesserter Draht-Beschichtungsprozeß mit einer je nach Zugkraft räumlich und damit thermisch variablen Düse

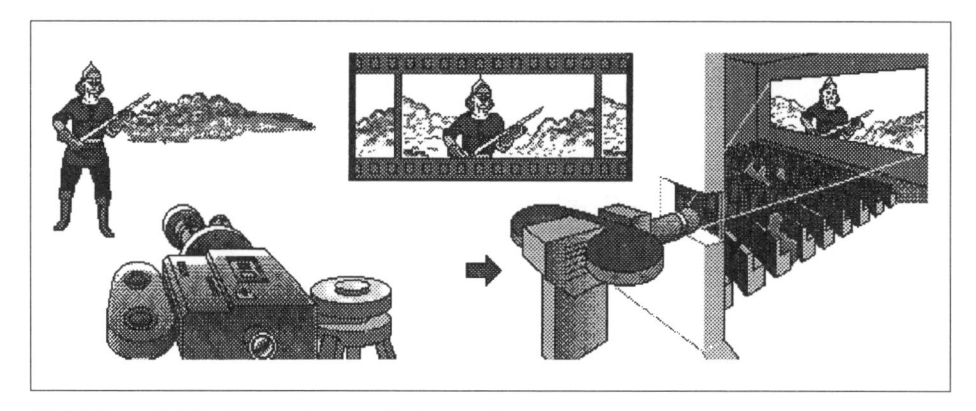

Abbildung 4-26: Integration von Breitwandformat auf normalformatigem Film

tere Film nicht in die vorhandenen Projektoren paßte. Der Markterfolg des neuen, breiteren Filmformates hängt unter anderem also auch von der Möglichkeit ab, dieses Format auf vorhandenen Projektoren abspielen zu können.

Widerspruch: Der zeitliche Widerspruch ist in diesem Falle, eine einzelne Breitwand-Filmkamera bei der Aufnahme des Filmes und viele konventionelle Projektoren Monate später bei der Vorführung haben zu müssen. Ausgehend von letzterem Faktum – daß eigentlich nur Normalformat-Projektoren weit verbreitet sind – müßte die Aufnahmekamera Breitwandformat auf konventionellem Filmformat bieten.

Lösung: Eine Lösung zu diesem Problem besteht darin, das Breitwandformat der Länge nach auf konventionellem Film abzubilden, indem man die Kamera um 90° dreht. Optik und Mechanik der Projektoren ließen sich leicht an das gedrehte Format anpassen (Abbildung 4-27).

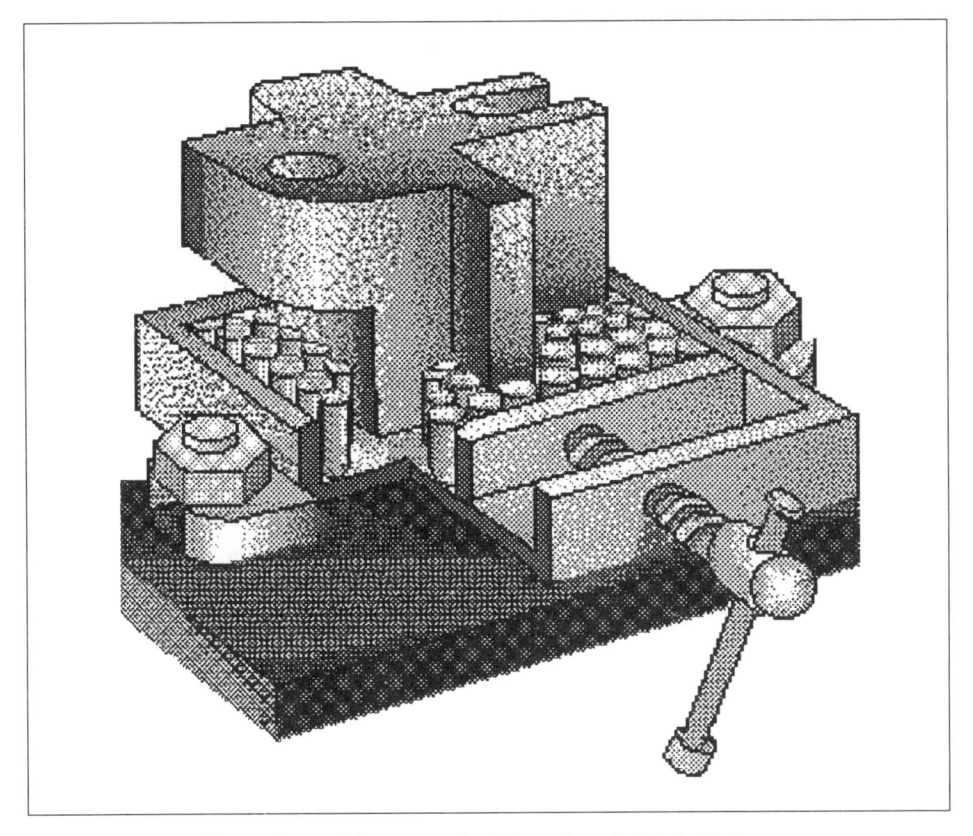

Abbildung 4-27: Schraubstock für unregelmäßig geformte Werkstücke

Lösung: Eine andere Problemlösung ist die optische Kompression der Breitwandaufnahme in das konventionelle schmale Filmformat verbunden mit optischer Dekompression bei der Vorführung.

In beiden Fällen mußte auf Basis dieser Ideen die Plazierung der Tonspur und die finale technische Realisation natürlich noch ausgearbeitet werden.

6.3. Separation innerhalb eines Objekts und seiner Teile

Grundgedanke hier ist das Trennen gegensätzlicher Anforderungen innerhalb eines Objekts oder seiner Teile.

Wenn ein System sich widersprechende Funktionen erfüllen soll oder unter sich widersprechenden Bedingungen arbeiten muß, dann kann man versuchen, das System in Subsysteme zu unterteilen, eine der sich widersprechenden Funktionen einem oder mehreren Subsystem(en) zuzuordnen und alle übrigen Funktionen dem Gesamtsystem nach wie vor zu überlassen.

Beispiel:

Problem: Werkstücke haben manchmal recht komplexe äußere Form und sind mit konventionellen Greifvorrichtungen (Schraubstock o.ä.) schlecht zu halten.

Widerspruch: Die Funktion des Systems Schraubstock ist das zur Verfügungstellen einer gleichmäßig verteilten Haltekraft, idealerweise mit einer stabilen, glatten und flachen Oberfläche. Die Funktion, sich mit an eine unregelmäßige Form des Werkstückes anzupassen, kann als Subsystem gesehen werden.

Lösung: Zwischen die Backen des Schraubstockes werden harte Bürsten hochkant verteilt. Jede Bürste kann sich horizontal frei bewegen, um sich so der unregelmäßigen Form des Werkstückes optimal anzupassen. Hierdurch wird der Anpreßdruck des Schraubstockes gleichmäßig auf jede beliebige unregelmäßige Form weitergegeben (Abbildung 4-27).

6.4. Separation durch Bedingungswechsel

Grundgedanke hier ist die Trennung sich widersprechender Anforderungen durch Modifikation der Bedingungen, unter denen zeitgleich ein nützlicher und ein unnötiger oder schädlicher Prozeß ablaufen. System oder Umgebung können so modifiziert werden, daß nur noch der nützliche Prozeß ablaufen kann. In der Küche beispielsweise hält ein Sieb die Pasta, nicht aber das Wasser zurück.

Beispiel:

Problem: Ein Sägewerk hat Abnehmer für reines Sägemehl. Durch Vakuum wird die Umgebung des Sägeblattes abgesaugt und das Sägemehl wird über ein metallenes Saugrohr dem Sammelbehälter zugeführt.
Widerspruch: Unglücklicherweise werden außer Sägemehl auch kleinere Holzstückchen mit abgesaugt und verunreinigen so den Inhalt des Sammelbehälters.
Lösung: Das Vergrößern des Saugrohrdurchmessers auf einer kurzen Strecke verändert die Strömungsverhältnisse so, daß größere Partikel sich hier sammeln und nicht in den Sammelbehälter gelangen.

7. Alternative Ansätze zur Separierung von Widersprüchen

Eine alternative Vorgehensweise zum Separieren nützlicher und schädlicher Eigenschaften in einem System ist die Isolierung der System- oder Prozeßteile, die für die unerwünschte Funktion verantwortlich sind.

Beispiel:

Problem: Ein Lötkolben besteht typischerweise aus einer das Heizelement umgebenden äußeren Hülle. Diese Hülle wird heiß und kann den Lötkolben-Benutzer verletzen.
Widerspruch: Der Lötkolben soll heiß und kalt sein.
Lösung: Wird der Spalt zwischen Heizelement und umgebender äußerer Hülle mit wärmeisolierendem Material ausgefüllt, dann sinkt die Verletzungsgefahr (Abbildung 4-28). Diese Lösung ist eine Innovation auf Niveau 1, weil einfach die Isolierung verbessert wurde.
Ein anderer Ansatz zur Separation nützlicher und ungewollter Eigenschaften eines Systems ist, die den Widerspruch verursachende Komponente zu verändern (beispielsweise zu isolieren oder ihre Eigenschaften zu verän-

Kapitel 4

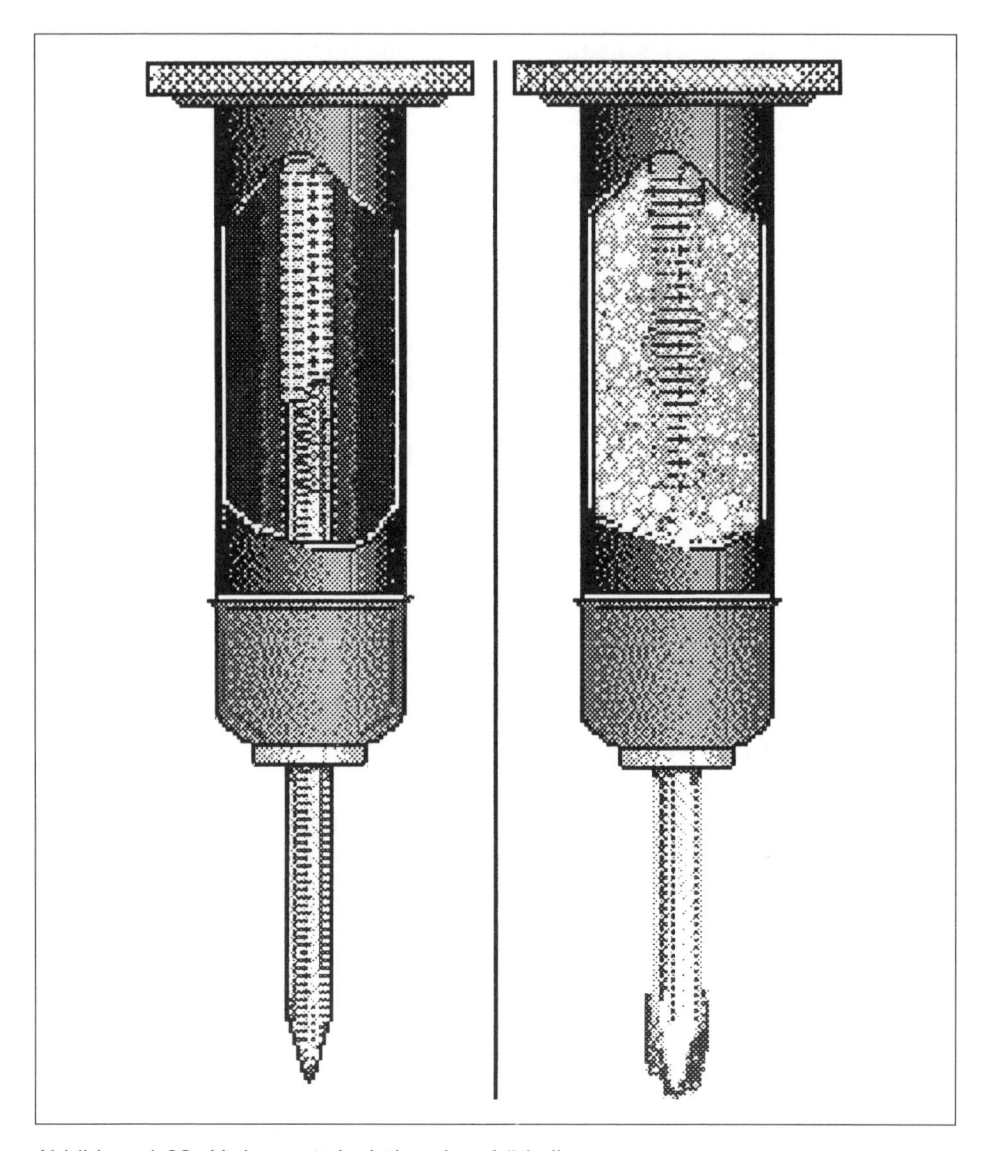

Abbildung 4-28: Verbesserte Isolation eines Lötkolbens

dern). Man sollte hier in Betracht ziehen, spezielle Eigenschaften dieser Komponente auszunutzen, unter Umständen in Zusammenhang mit einem Stimulus, der diese speziellen Eigenschaften erst auslöst.

4 Widerspruchsanalyse

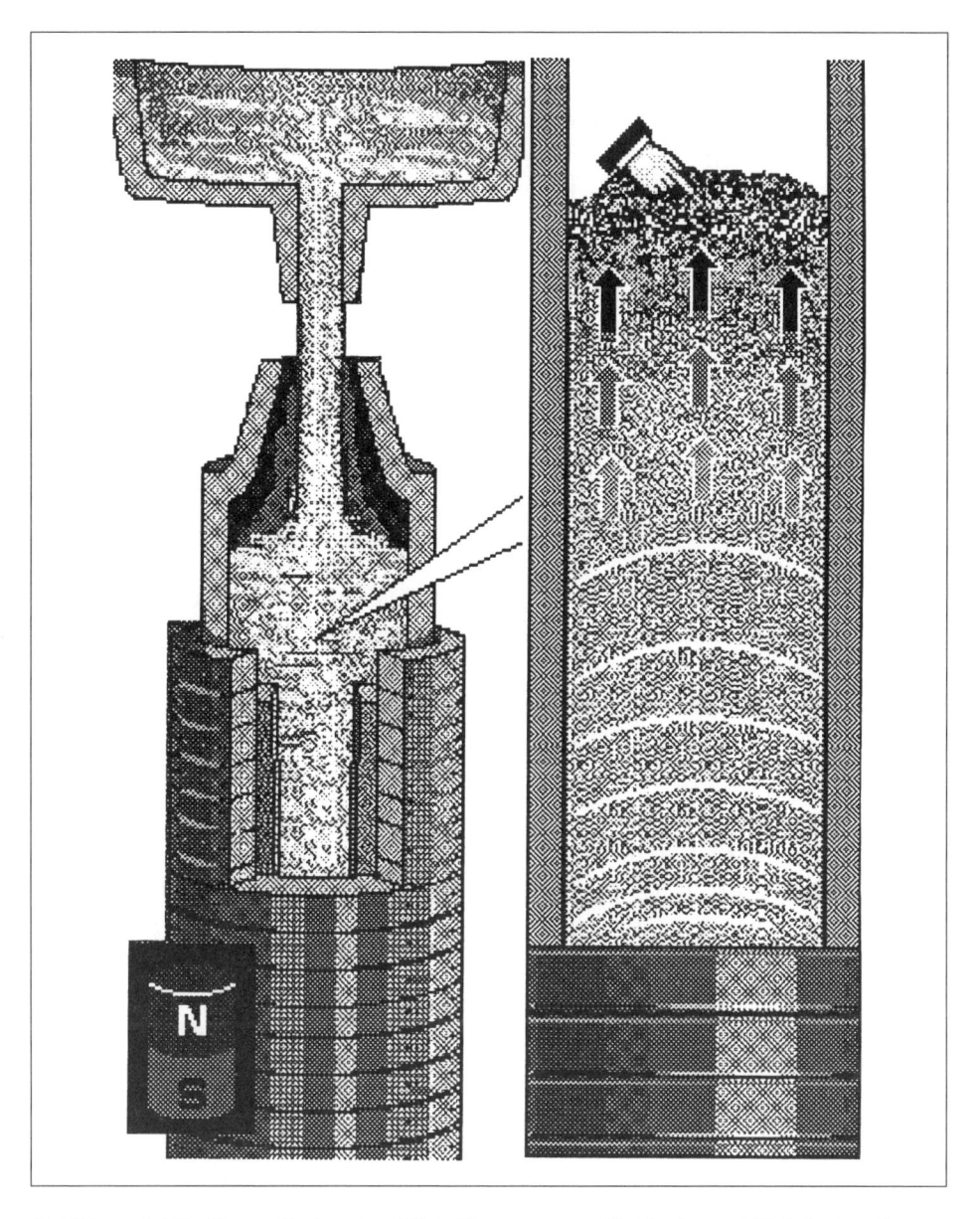

Abbildung 4-29: Magnetisch unterstützte Trennung von Schlacke und Metallschmelze

Beispiel:

Problem: Bei der Stahlgießerei ist es oft schwierig, Schlacke und geschmolzenes Metall zu trennen.

Widerspruch: Vereinige geschmolzene Erze zu einer Legierung, vereinige aber nicht die unerwünschten Verunreinigungen dieser Erze mit der Legierung.

Lösung: Die Form, in die der flüssige Stahl und die Schlacke gegossen wird, wird von unten einem magnetischen Feld (Abbildung 4-29) ausgesetzt. Hierbei bleibt die Schlacke im Gegensatz zum Stahl unbeeinflußt und steigt jetzt an die Oberfläche, wo sie leicht abgeschöpft werden kann.

8. Ein Wort bevor es weiter geht

Der Gedankengang, der zu den Parametern führt, die Ihr Problem oder ihren Widerspruch am treffendsten beschreiben, läßt sich nicht automatisieren. TRIZ-Anwender müssen zäh und diszipliniert an der Nutzung der Widerspruchstabelle arbeiten. Das kostet Zeit. Aber bedenken Sie die Zeit, die verschwendet wird, wenn man versucht, eine Lösung durch Herumprobieren zu finden. Die präzise Analyse des Problems spricht – wie die vorangegangenen Seiten zeigen – für sich.

Das ideale System stellt die gewünschte Funktion zur Verfügung, ohne selbst existent zu sein. Im nächsten Kapitel werden wir den Einsatz leicht verfügbarer Ressourcen als einen möglichen Weg zur Idealität diskutieren.

„Ich habe die Zukunft gesehen, und sie funktioniert."

Lincoln Steffens
1938 in „Letters" nach einem Besuch der Sowjetunion im Jahre 1919.

Literatur

[23] Ideation Methodology: The Training Manual (4th Edition), Ideation International Inc., Southfield, MI, 1995.

Kapitel 5

Idealität

Nach Durcharbeiten dieses Kapitels sind Sie in der Lage
- **Idealität konzeptionell zu bewerten,**
- **Wege in Richtung idealem Design zu erkennen.**

1. Wann das Konzept der Idealität eingesetzt werden sollte

Die Lücke zwischen derzeitigem Design und idealem Design sollte auf Null verringert werden. Das ideale System stellt die gewünschte Funktion zur Verfügung, ohne selbst zu existieren! Diese Modellvorstellung ist ein erstrebenswertes Ziel und erschüttert in vielen Fällen unser bisheriges Bild hocheffizienter Systeme.

Das Konzept der Idealität ist allgemeingültig. In Wirklichkeit ist aber das Erreichen oder eine graduelle Annäherung von individuellen Faktoren abhängig: Verschiedene Personen an unterschiedlichen Orten zu anderen Zeiten verfügen nicht über identische Ressourcen.

Die Idee einer primären nützlichen Funktion, die von einem nichtexistenten System erfüllt wird, führt innerhalb kürzester Zeit zu signifikanten Innovationen. So hatten beispielsweise Konstrukteure für unbemannte Mondlandefähren große Schwierigkeiten, Glaskolben für Glühbirnen zu finden, die die Vibrationen und Erschütterungen eines Raumfluges unbeschadet überstehen. Schließlich wurden die Lampen von Panzern als mögliche Problemlösung in Betracht gezogen. Als der Chefingenieur diese Konstruktion sah, fragte er, warum man so viel Mühe auf Glaskolben verschwende, deren einzige Funktion das Fernhalten des Sauerstoffs vom Glühfaden ist, wenn doch der Mond gar keine Sauerstoffatmosphäre besitzt. Die fehlende Atmosphäre des Mondes war also hier eine Ressource, durch die ein Teil des Systems – der Glaskolben – unnötig wurde, d.h. die Funktion, den Glühfaden vor Sauerstoff zu schützen wurde ohne ein System erfüllt.

Beim unbemannten Raumflugprogramm zur Venus wollte zu einem sehr späten Zeitpunkt ein einflußreicher Wissenschaftler noch ein 10kg-Experiment mit an Bord der Sonde bringen. Die wurde mit der Begründung, jedes Gramm Nutzlast sei bereits vergeben, abgelehnt. Mit dieser Antwort natürlich unzufrieden suchte unser Wissenschaftler so lange, bis er schließlich 16kg Ballast entdeckte, von denen er 10kg mit seinem eigenen Experiment ersetzen konnte. Der Ballast war hier eine zunächst unbemerkte Ressource.

Mit anderen Worten: Idealerweise wird eine Funktion durch bereits vorhandene Ressourcen zur Verfügung gestellt. Das Konzept der Idealität sollte sehr bewußt in jede Anwendung von TRIZ integriert werden. Das ideale Endresultat zunächst zu beschreiben und dann so wenig wie möglich davon zurückzuweichen führt zu anderen technischen Herausforderungen als denjenigen, die seitens der Widerspruchsanalyse adressiert werden.

2. Fallstudien: Annäherung an die Idealität

Ein einfaches Beispiel soll zeigen, wie das ideale Endresultat mit vorhandenen Ressourcen erreicht werden kann. Ein normaler leichtgewichtiger Outdoor-Benzinbrenner (Abbildung 5-1) wird gestartet, indem man einige Tropfen Benzin in eine Vertiefung rund um das Tank und Brenner verbindende Messingrohr oben am Tank gibt und anzündet. Die entstehende Hitze erzeugt einen Überdruck im Tank und treibt Benzin das Messingrohr hoch. Nach Entzünden des am Brenner austretenden Benzins hält sich das System – ganz im Sinne von Idealität – von selbst am Laufen: Die Hitze der Flamme wird über das Messingrohr an den Tank weitergegeben, dort entsteht Überdruck und weiteres Benzin wird zum Brenner hochgepreßt. Jetzt wird auch klar, warum Winter-Camper, die diesen Benzinbrenner in den Schnee stellen, damit Probleme haben. Ein zuverlässiger Betrieb ist erst möglich, wenn zwischen Schnee und Benzintank eine Isolierung plaziert wird. In diesem Fall stellt der Wärmeverlust durch Schnee und Eis eine negative Umgebungsressource dar.

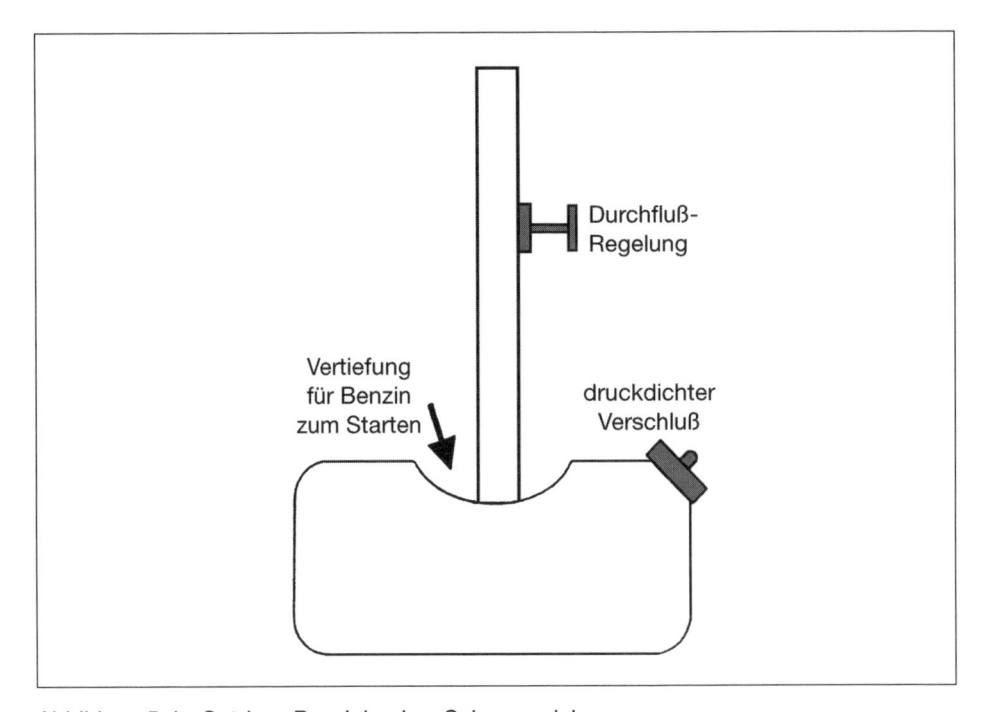

Abbildung 5-1: Outdoor-Benzinkocher, Schemazeichnung

Ein weiteres Beispiel für die Anwendung von Umgebungsressourcen wurde in Schweden ausgearbeitet. Bei einem 1996 durchgeführten Forschungsprojekt konnten Umgebungseinflüsse, die zunächst eine schädliche Funktion darstellten, als nützliche Ressource genutzt werden. Ziel dieser Untersuchungen am Königlichen Institut für Technologie in Stockholm war die Ausarbeitung alternativer Wege zur Erzeugung von Elektrizität in ländlichen Gegenden, die von elektrischen Versorgungsleitungen zu weit entfernt waren.

Das ideale Endergebnis wäre, Elektrizität aus dem Nichts zu erzeugen. Der damalige Projektleiter Anders Killander (heute: Invention Machine Inc.) setzte die TRIZ-Methodik ein und gelangte durch analoges Denken zu folgender Kette von Argumenten: Motor und Generator basieren beide auf dem Zusammenspiel von Rotations- und elektrischer Energie. Ein Generator konvertiert Rotationsenergie in Elektrizität, während umgekehrt ein Motor Elektrizität in Rotation umsetzt. Hieraus läßt sich für obige Fragestellung keine neue Idee ableiten. Also ging die Suche weiter in Richtung anderer physikalischer Effekte, die Elektrizität verbrauchen oder erzeugen. Da auch in diesen abgelegenen ländlichen Gegenden Hitze und Kälte als Ressourcen zur Verfügung stehen, liegt es nahe, zunächst Effekte, die zur Temperaturmessung genutzt werden, anzuschauen. In Anhang A eröffnen sich mehrere Möglichkeiten, wenn man unter dem Thema Temperaturmessung nachschlägt. Eine der Optionen ist der Seebeck-Effekt, von dem man leicht zu einem thermoelektrischen Generator kommt.

Ohne die TRIZ-Wissensbasis in Anhang A wäre nur wenigen Ingenieuren der Seebeck-Effekt (Abbildung 5-2) und seine potentiellen Anwendungen bekannt gewesen: 1821 entdeckte T.J. Seebeck, daß Strom entsteht, wenn in einem geschlossenen Stromkreis zwei verschiedene Metalle, die sich auf unterschiedlichem Temperaturniveau befinden, Kontakt haben. Die thermoelektrische Kraft, die diesen Stromfluß erzeugt, ist in erster Näherung direkt proportional zum Temperaturunterschied beider Metalle. Der Proportionalitätskoeffizient wird thermoelektrischer Spannungskoeffizient genannt und hängt im wesentlichen von den sich berührenden Oberflächentypen ab: Metalle liegen im Bereich von 10-50 Mikrovolt/K, bei Halbleitern kann der Wert bis auf 0,1 V/K ansteigen.

Der Seebeck-Effekt wird häufig zur Temperaturmessung eingesetzt und wird in zahlreichen Systemen, die Wärmeenergie in elektrische Energie umwandeln, genutzt. Der Wirkungsgrad eines solchen Thermogenerators liegt bei Metallen bei ernüchternden 0,1 %, kann aber bei Halbleitern (kaskadenförmige Anordnung, z. B. in Satelliten) bis zu 15 % erreichen.

Kapitel 5

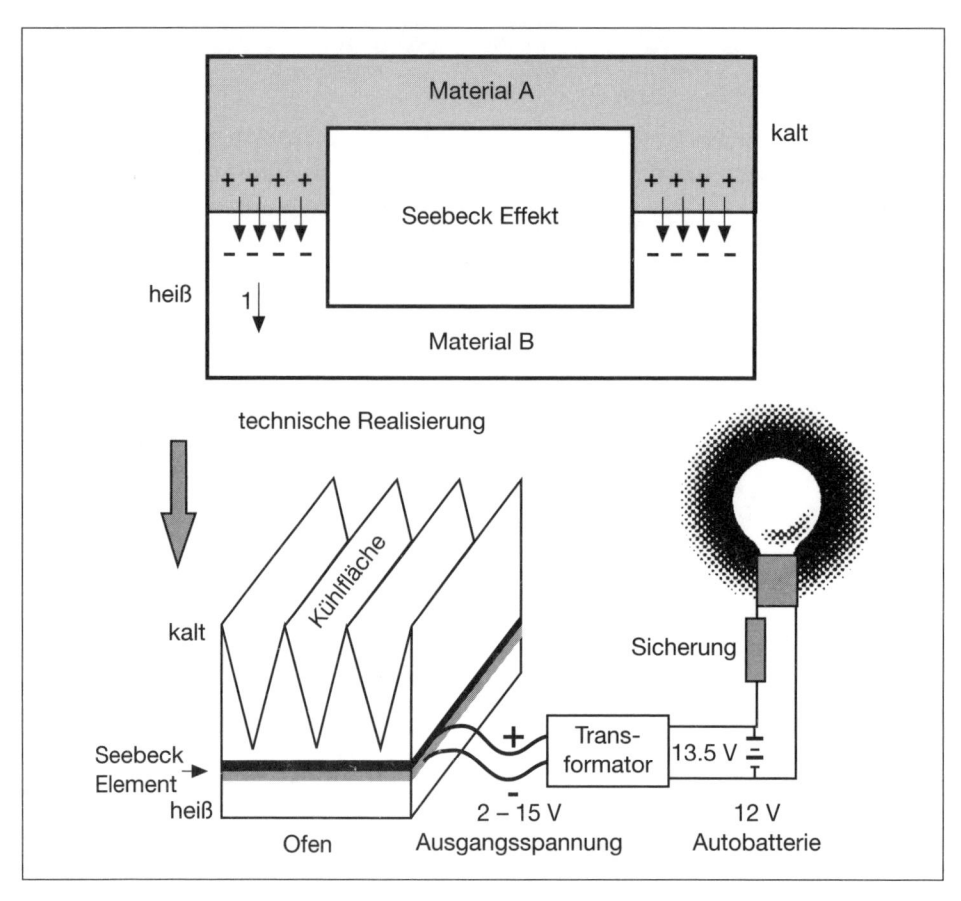

Abbildung 5-2: Der Seebeck-Effekt im Prinzip und dessen Anwendung zur Energiegewinnung

Im konkreten Fall wird der ohne bewegliche Teile auskommende, tragbare Thermogenerator auf dem vorhandenen Holzofen plaziert, die Gegenseite wird über flügelartige Kühlkörper auf niedriger Temperatur gehalten. Bei Kosten von ungefähr 250 DM pro Einheit kann damit eine Autobatterie geladen und dementsprechender Energieverbrauch (Licht, Radio) unterstützt werden. Natürlich bestehen nun Befürchtungen, daß der momentan sehr moderate Bedarf an elektrischer Energie in diesen abgelegenen Gegenden durch die Verfügbarkeit solcher Systeme ansteigen wird. Dann ergeben sich neue Einsatzgebiete für die TRIZ-Methodik.

Es ist bescheiden und inspirierend zugleich, wenn man altes oder vergessenes Wissen wieder erschließt, das in unserem technischen Zeitalter so vielfältig angewendet wird. Viele unserer heutigen Elektrogeräte verbrauchen sehr wenig Strom und können daher mit der Leistung eines Seebeck-Generators auskommen. Auch in Satelliten werden aus diesem Grund Thermogeneratoren eingesetzt.

Aus diesem Beispiel sollte als Lerneffekt die zentrale Bedeutung einer umfassenden Wissensbasis klar werden. Die Liste in Anhang A wurde 1976 von Altschuller aufgestellt. Eine umfangreichere Zusammenstellung findet sich in dem Buch von Gorin, in der russischen Zeitschrift *Physical Effects for Inventors and Innovators"* sowie in modernen Software-Paketen.

3. Was ist Idealität?

Idealität ist definiert als Summe aller nützlichen Funktionen eines Systems, geteilt durch die Summe aller schädlichen oder ungewollten Funktionen:

$$\text{Idealität} = \frac{\text{alle nützlichen Funktionen}}{\text{alle schädlichen Funktionen}}$$

Alle Arten von Kosten einschließlich Abfall und Umweltverschmutzung werden den schädlichen Funktionen zugerechnet. Auch Platzverbrauch, Lärmemission und Energieverbrauch gelten als Kosten des Systems.

Jedwede Designveränderung, die den Zähler vergrößert und/oder den Nenner verkleinert, bringt das System näher an den idealen Zustand heran.

Folgende Fälle sind zur Erhöhung der Idealität denkbar:

a) Akzeptiere das gegenwärtige Design.
b) Erhöhe den Zähler durch Hinzufügen von Funktionen oder durch Verbesserung einiger oder vorzugsweise der wichtigen Funktionen,
c) Eliminiere unnötige Funktionen um den Nenner zu verkleinern,
d) Kombiniere Subsysteme, die verschiedene Funktionen erfüllen, in ein System; vergrößere so den Zähler und/oder verkleinere den Nenner.
e) Erhöhe den Zähler schneller als den Nenner,

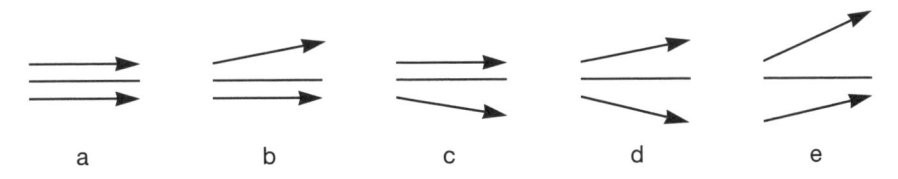

4. Ein idealer Behälter ist kein Behälter

Als Beispiel für den Weg zur Idealität sei hier ein Verfahren zur Säure-Resistenz-Charakterisierung von Legierungen erläutert. Mehrere Proben der zu untersuchenden Legierung(en) werden in ein Säurebad gelegt und nach definierter Einwirkzeit hinsichtlich des Säureeinflusses quantitativ untersucht. Leider beschädigt die Säure mit der Zeit auch die Gefäßwandungen. Eine inerte Beschichtung aus Glas oder aus anderem säureresitentem Material ist möglich, aber teuer. Das ideale Design wäre, die Probe der Säure auszusetzen, ohne ein Gefäß zu benutzen. Als Ressourcen stehen u. a. die Probe selbst, Luft, Schwerkraft, Adhäsion zur Verfügung. Recht schnell wird eine Lösung klar: Nutze als Behälter für die Säure die Probe selbst (Abbildung 5-3)!

TRIZ stellt zwei Vorgehensweisen für die Annäherung an die Idealität – also zur Verbesserung des Verhältnisses zwischen nützlichen und schädlichen Funktionen – zur Verfügung: Einsatz von Ressourcen und Einsatz von Effekten.

4.1. Einsatz von Ressourcen

Eine Ressource ist jeder Stoff (einschließlich Abfall) der im System oder dessen Umwelt zur Verfügung steht und die Fähigkeit hat, zusätzliche Funktionen in Zusammenarbeit zu übernehmen. Einige Beispiele für Ressourcen sind: Energiereserven, freie Zeit, unbelegter Platz, Information. Mitglieder der TRIZ-Gemeinschaft erwähnen im Spaß, daß „nichts" die nützlichste Ressource von allen sei. Spaß beiseite, nichts ist manchmal wirklich etwas, speziell wenn man an Leerraum für Temperatur- und Schallisolation denkt. Thermo-Verglasung und schallisolierende Schaummatten sind in der Tat zwei Beispiele für funktionales Nichts.

4.2. Einsatz von physikalischen, chemischen und geometrischen Effekten

Oft kann ein komplexes System durch ein ganz einfaches ersetzt werden, wenn ein geeigneter physikalischer, chemischer oder geometrischer Effekt genutzt wird.

Beispielsweise werden bei der Herstellung hochfester Betonteile die ver-

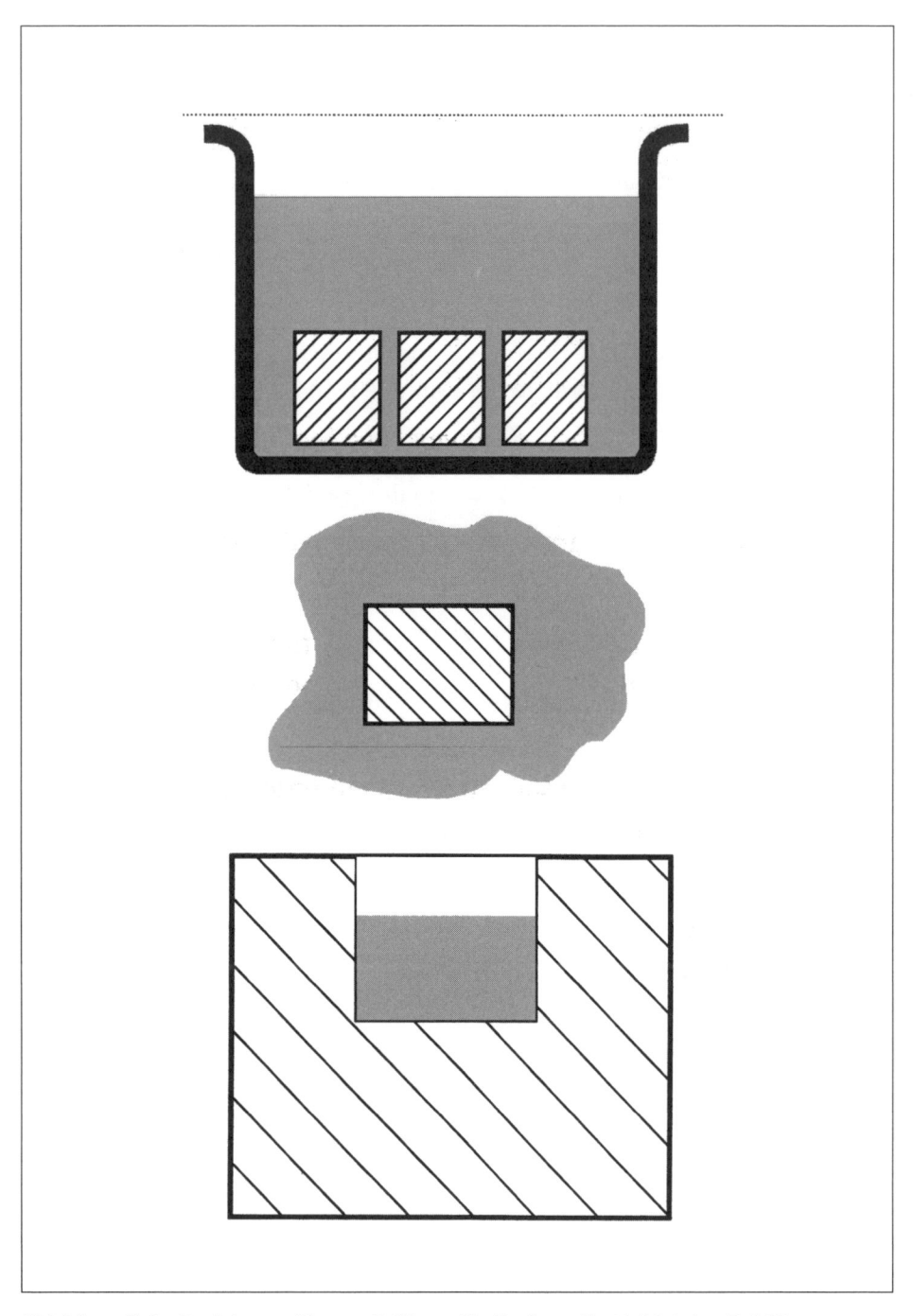

Abbildung 5-3: Resistenzprüfung mit Säure: Die Probe selbst bildet den Behälter

stärkenden Stahlstreben gespannt, bevor Beton in die Form eingegossen wird. Statt eines hydraulischen Systems zum Vorspannen kann auch die thermische Ausdehnung des Stahls verbunden mit Fixierung im heißen Zustand und anschließender Abkühlung eingesetzt werden.

Lassen wir uns einmal im Detail zeigen, wie die Verwendung von Ressourcen ein Design verbessern kann. Eine nordamerikanische Firma war auf der Suche nach dem idealen Halter für ein in seiner Position an der Wand oder auf einer Staffelei-Unterlage frei positionierbares Zeichenpapier. Die gefundene Lösung ist beeindruckend einfach: nutze die Unterlage oder die Wand selbst für diesen Zweck, d.h., positioniere jedes Zeichenblatt frei auf einer selbstklebenden Unterlage oder an der Wand, nutze wiederverwendbares, abziehbares Klebeband.

Naturphänomene stellen preiswerte Ressourcen dar. Während der Kolonisationszeit in Nordamerika spaltete man Granit, indem man Wasser in Bohrlöcher einfüllte. Die Volumenzunahme beim Phasenwechsel flüssig zu fest, also beim Gefrieren, zersprengte den Granit.

Manchmal entstehen durch Mißachtung natürlicher Phänomene auch schlechte Designs: In einer alten Heizkammer, in der man Plastik thermisch aushärtet, trat heiße Luft in der Mitte des Bodens ein, umströmte die komplizierte Form des Plastikgegenstandes und entwich an der Decke. Eine neue Kammer im Wert von 1 Million Dollar hatte die Luftzufuhr an der Decke und den Auslaß an der Seite. Viele Firmen, die diese neue Version der Kammer kauften, mußten große Mühe aufwenden, den gleichmäßigen Temperaturgradienten, der die alte Kammer so wertvoll machte, zu reproduzieren. Das alte Design basierte nämlich auf dem physikalischen Effekt, daß warme Luft aufsteigt und erzeugte so einen sehr gleichmäßigen Temperaturverlauf in der Kammer.

Über 250 physikalische Effekte (wie thermische Expansion), 120 chemische Effekte (Materialentfernung durch Ätzen) und 50 geometrische Effekte (Möbius-Band zur Vergrößerung der Oberfläche) stehen derzeit zur Verfügung und können vielfältig angewandt werden (Anhang A). Was der Problemlöser braucht, ist eine handliche gedruckte Form dieser Information.

Übung 5-1

Setzen Sie das Konzept der Idealität bei der Beschreibung Ihres Projekts ein.

Abbildung 5-4: Übung zur Idealität

Die sechs Wege, sich dem idealen System zu nähern, sind in Abbildung 5-5 dargestellt.

Der Weg zur Idealität

1. Eliminiere unterstützende Funktionen.
2. Eliminiere Teile.
3. Erkenne Selbstbedienung.
4. Ersetze Einzelteile, Komponenten oder das ganze System.
5. Ändere das Funktionsprinzip.
6. Nutze Ressourcen.

Abbildung 5-5: Die sechs Wege zur Idealität

5. Die sechs Wege zur Idealität

5.1. Eliminiere unterstützende Funktionen

Unterstützende Funktionen oder Hilfsfunktionen tragen nur mittelbar zur zentralen Funktion eines Systems bei. In viele Fällen lassen sich diese unterstützenden Funktionen zusammen mit den ihnen zugeordneten Teilen und Modulen eliminieren, ohne daß die zentrale Funktion wesentlich beeinträchtigt wird.

Beispiel: **Lackieren ohne Lösungsmittel**

Das konventionelle Lackieren von Werkstücken setzt gefährliche Lösungsmitteldämpfe frei. Man kann ein elektrostatisches Feld nutzen, um metallische Teile zunächst mit pulverförmiger Farbe zu überziehen und dann durch Hitze das Pulver schmelzen. Hierdurch entsteht lösungsmittelfrei ein Lacküberzug (Abbildung 5-6).

5.2. Eliminiere Teile

Hier zieht man in Betracht, Teile des Systems zu eliminieren und deren Funktion an verfügbare Ressourcen zu übertragen. Mögliche Ressourcen wurden bereits in Frage 2 der Innovations-Checkliste (Kapitel 2) analysiert.

Kapitel 5

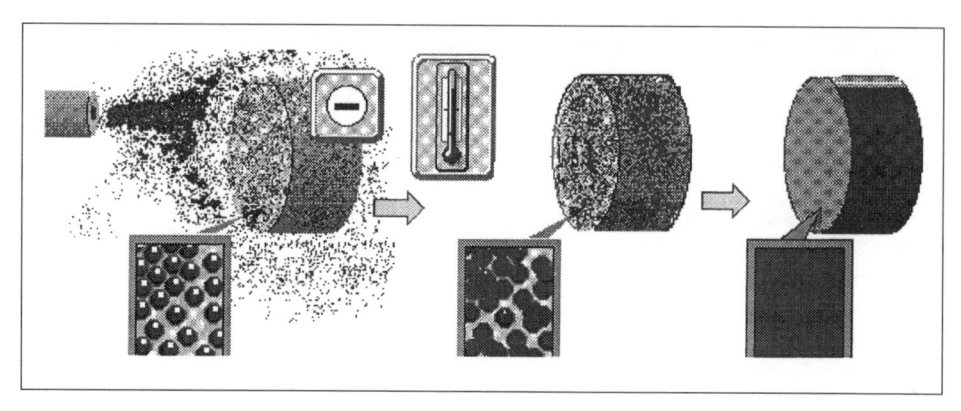

Abbildung 5-6: Lackieren ohne Lösungsmittel

Stoffliche Ressourcen:
Stoffliche Ressourcen beinhalten jedwedes Material, aus dem das System und dessen Umgebung zusammengesetzt sind. Leicht verfügbare Ressourcen in diesem Zusammenhang sind Abfall, abgeleitete Ressourcen und Stoffveränderungen.

Abfall:
- Rohmaterialien oder Produkte
- Systembestandteile
- preiswerter Stoff
- Wasser

abgeleitete Ressourcen:
- abgeleiteter, modifizierter Abfall
- abgeleitete oder modifizierte Rohmaterialien oder Produkte
- andere abgeleitete Stoffe
- modifiziertes Wasser

Stoffveränderungen:
- Phasenübergang
- chemische Reaktion
- Anwendung physikalischer Effekte
- Hitzebehandlung
- zerlegter Stoff
- zersetzter Stoff

- Übergang in einen beweglichen Zustand
- Mischungsbildung
- Zugabe von Additiven
- Ionisierung
- physikalische oder chemische Wasserbehandlung

Beispiel: **Einsatz einer Stoffveränderung durch Ionisation**

Verbesserung der Genauigkeit bei chemischem Verschweißen durch Einsatz eines physikalischen Effektes.

Teile, die keine Hitze vertragen, können chemisch verschweißt werden. Hierbei gelangt eine Chemikalie zum Einsatz, die mit beiden Werkstücken reagiert. Um bei diesem Prozeß die Genauigkeit zu verbessern, kann man eine Chemikalie einsetzen, die nur bei UV-Bestrahlung reagiert. Erst nach präziser Positionierung der Werkstücke und der Chemikalie wird durch Einschalten eines UV-Strahles der Schweißvorgang ausgelöst (Abbildung 5-7).

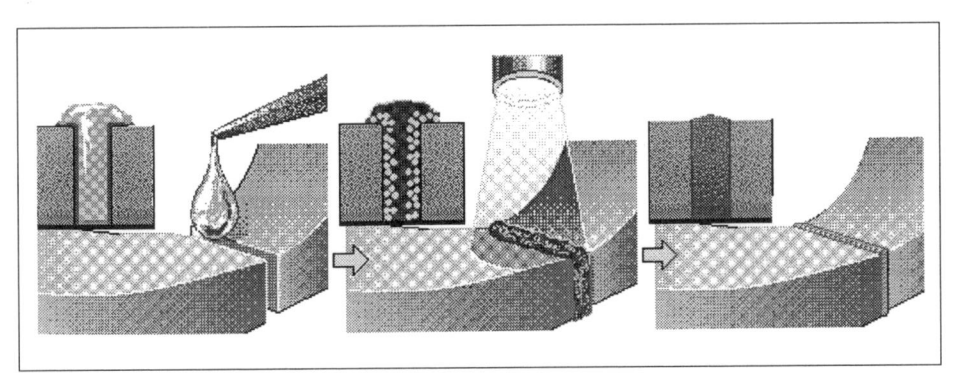

Abbildung 5-7: Hochpräzises UV-initiiertes chemisches Schweißen. Zugabe der Chemikalie nach genauer Positionierung der Werkstücke (links), UV-Bestrahlung (mitte) und (rechts)nach erfolgtem Schweißen

Funktionale Ressourcen:

Funktionale Ressourcen beinhalten die Fähigkeit eines Systems oder dessen Umgebung, zusätzliche Funktionen zu erfüllen bis hin zu überraschenden Zusatzfunktionen – sogenannten Übereffekten –, die auf einer Innovation basieren. Beispielsweise erwartet man, daß durch regelmäßiges Üben mit einem Arm dessen Knochenmasse steigt. Der Übereffekt hierbei ist, daß – in geringerem Maße – auch die Knochenmasse des anderen Armes ansteigt.

Funktionale Ressourcen:
- Einsatz bereits vorhandener Funktionen
- Ausnutzen von Übereffekten
- Schädliche Funktionen nutzen.

Beispiel: **Funktionale Ressourcen. Nutzung einer schädlichen Funktion: Anwendung der Blutgruppen-Inkompatibilität**

Setzt man bei einer Transfusion Blut der falschen Blutgruppe ein, dann entstehen beim Kontakt mit dem Patientenblut Gerinnsel. Diese schädliche Funktion kann positiv ausgenutzt werden, um das Bluten einer Wunde durch Auflegen einer mit inkompatiblem Blut getränkten Kompresse zu stoppen (Abbildung 5-8). Mit der heutigen AIDS-Problematik könnte diese Lösung allerdings zu anderen schädlichen Effekten (HIV-Infektion) führen.

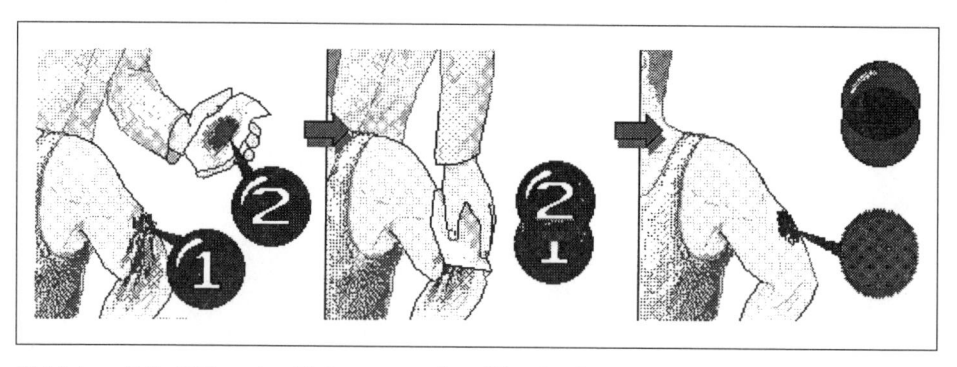

Abbildung 5-8: Stillen der Blutung aus einer Wunde durch Auflegen einer mit inkompatiblem Blut getränkten Kompresse

Felder als Ressource:

Felder als Ressource können Teile des Systems ersetzen. So führt beispielsweise der Unterschied im elektrischen Potential zwischen Ionosphäre und Erdoberfläche zu einem niedrig-kapazitiven elektrischen Feld von etwa 100V/m. Das bedeutet, daß die hierauf basierende Spannung in Volt zwischen Füßen und Kopf eines sich im Freien aufrecht haltenden Menschen etwa dessen Größe in Zentimetern entspricht. Es gibt Ansätze, dieses elektrische Feld für die Lenkung und Kontrolle von Flugzeugen im Tiefflug zu benutzen (Abbildung 5-9).

Abbildung 5-9: Die potentielle Nutzung des elektrischen Umgebungsfeldes zur Lenkung und Kontrolle von Flugzeugen im Tiefflug

5.3. Erkenne Selbstversorgung

Untersuchen Sie Ihr System nach der Möglichkeit der Selbstversorgung oder Selbstregelung. Halten Sie Ausschau nach zusätzlichen Funktionen, die simultan mit der primären nützlichen Funktion erfüllt werden können. Oder nutzen Sie die zur Ausführung einer Hilfsfunktion notwendigen Mittel zur Ausführung der Hauptfunktion. Dadurch wird Ihr System ohne zusätzliche Komponenten effizienter.

Ein gutes Beispiel für Selbstversorgung ist das in Abbildung 5-3 weiter oben dargestellte Verfahren zur Korrosionsprüfung von Legierungen.

Beispiel: **Selbstversorgung**

Elektrische Motoren, Turbinen und andere Systeme mit schweren, auf Kugellagern sitzenden Rotoren sind schwierig zu transportieren: Vibrationen und Stöße führen bei stillstehendem Kugellager zu Vertiefungen auf der Lauffläche der Kugeln. Um dies zu vermeiden, müssen die Rotoren periodisch weitergedreht werden. Die hierfür erforderlichen Maschinen sind teuer.

Im Sinne einer Selbstversorgung können die Stöße selbst für ein Weiterdrehen des Rotors ausgenutzt werden: ein Gewicht in Form eines Pendels wird an der Rotorachse aufgehängt und mit einer Ratsche verbunden, die eine Fortbewegung nur in eine Richtung zuläßt (Abbildung 5-10). Jeder Stoß regt das Pendel zum Schwingen an. Aufgrund der Ratsche wird allerdings der Rotor immer nur in einer Richtung weitergedreht.

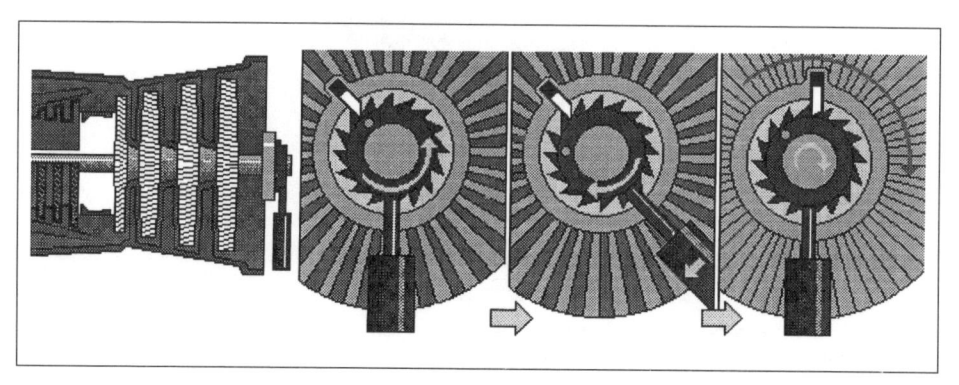

Abbildung 5-10: Automatisches Weiterdrehen eines Turbinenrotors mittels eines Pendels

5.4. Ersetze Einzelteile

Der Einsatz eines Modells oder einer billigen Kopie kann in Betracht gezogen werden.

Ein komplexes System kann durch ein vereinfachtes oder durch eine einfachere Kopie ersetzt werden.

Man kann – zeitweise oder permanent – eine Kopie oder ein Abbild des Original-Systems benutzen.

Der Einsatz eines lebensgroßen oder auch verkleinerten Modells, bei dem das für eine schädliche Funktion verantwortliche Modul ersetzt oder entfernt werden kann, ist zu überprüfen. Speziell der Einsatz von Simulationen ist zu berücksichtigen.

Beispiel: **Simulation der Reifenhaftung bei der Flugzeuglandung**

Bei regnerischem Wetter ist die Reifenhaftung eines Flugzeuges bei der Landung schlecht einschätzbar. Um minuten-aktuelle Informationen über die Haftung eines Fahrwerkreifens zu erhalten, kann man ein Testfahrzeug mit einem dem Flugzeugreifen analogen Rad ausstatten, das sich mit 90% der Geschwindigkeit der restlichen drei Autoräder dreht. Bei der Fahrt über die Landepiste registriert ein Computer das Verhalten dieses Testrades und gibt nässebedingte Auffälligkeiten sofort via Funkverbindung an die landende

Maschine weiter (Abbildung 5-11). Die Flughäfen in Washington, Hartford, Buffalo, Detroit und Atlanta setzen dieses System ein.

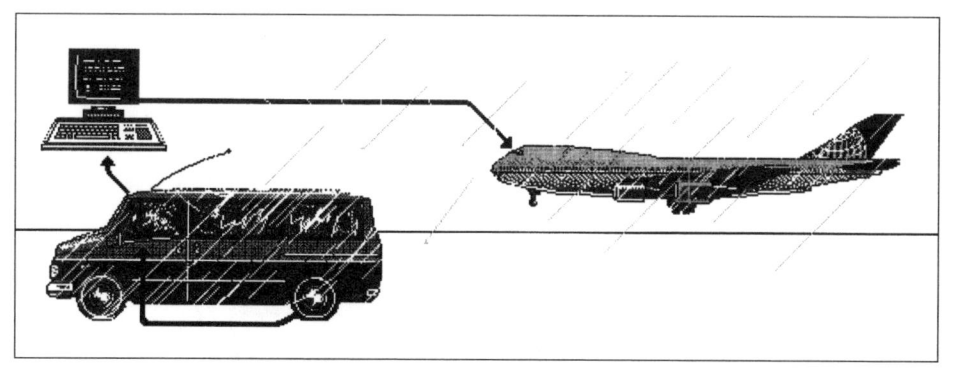

Abbildung 5-11: Daten zur Reifenhaftung auf regennasser Landebahn von einem Testfahrzeug

5.5. Ändere das Funktionsprinzip

Um ein System oder einen Prozeß zu vereinfachen, sollte überlegt werden, ob sich das zugrundeliegende Funktionsprinzip verändern läßt.

Beispiel: **Wie man noch weiche Glasplatten plan hält**

Noch schmelzweiche Glasplatten tendieren auf dem aus vielen Rollen bestehenden Förderband dazu, zwischen den Rollen einzusacken, was deren optische Eigenschaften verschlechtert. Das ideale System vermeidet jedes Einsacken. Das führt sofort zu der Idee, die Rollen zu verkleinern. Was sind die kleinsten Rollen? Atome natürlich! Die TRIZ-Lösung dieses Problems ist die Verwendung eines „Transportbandes" aus geschmolzenem Zinn, auf dem das Glas völlig plan gleitet (Abbildung 5-12).

5.6. Nutze Ressourcen

Vorhandene Ressourcen einzusetzen ist ein zentraler Schritt in Richtung Idealität und wohnt direkt oder indirekt allen vorher diskutierten fünf Schritten – speziell Schritt 2 – inne. Der sechste Schritt bringt nun zusätzlich alle noch nicht berücksichtigten Ressourcen (Anhang G) mit ins Spiel.

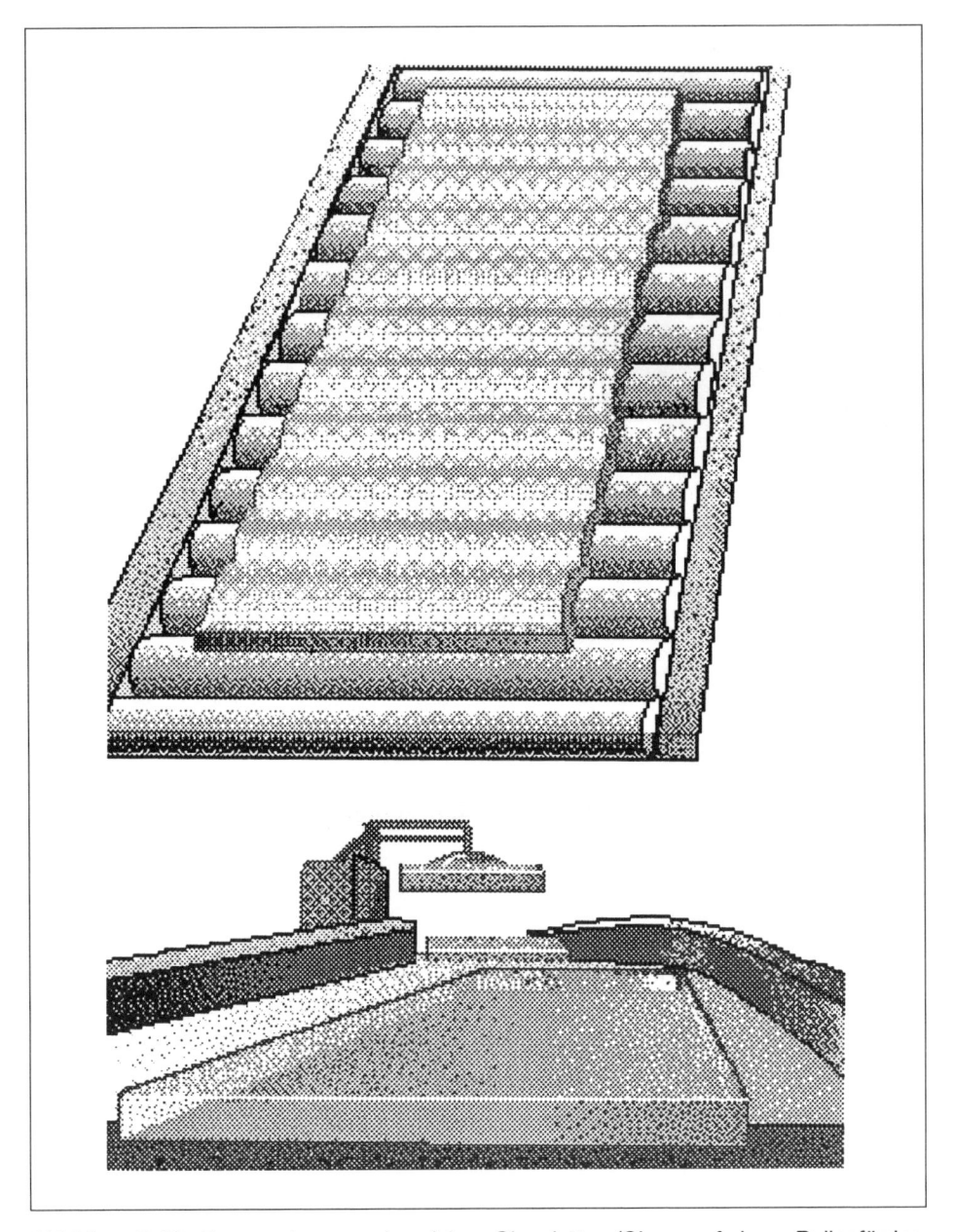

Abbildung 5-12: Transport von noch weichen Glasplatten (Oben: auf einem Rollenförderband, unten: auf einem Zinnbad)

Ressourcen ganz allgemein sind alle Stoffe, Felder, Feldeigenschaften, Energien und sonstige funktionale Eigenschaften, die einem System oder dessen Umgebung für eine Verbesserung zur Verfügung stehen. Unmittelbar verfügbare Ressourcen nennt man alle die Ressourcen, die in ihrer gegenwärtig existenten Form ohne Modifikation eingesetzt werden können. Abgeleitete Ressourcen sind diejenigen, die erst nach einer Transformation genutzt werden können. Stoffliche, feldförmige, funktionale, räumliche und zeitliche Ressourcen stehen den meisten Systemen zur Verfügung.

Stoffliche Ressourcen:
Da die stofflichen Ressourcen jedes Material mit einschließen, aus dem das System und dessen Umgebung besteht, hat jedes noch nicht ideale System diese Ressource verfügbar.

Beispiel: **Das Verhindern einer Verschmutzung mit Hilfe von Abfall**

Um Luftverschmutzung zu verhindern, wird das Abgas eines Heizkraftwerkes mit alkalischen Chemikalien gewaschen.

Kraftwerke produzieren aber auch alkalische Schlacke, die beim Wegspülen Flüsse verunreinigt. Die Kombination beider Situationen, d.h., das Nutzen der wäßrigen alkalischen Schlacke zur Reinigung der Abluft des Heizkraftwerkes neutralisiert beide schädlichen Effekte (Abbildung 5-13).

Beispiel: **Verwendung eines Systembestandteils zur Vermeidung von Verschmutzung**

Abgase von Baggern und schweren Lastwagen, die in tiefen, offenen Gruben arbeiten, werden durch das geförderte Material (beispielsweise zermahlenes Gestein, Kohle, Sand) filtriert. Das Auspuffrohr des LKWs wird von unten an die Ladefläche geführt, wo die Abgase ihre schädlichen Inhaltsstoffe an das geladene Gut abgeben (Abbildung 5-14). Natürlich funktioniert dies nur in beladenem Zustand, wobei ein unbeladener LKW auch weniger Abgase erzeugt.

Auch andere Lösungen sind möglich, immer in Abhängigkeit von den in der offenen Grube vorhandenen Ressourcen. Beispielsweise wird in nordischen Ländern Schnee zur Abgasfiltration eingesetzt.

Kapitel 5

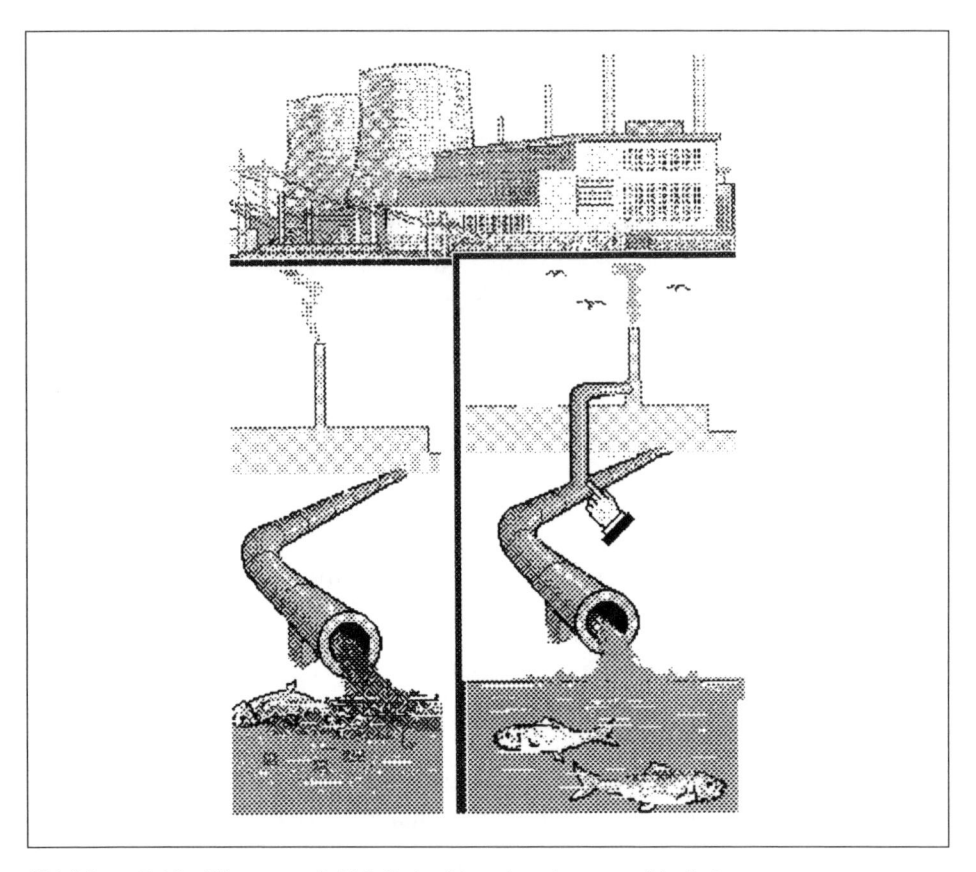

Abbildung 5-13: Wie man mit Abfall eine Verschmutzung verhindert

Abbildung 5-14: Abgasreinigung durch das geladene Gut

Beispiel: **Eine Systemkomponente zur Temperaturmessung verwenden**

Um das Überhitzen von Maschinen und Komponenten (beispielsweise Lagern) zu vermeiden, werden an Stellen möglicher Überhitzung Temperatur-Kontrollsysteme installiert. Hierbei handelt es sich typischerweise um Thermofühler. Bei Gleitlagern kann der Luftspalt zwischen dem sich drehenden eisernen Innenring mit kapazitivem Geber und dem Gehäuse als kapazitiver Widerstand im Sinne eines Thermoelementes genutzt werden. Der sich bei Erwärmung verändernde Luftspalt beeinflußt die elektrische Kapazität und kann damit zur Kontrolle und Verhinderung von Überhitzung benutzt werden (Abbildung 5-15).

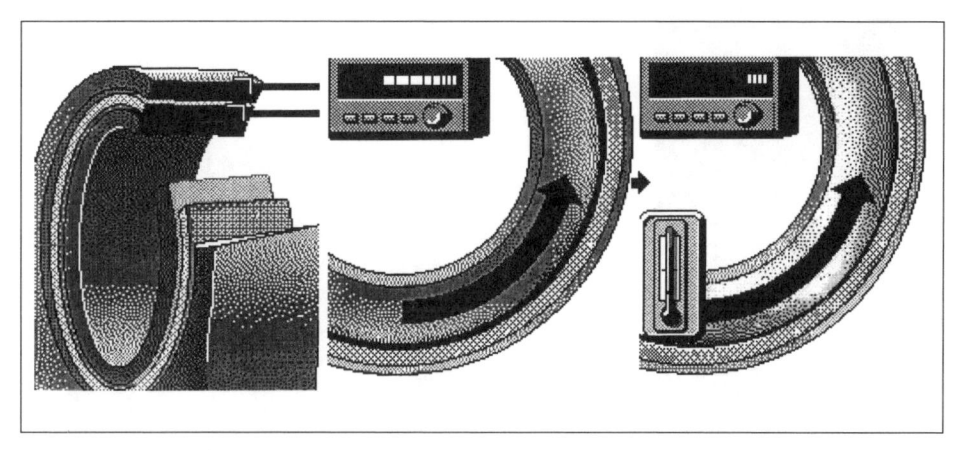

Abbildung 5-15: Überhitzungskontrolle bei einem Gleitlager durch kapazitiven Widerstand zwischen Innenring und Gehäuse

Beispiel: **Eine natürliche Ressource zur Abwendung einer Gefahr einsetzen**

Eine der zentralen Gefahren in einer Kohlengrube sind Staubexplosionen. In nordischen Kohlebergwerken wird Schnee in die Grube geblasen, um dieses Risiko zu minimieren. Der Schnee schlägt sich mit dem Staub nieder, schmilzt und kühlt gleichzeitig die Luft (Abbildung 5-16).

Abbildung 5-16: Verhindern von Kohlestaub-Explosionen in einer Grube durch Einblasen von Schnee

Beispiel: **Einsatz einer natürlichen Ressource zur Messung einer Eigenschaft**

Bei der Herstellung von Industriekeramik mit unregelmäßigen Formen und engen Öffnungen ist das Bestimmen der Materialstärke oft problematisch. Die leicht verfügbare Ressource Wasser kann hier zur Messung eingesetzt werden (Abbildung 5-17). Hierzu wird das Gefäß mit leitfähigem salzhaltigem Wasser gefüllt. Die eine Elektrode eines Ohmmeters (ein Meßgerät für elektrischen Widerstand) wird in die wäßrige Lösung eingetaucht, die andere Elektrode berührt die Außenwandung des Keramikgefäßes. Der hierbei gemessene Widerstand ist proportional zur Wandstärke!

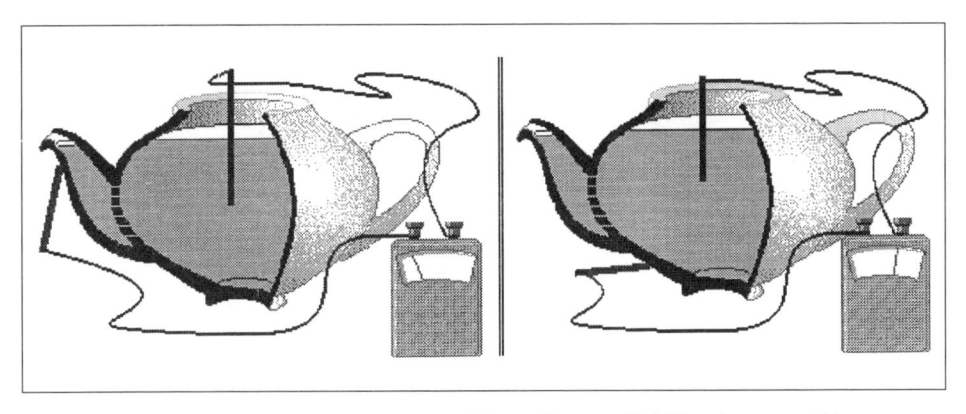

Abbildung 5-17: Wandstärkenmessung bei Keramik unter Zuhilfenahme von Wasser

Abgeleitete Ressourcen:

Rohmaterialien, Produkte, Abfall und andere Systemelemente wie Wasser, Luft etc., die sich in ihrer vorliegenden Form nicht gewinnbringend einsetzen lassen, können nach einer Transformation oder Modifikation eine nützliche Ressource darstellen.

Beispiel: **Modifikation von Abfall zur Einsparung anderer Ressourcen**

In Restaurants, Bars und Cafés werden große Mengen an Seife beim Geschirrspülen verbraucht. Um hier zu sparen, kann man das schmutzige Geschirr vor dem Spülvorgang in Sodalösung tauchen. Das vorhandene Fett setzt sich mit Natriumbicarbonat (Soda) zu Salzen von Fettsäuren – also zu

Kapitel 5

Seife – um. Nach diesem Tauchvorgang bedeckt ein Seifenfilm insbesondere das nach intensiver Reinigung verlangende, stark fettverschmutze Geschirr. So läßt sich Seife bzw. Spülmittel im Geschirrspüler einsparen (Abbildung 5-18).

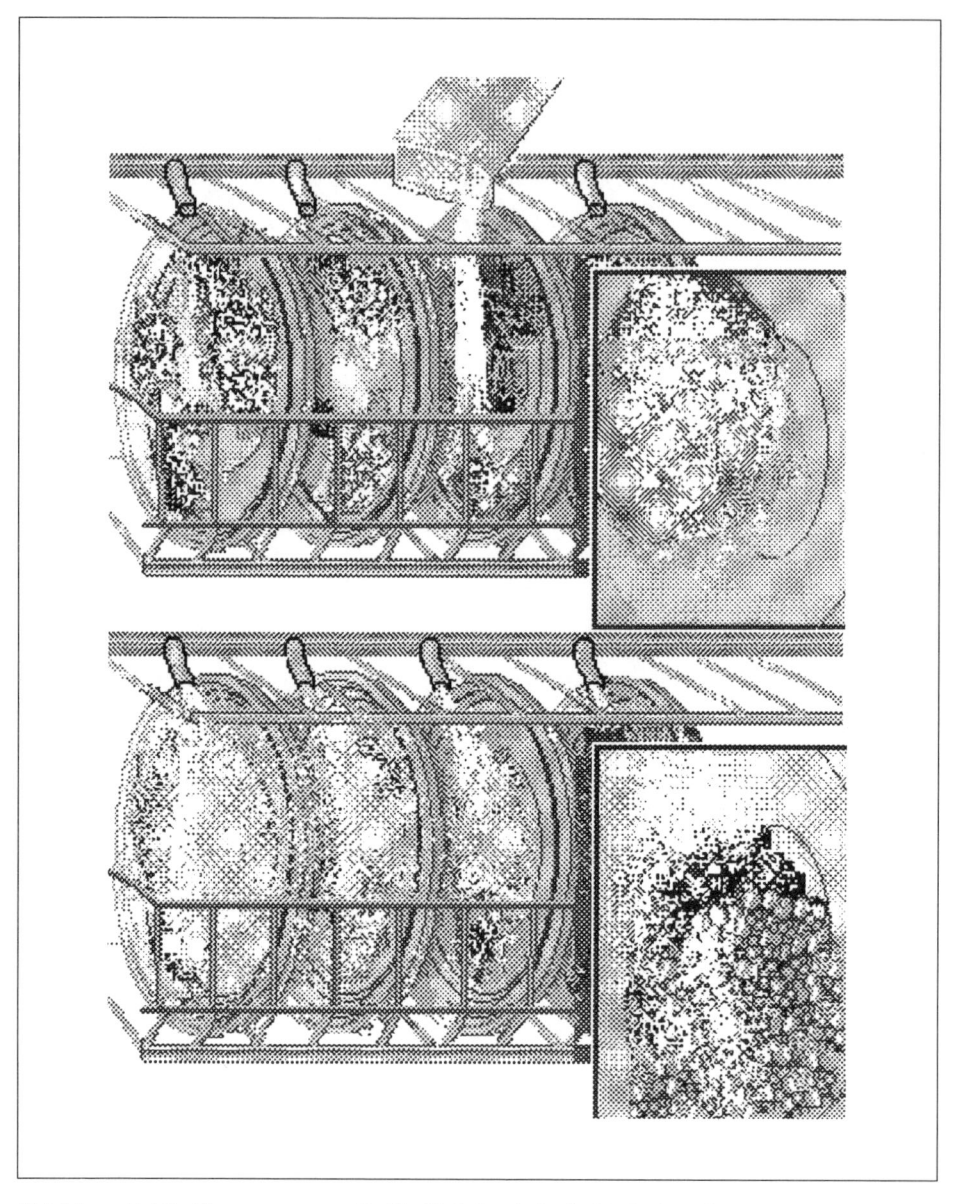

Abbildung 5-18: Einsparung von Spülmittel durch Soda-Vorbehandlung

Abgeleitete Ressourcen sind Ressourcen, die nach einer bestimmten Transformation zur Verfügung stehen. So auch im folgenden Gewächshaus-Beispiel: hier wird manchmal Wärme in Wassertanks oder in Steinen gespeichert. Jedes Gramm Wasser speichert aber nur 1 Kalorie pro Grad Celsius pro Gramm. Aber ohne jeden Temperaturwechsel benötigt jedes Gramm Eis 79,7 Kalorien für den Phasenwechsel von fest nach flüssig. Leider läuft dieser Vorgang bei einer für Gewächshäuser recht ungünstigen Temperatur von 0°C ab! Im CRC Handbuch der Chemie und Physik lassen sich aber leicht Substanzen finden, die einen Phasenübergang bei typischen Gewächshaustemperaturen durchlaufen. Tertiärer Butylalkohol schmilzt bei 25,4°C mit einer Schmelzwärme von 21 Kalorien. So kann also das gleiche Volumen an tert.Butanol und das Ausnutzen eines Phasenüberganges im Vergleich zu Wasser die 21fache Menge an Energie speichern und wieder abgeben.

Stoff-Veränderung:
Wie mit abgeleiteten Ressourcen, so kann auch mit veränderten Stoffen ein offensichtliches Hindernis umgangen werden. Suchen Sie nach Möglichkeiten, das Problem zu meistern, indem Sie etwas am vorhandenen System verändern.

- Fehlt es an Platz für die Positionierung eines Objekts oder die Ausführung einer Funktion?
- Fehlt es an Zeit für die Ausführung einer Funktion?
- Fehlt ein für die Gesamtfunktion notwendiges Objekt?
- Ist ein nicht notwendiges, nicht erwünschtes Objekt vorhanden?

Läßt sich ein Stoff im System so verändern, daß Platz, Zeit oder ein notwendiges Objekt entstehen?

Läßt sich ein Stoff im System so verändern, daß ein nicht notwendiges, nicht erwünschtes Objekt eliminiert wird?

Beispielsweise läßt sich ein Entnahmeprozeß möglicherweise dadurch vereinfachen, daß man das zu entnehmende Objekt in seinem Zustand durch Sublimation, Verdampfung, Trocknung, Zermahlen, Schmelzen oder Auflösen verändert.

Kapitel 5

Beispiel: **Wegschmelzen eines Objekts nach Erfüllung seiner nützlichen Funktion**

Benutzt man beim Schußtraining auf sich bewegende Ziele, dem sogenannten Tontaubenschießen, Scheiben aus Ton, dann ist man mit einem nicht übersehbaren Verunreinigungs- und Abfallproblem konfrontiert. Scheiben aus Eis sind billiger und schmelzen auf dem Boden weg. Scheiben aus Dung stellen sogar eine neue Methode des Düngens zur Verfügung (Abbildung 5-19).

Abbildung 5-19: Alternative Materialien für das Tontaubenschießen

Zeitliche Ressourcen:
 Zeitliche Ressourcen sind Zeitlücken vor Beginn, am Ende oder auch während der einzelnen Zyklen eines Prozesses, die teilweise oder völlig ungenutzt verstreichen.

Zeitliche Ressourcen lassen sich ausfindig machen durch:
- Verändern der vorläufigen Anordnung von Modulen oder Komponenten,
- Installation von Pausen,
- Nutzung parallel ablaufender Prozesse,
- Elimination von nutzlosen Bewegungen.

Beispiel: **Ein Objekt mit veränderlicher Geometrie kann in mehreren Richtungen anstatt nur in einer arbeiten.**

In der Landwirtschaft wird normalerweise immer in derselben Richtung gepflügt, so daß der nach oben gedrehte Boden immer auf der gleichen Seite der Furche liegt. Für eine neue Reihe an Furchen muß der Pflug untätig an die Startseite des Feldes zurückfahren. Der Einsatz eines Pfluges mit rechts- und linkshändigen Pflugscharen spart viel Zeit: am Ende einer Reihe dreht der Fahrer auf Knopfdruck den Pflug um und pflügt so auf der Rückfahrt schon die nächste Reihe in richtiger Orientierung (Abbildung 5-20).

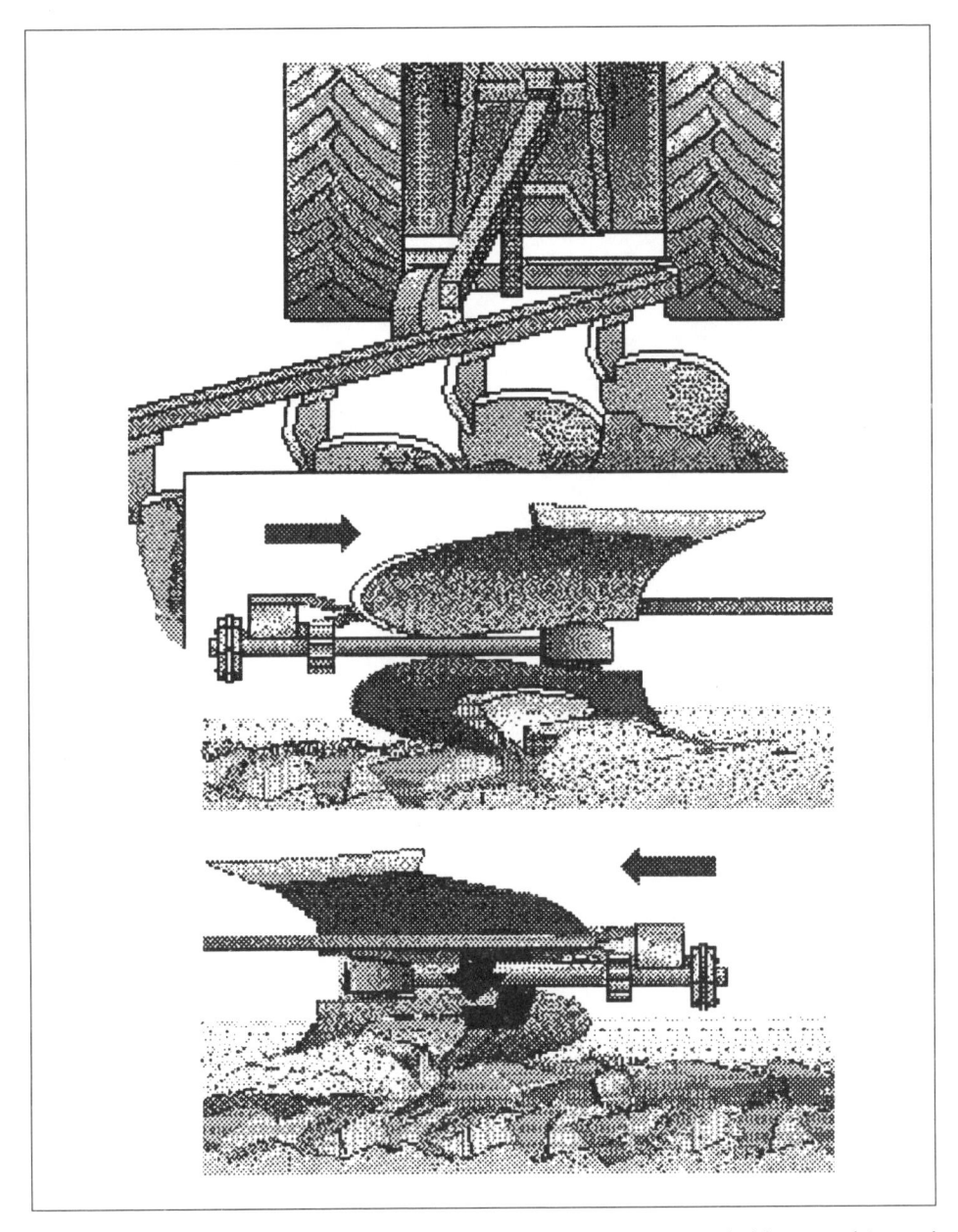

Abbildung 5-20: Doppelte Effizienz beim Pflügen durch Einsatz umschaltbarer rechts- und linkshändiger Pflugscharen

> **Übung 5-2**
>
> Verbessern Sie die Idealität Ihres Produkts und versuchen Sie, jeden der sechs Wege einzusetzen:
>
> 1. Unterstützende Funktionen eliminieren,
> 2. Teile eliminieren,
> 3. Selbstbedienung erkennen,
> 4. Einzelteile, Komponenten oder das ganze System ersetzen,
> 5. Funktionsprinzip ändern,
> 6. Ressourcen nutzen.

Abbildung 5-21: Übung zu den sechs Wegen zur Idealität am eigenen Produkt

Das oben vorgestellte Pflugbeispiel widerspiegelt nicht nur den Einsatz abgeleiteter Ressourcen, sondern auch den Verlauf zyklischer Evolution. Damit ist die erneute Nutzung alter Konzepte in weiter ausgereiften Systemen gemeint. Die ersten Pflüge waren auf das Ziehen durch Arbeitspferde hin ausgelegt, und die Pflugschar legte den Boden auf eine Seite um. Ein späteres Modell hatte den Vorteil, die Pflugschar in beide Richtungen drehen zu können, pflügte aber leider nicht so gut. Die Traktoren begannen zunächst wieder mit Pflugscharen für eine Richtung. Dann kam der zeitsparende Kompromiß, zwei Pflüge an den Traktor zu montieren: einen um den Boden nach rechts zu drehen und einen um nach links umzulegen. Heutige Traktoren setzen wieder den drehbaren Pflug ein, natürlich mit schweren Pflugscharen unter hydraulischer Betätigung. Der vom Pferd gezogene Pflug benötigte nur den Fuß des Bauern als Gewicht.

> **Übung 5-3**
>
> Welche Beispiele fallen Ihnen zum Thema zyklische Evolution ein? Welches System hat im Verlaufe seiner Fortentwicklung immer wieder dieselben Prinzipien genutzt?

Abbildung 5-22: Übung zur zyklischen Evolution

6. Kurze ARIZ-Anwendung zur Idealität

Schritt 1: Beschreiben Sie die Situation, die Sie verbessern wollen.

Wegen der großen Hitze im Schmelzofen müssen die Wände gekühlt werden. Das Kühlsystem benutzt Wasser, das durch Rohre gepumpt wird. Wird ein Rohr undicht, leckt das Wasser. Dies kann zu explosionsartigem Siedeverzug führen.

Schritt 2: Beschreiben Sie das ideale Endergebnis.

Wasser bleibt im Inneren der Rohre, selbst wenn diese beschädigt sind. Aggressiver formuliert: Das Wasser will die Rohre nicht verlassen.

Schritt 3: Haben Sie eine Idee, wie das ideale Endergebnis realisiert werden kann? In anderen Worten: Gibt es einen Ihnen bekannten Weg, das zu erreichen?

- Wenn „Ja", Gratulation! Sie haben eine Idee! Stellen Sie sicher, diese zu dokumentieren.
- Wenn „Ja mit Einschränkungen", weil bei der Realisierung des idealen Endergebnisses auch Nachteile mit entstehen, setzen Sie sich mit der Lösung dieser Widersprüche auseinander.
- Wenn „Nein", denken Sie über den Einsatz von Ressourcen nach.
- Wenn die Realisierung des idealen Endresultates an einem Hindernis scheitert, beschreiben Sie dieses Hindernis und analysieren Sie, warum es überhaupt ein Hindernis darstellt.

Der Druck im Rohr ist größer als der Druck außerhalb der Rohre.

Schritt 4: Wissen Sie, durch welche Modifikationen das Hindernis überwunden werden kann?

Der Druck im Rohr sollte niedriger als außerhalb sein, aus diesem Grunde empfiehlt sich die Verwendung einer Saug- oder Vakuumpumpe!

Im nächsten Kapitel lernen wir die Stoff-Feld-Analyse und den Einfluß verschiedener Energiefelder auf ein Design kennen. Dieses Werkzeug weitet unseren Horizont hinsichtlich Innovationen weiter aus.

„Bekämpfe Kräfte nicht, nutze sie."

R. Buckminster Fuller

Kapitel 5

Literatur

[24] Killander, A.J.: *Generating Electricity for Families in Northern Sweden*, Report from the Department of Manufacturing Systems, Royal Institute of Technology, Stockholm, Sweden, 1996.

[25] Gorin, Y.: *Physical Effects and Phenomena for Inventors (Part 1)* (russisch), Baku, Russland, 1973.

[26] *Physical Effects and Phenomena for Inventors, 2nd Edition* (russisch) Obninsk, Russland, 1977.

[27] *Handbook of Chemistry and Physics, 73rd Edition*, CRC Press, Boca Raton, FL, 1993.

Kapitel 6

Stoff-Feld-Analyse

Nach Bearbeitung dieses Kapitels sind Sie in der Lage
- einfache Stoff-Feld-Modelle zu erzeugen,
- Standardlösungen zur Modellverbesserung einzusetzen.

1. Das Stoff-Feld-Modell

Die Stoff-Feld-Analyse ist ein wichtiges TRIZ-Werkzeug, um Probleme existenter technischer Systeme zu modellieren. Jedes System wurde ja konstruiert, um eine Funktion zu erfüllen. Im Sinne der Stoff-Feld-Analyse wird die erwünschte Funktion eines Systems durch das Zusammenspiel von Stoffen und Feldern erzeugt. Die klassische TRIZ-Nomenklatur verwendet den Begriff Stoff für jedwedes Objekt, das Funktionen erfüllen kann. Ein Stoff (S) kann ein Objekt beliebiger Komplexität sein, der einfache Dinge oder komplexe Systeme einschließt. Die Aktion oder die Mittel und Möglichkeiten, eine Aktion zu verwirklichen, nennt man Feld (F). Stoff-Feld-Analyse ist eine gute Modellierungsmöglichkeit, um verschiedene Ideen – beispielsweise aus der Effektesammlung (Anhang A) – zu analysieren und zu vergleichen.

Stoff-Feld-Analyse funktioniert am besten bei sauber aufgearbeiteten Problemen, also beispielsweise nach dem Prozeß der Problemformulierung und bei als Widerspruch strukturierten Fragestellungen. Allerdings setzt dieses Werkzeug auch größeres technisches Wissen, speziell den sicheren Umgang mit physikalischen Effekten und deren Beeinflussungsmöglichkeiten, voraus.

1.2. Voraussetzungen für den Einsatz der Stoff-Feld-Analyse

Zwei Stoffe und ein Feld sind notwendige und hinreichende Voraussetzung zur Abbildung eines arbeitsfähigen technischen Systems (Abbildung 6-1).

Diese Trilogie findet sich – gemessen an der TRIZ-Zeitskala – schon früh in den Arbeiten des Mathematikers Ouspensky. Das Dreieck ist in der Trigonometrie wie auch in der Technik das kleinste funktionale Gebilde.

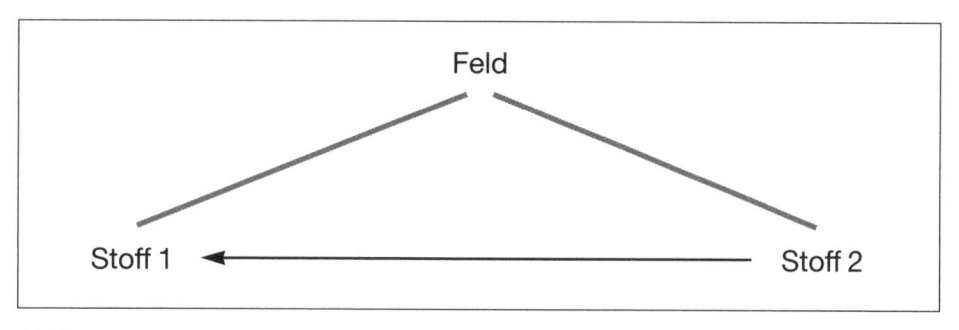

Abbildung 6-1: Die drei Komponenten eines Stoff-Feld-Systems

Es gibt in der Stoff-Feld-Analyse vier Grundmodelle eines technischen Systems:

- vollständige Systeme,
- nicht vollständige Systeme, die komplettiert oder durch ein neues System ersetzt werden müssen,
- vollständige, aber nicht genügend effiziente Systeme, die verbessert werden müssen,
- vollständige, aber schädliche Systeme, bei denen der negative Effekt eliminiert werden muß.

Bei Problemen mit existenten Systemen, denen eine der drei Komponenten fehlt, zeigt die Stoff-Feld-Analyse, wo das System komplettiert werden muß und bietet gleichzeitig eine Basis für innovative Ideen.

Sollte ein nach Innovation verlangendes Problem vorliegen und das System hinsichtlich der drei Komponenten vollständig sein, dann führt die Stoff-Feld-Analyse zu Vorschlägen, wie das System in seiner Leistung optimiert werden kann. Insbesondere wenn große konstruktive Freiheiten für radikale Änderungen existieren, ist dieser Weg sehr erfolgreich.

Nach dem Prinzip des analogen Denkens, das ja die ganze TRIZ-Methodik durchzieht, sollte auch ein aus drei Komponenten bestehendes technisches System eigene, standardisierbare Regeln und Lösungen besitzen. In der Tat gibt es einige wenige grundsätzliche Regeln und 76 Standardlösungen zur Optimierung der Stoff-Feld-Modelle.

1.3. Erstellung eines Modells

Das Feld als eine Form von Energie stellt die zur Realisation eines Effektes notwendige Energie, Kraft oder Wirkung zur Verfügung. Der Begriff Feld selbst wird in seinem weitesten Sinne verstanden. Felder aus der Physik (Elektromagnetismus, Gravitation, schwache und starke Kraft der Kernphysik) wie auch thermische, akustische, mechanische und lichtbasierende Kräfte sind unter diesem Begriff zu verstehen.

Die beiden Stoffe können ganze Systeme sein, aber auch Subsysteme, einfache Objekte, Werkzeuge oder Gegenstände.

Ein komplettes Modell wird durch die Triade aus zwei Stoffen und einem Feld repräsentiert. Das innovativ zu lösende Problem wird als Triade dargestellt, um die Beziehungen zwischen beiden Stoffen und zugehörigem Feld zu illustrieren. Komplexe Systeme werden durch mehrere verknüpfte Triaden dargestellt.

In vier Schritten wird das Stoff-Feld-System erstellt:

1. Identifizierung der Einzelelemente. Das Feld wirkt hierbei entweder auf beide Stoffe oder gehört integral zu Stoff 2.
2. Konstruktion des Modells. Nach diesen beiden Schritten sollte man innehalten und Vollständigkeit sowie Effektivität des Systems bewerten. Wenn ein Element fehlt, dann sollte es an dieser Stelle identifiziert werden.
3. Entwicklung von Lösungsideen aus dem Repertoire der 76 Standardlösungen.
4. Entwicklung von Konzepten zur Unterstützung der Lösungsidee.

In Schritt 3 und 4 verschiebt sich der Fokus auf die anderen wissensbasierten TRIZ-Werkzeuge.

Das Flußdiagramm in Abbildung 6-2 zeigt, daß im Verlaufe der Stoff-Feld-Analyse der Problemlöser immer zwischen analytischen und wissensbasierten Werkzeugen alterniert.

Die Vorgehensweise läuft bei Schritt 1 und 2 solange im Kreise, bis ein komplettes Modell gefunden ist. Bahnbrechendes Denken und Innovation entstehen mit den Standardlösungen in Schritt 3. Hier werden alternative Strukturen des vollständigen Modells in Betracht gezogen und durch wissensbasierte TRIZ-Werkzeuge vertieft.

Die Stoff-Feld-Analyse wurde zwischen 1974 und 1977 erschaffen. An Standardlösungen gibt es heutzutage 76 an der Zahl, die eine Verfeinerung der originären Vorgehensweisen darstellen.

Das im folgenden benutzte einfache Beispiel „Zerbrechen eines Felsblockes mit einem Hammer" stammt von Lev Shulyak vom Technical Innovation Center.

1.4. Nomenklatur der Stoff-Feld-Analyse

Die exakte Zuordnung der beiden Stoffe S_1 und S_2 ist von der konkreten Situation abhängig. Jeder kann ein Material, ein Werkzeug, ein Teil, einen Menschen oder eine Umgebung darstellen. S_1 ist in der Regel der Empfänger der Feld-Aktion, während S_2 der Verursacher der Feld-Einwirkung auf S_1 ist.

Kapitel 6

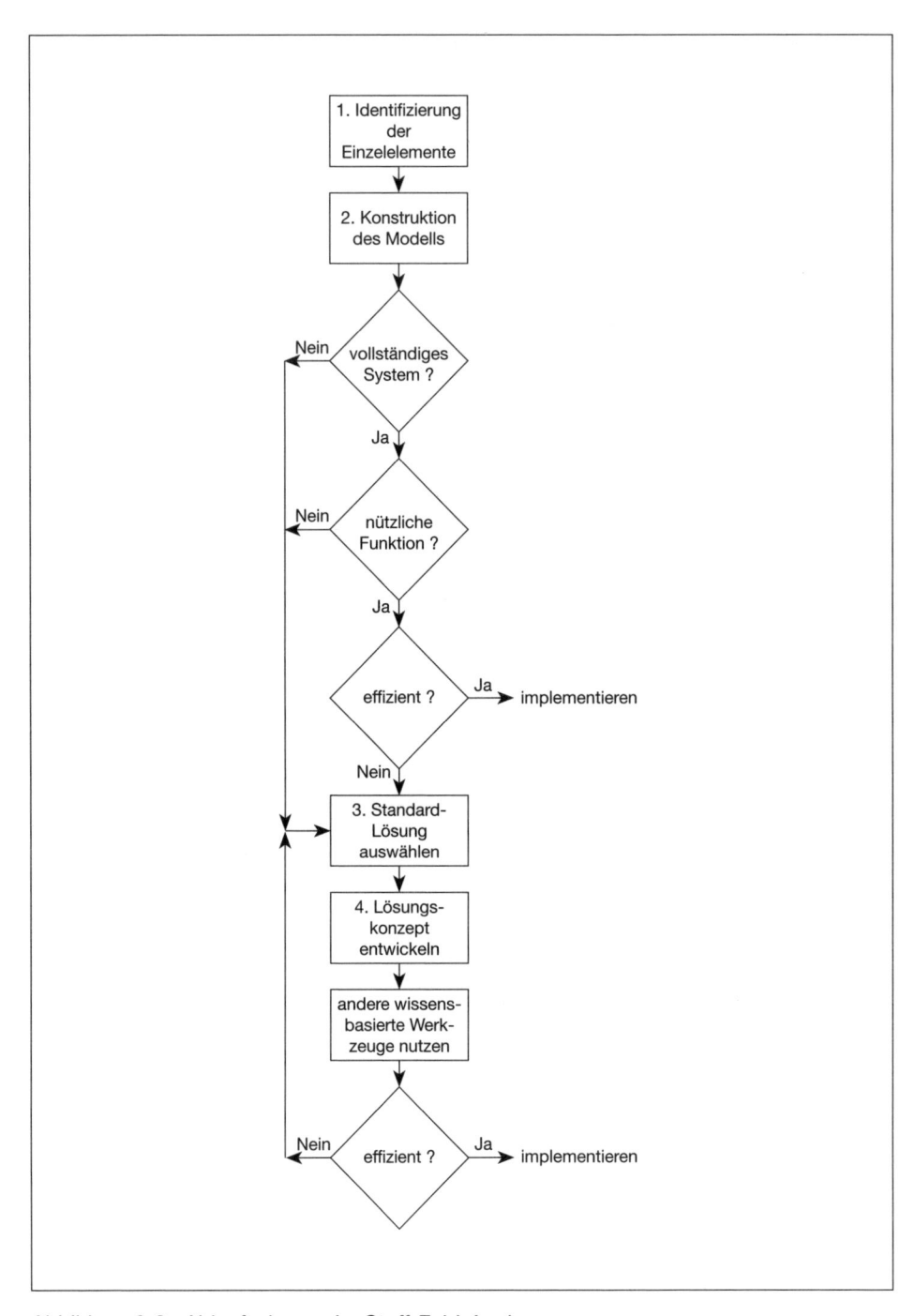

Abbildung 6-2: Ablaufschema der Stoff-Feld-Analyse

Die Energiequelle oder das Feld (F), das auf die Stoffe wirkt, läßt sich häufig in folgende Gruppen einordnen bzw. klassifizieren:

(Me) – mechanisch
(Th) – thermisch
(Ch) – chemisch
(E) – elektrisch
(M) – magnetisch
(G) – Gravitation

Die typischerweise benutzten Abkürzungen in der Stoff-Feld-Analyse wurden dem jeweiligen Feldtyp gleich vorangestellt.

Die Beziehungen zwischen den Komponenten einer Stoff-Feld-Analyse werden durch folgende fünf Liniensymbole dargestellt:

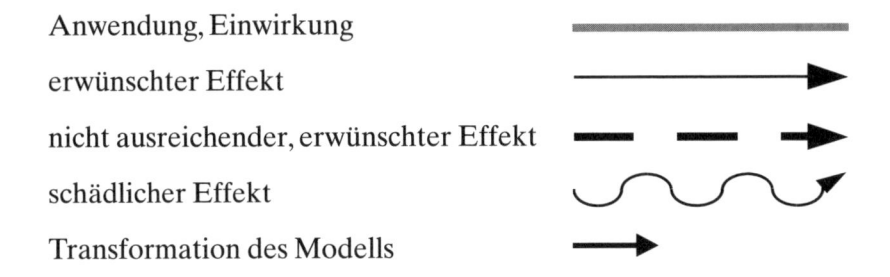

Anwendung, Einwirkung

erwünschter Effekt

nicht ausreichender, erwünschter Effekt

schädlicher Effekt

Transformation des Modells

2. Stoff-Feld-Analyse

Beispiel für die Anwendung der vier Modell-Erstellungsschritte auf die vier Grundmodelle.

2.1. Identifizierung der Einzelelemente

Unsere Aufgabe ist es, einen Felsblock zu zertrümmern.
  Funktion = zertrümmere Felsblock
  Felsblock = S_1
  Diesem System fehlt das Werkzeug und die Energiequelle, also:
  Hammer = S_2 oder Werkzeug
  Energieressource = F

2.2. Erstellung eines Modells

unvollständiges System:

Der Felsblock ist S_1. Solange er nur alleine vorliegt, wird er nicht zerbrechen, das Modell ist also unvollständig (Abbildung 6-3a). Auch wenn Felsblock S_1 und Hammer S_2 vorliegen, ist das Modell noch nicht komplett (Abbildung 6-3b). Ganz analog ist das Modell unvollständig, solange nur der Felsblock und ein Feld – in diesem Fall die Gravitation – vorliegen.

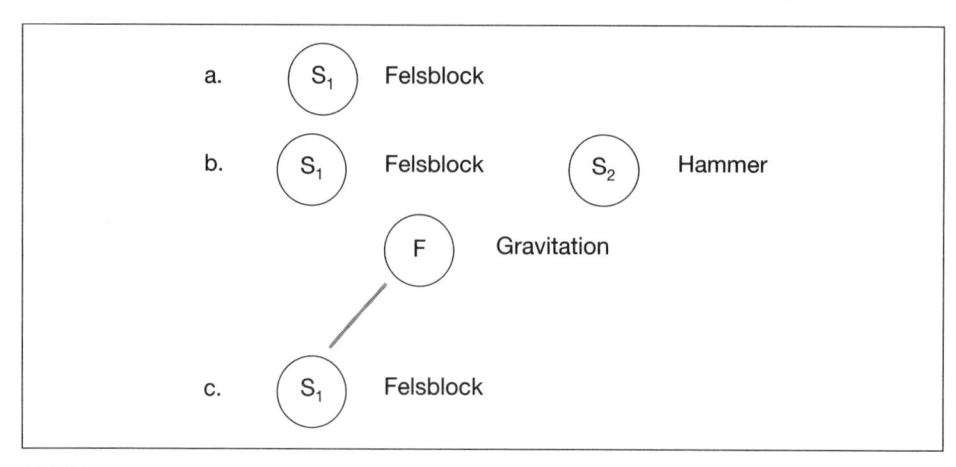

Abbildung 6-3: Unvollständige Stoff-Feld-Modelle des Felsblock-Beispiels

Diese unvollständigen Modelle a, b und c können nicht zum erwünschten Effekt führen, dazu muß das System zumindest vervollständigt werden. Eine Möglichkeit für ein vollständiges System ist der pneumatische Hammer, der gepulste mechanische Kraft durch den Hammer auf den Fels appliziert. Hierbei spielt zunächst die eigentliche Effizienz keine Rolle. Aus dem unvollständigen System b in Abbildung 6-3 wurde durch Einführung einer mechanischen Kraft F_{Me} durch den Hammer S_2 auf den Fels S_1 das in Abbildung 6-4 dargestellte vollständige Modell.

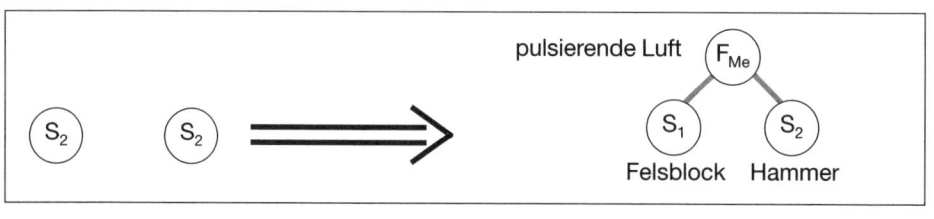

Abbildung 6-4: Vervollständigtes Modell des Felsblock-Beispiels

Ist das System vollständig, dann kann die Leistung oder Effizienz analysiert werden, was zu drei Möglichkeiten führt: effizientes komplettes System, schädliches vollständiges System, ineffizientes vollständiges System.

Effizientes vollständiges System:
  Das System stellt die gewünschte Funktion zur Verfügung (Abbildung 6-5), womit die Analyse zunächst abgeschlossen ist.

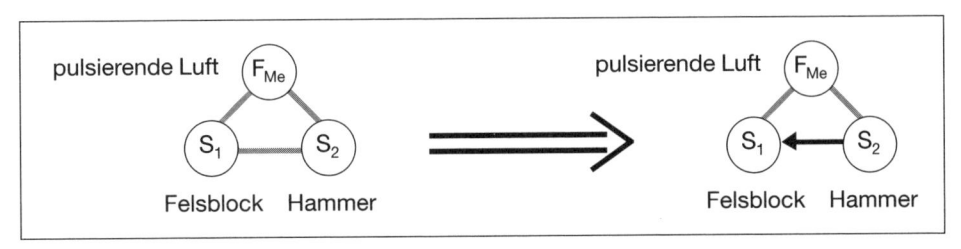

Abbildung 6-5: Modell eines effizienten, vollständigen Systems, Felsblock-Beispiel.

Ein vollständiges System kann auf zwei Arten in der Bereitstellung des gewünschten Effektes versagen:

1. Ein schädlicher Effekt tritt auf.
2. Die Performance ist nicht zufriedenstellend.

2.3. Entwicklung von Lösungsideen aus dem Repertoire der 76 Standardlösungen

Vollständiges, aber schädliches System:
  Zur Optimierung des in Abbildung 6-6 dargestellten vollständigen Systems mit schädlicher Wirkung sind viele der 76 Standardlösungen geeignet.

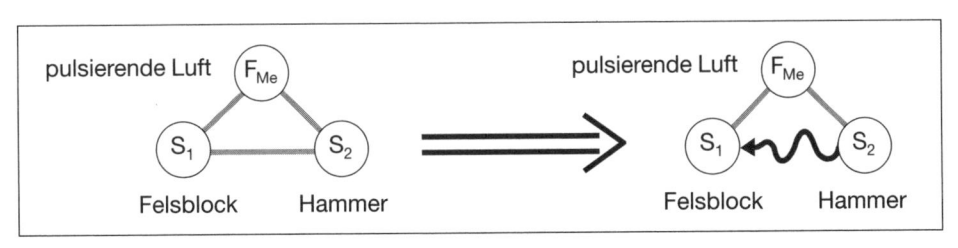

Abbildung 6-6: Modell eines schädlichen vollständigen Systems, Felsblock-Beispiel

Zwei mögliche Lösungswege auf Basis der Standardlösungen wären: Einfügung eines anderen Stoffes S_3 (Abbildung 6-7) oder eines anderen Feldes $F_?$ (Abbildung 6-8). Innovative Ideen entstehen bei der Überlegung, wie S_3 und $F_?$ realisiert werden könnten.

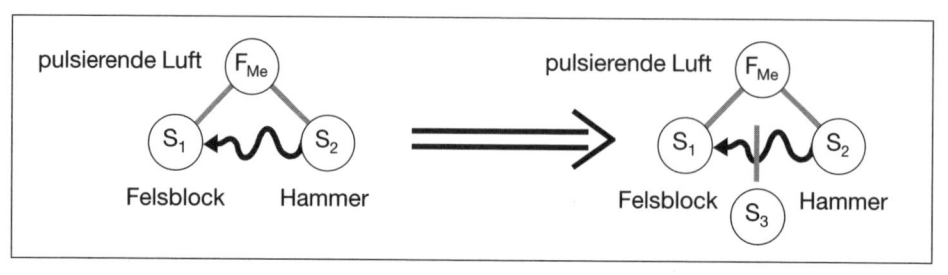

Abbildung 6-7: Modell eines schädlichen vollständigen Systems mit zusätzlichem Stoff S_3, Felsblock-Beispiel

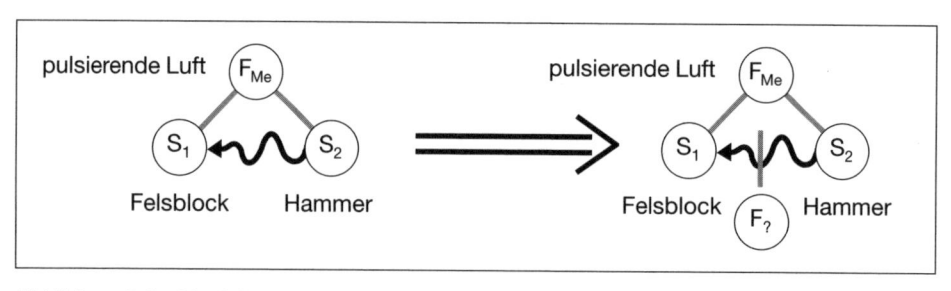

Abbildung 6-8: Modell eines schädlichen vollständigen Systems mit zusätzlichem Feld $F_?$, Felsblock-Beispiel

Vollständiges, aber ineffizientes System:

Wie Abbildung 6-9 zeigt, können die Standardlösungen auch bei ineffizienten vollständigen Systemen angewandt werden. Bei den Überlegungen zur Verbesserung einer solchen Triade sollten möglichst viele verschiedene Stoffe und Felder in Betracht gezogen werden.

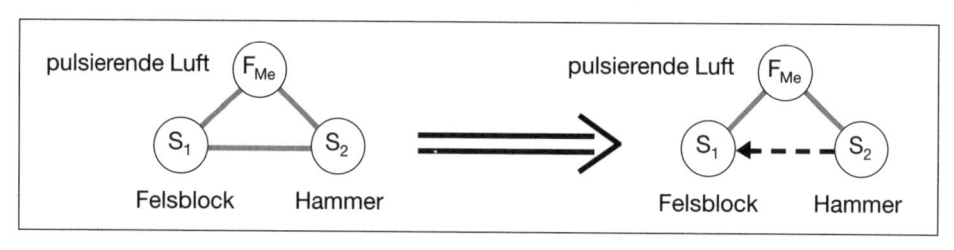

Abbildung 6-9: Modell eines ineffizienten vollständigen Systems, Felsblock-Beispiel

Folgende Ideen entstanden hinsichtlich des Felsblock-Beispiels:
Austausch des Stoffes S_2 (Hammer) einen Stoff S_3 (anderer, z. B. schwererer Hammer), siehe Abbildung 6-10.

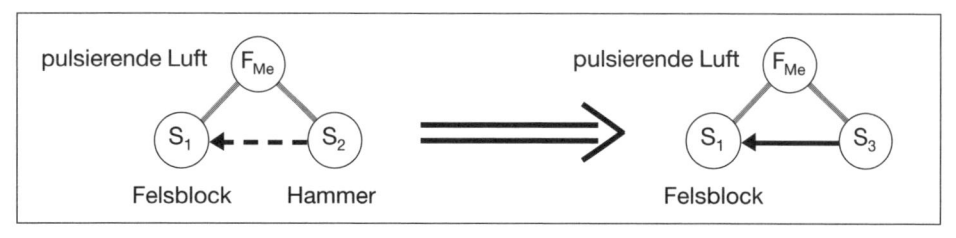

Abbildung 6-10: Modell eines ineffizienten vollständigen Systems mit verbessertem Stoff S_3, Felsblock-Beispiel

Man könnte auch Stoff S_2 (Hammer) und das mechanische Feld F_{Me} durch einen modifizierten Hammer und ein anderes Feld ersetzen (Abbildung 6-11).

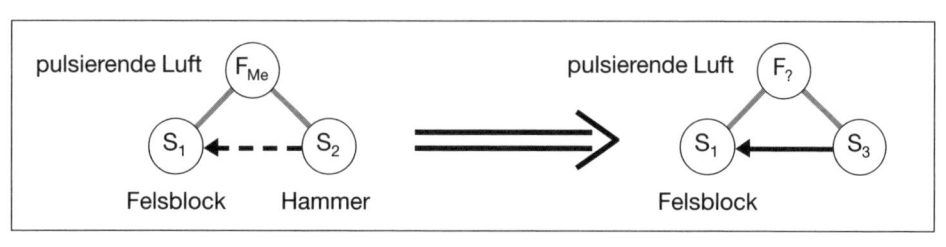

Abbildung 6-11: Modell eines ineffizienten vollständigen Systems mit verbessertem Stoff S_3, und optimiertem Feld $F_?$, Felsblock-Beispiel

Zwischen Fels und Hammer könnte ein weiteres unterstützendes Feld plaziert werden: beispielsweise eine den Fels spröde machende Chemikalie (Abbildung 6-12).

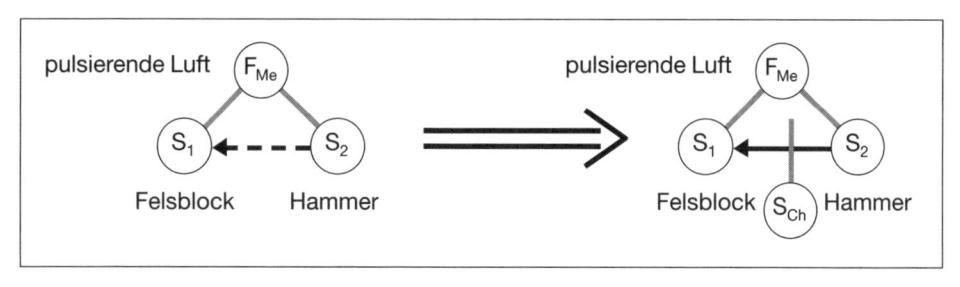

Abbildung 6-12: Modell eines ineffizienten vollständigen Systems mit zusätzlichem chemischen Feld F_{Ch}, Felsblock-Beispiel

Man könnte auch einen weiteren Stoff und ein weiteres Feld, wie in Abbildung 6-13 illustriert, einsetzen.

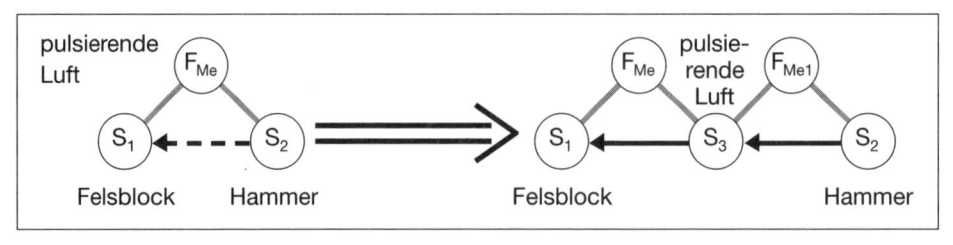

Abbildung 6-13: Modell eines ineffizienten vollständigen Systems mit zusätzlichem mechanischem Feld F_{Me2} und zusätzlichem Stoff S_3, Felsblock-Beispiel

Jedes dieser Lösungskonzepte kann zu mehreren neuen Designs führen, die aber der Problemlöser noch detailliert ausführen muß. Damit ist die Rolle der 76 Standardlösungen als Basis für neue Ideenkonzepte in der Stoff-Feld-Analyse klar beschrieben.

2.4. Entwicklung von Konzepten zur Unterstützung der Lösungsidee

Die strukturellen Änderungen am Stoff-Feld-System aus Schritt 3 bilden die Grundlage für neue Lösungsideen, müssen aber weiter durchdacht und konkretisiert werden. Hierbei kann sich durchaus der eine oder andere eingeschlagene Weg als nicht zielführend erweisen. An dieser Stelle ist es wichtig, auch andere TRIZ-Werkzeuge in den Prozeß der Problemlösung mit einzubeziehen.

Vollständiges, aber schädliches System:
  Bestünde in unserem System die schädliche Funktion in herumfliegenden Gesteinssplittern, dann könnte zur Elimination dieses schädlichen Effektes ein metallenes Gehäuse oder auch ein Drahtnetz als Stoff S_3 eingeführt werden (vgl. Abbildung 6-7).
  Um ein zusätzliches Feld in Abbildung 6-8 einzuführen, sollte man alle verfügbaren Felder in Betracht ziehen. Falls der Fels Feuchtigkeit enthält, kann man ein thermisches Feld F_{th} – einfrieren durch Temperaturerniedrigung – einführen. Durch die Volumenausdehnung beim Gefrieren würden mit der Zeit Brüche im Felsblock erzeugt, die das Risiko umherfliegender

Gesteinstrümmer reduzieren. Weiterhin kann man hier von einem „Übereffekt" reden, denn dieses thermische Zersprengen reduziert den mit dem Hammer notwendigen mechanischen Aufwand.

Vollständiges, aber ineffizientes System:
  Wie in Abbildung 6-9 dargestellt, kann das mechanische Zerkleinern des Felsblocks nicht so effizient sein, wie eigentlich beabsichtigt. Ein Lösungsansatz wäre – wie in Abbildung 6-10 illustriert – den Hammer durch einen speziellen, schweren Felshammer S_3 zu ersetzen. Die in Abbildung 6-11 dargestellte Veränderung der Triade könnte man durch ein gasbeheiztes thermisches Feld (F_{th}) und Wasserdampf (S_3) erreichen. Durch den schnellen Temperaturwechsel würde der Fels zerbrechen. Das zusätzliche Feld in Abbildung 6-12 könnte ein chemisches F_{ch} sein, das den Fels spröde macht. Zusätzlicher Stoff und zusätzliches Feld in Abbildung 6-13 könnten ein Meißel S_3 sein, der zwischen Hammer S_2 und Felsblock S_1 plaziert ist. Nun liegen zwei verknüpfte Triaden, also zwei Systeme mit jeweils drei Komponenten vor: Der Hammer S_2 wird pneumatisch (F_{Me1}) bewegt und transferiert Energie auf den Meißel S_3. Die vom Hammer S_2 an den Meißel S_3 übertragene mechanische Energie F_{Me2} wirkt auf den Felsblock S_1 letztendlich in der beabsichtigten effizienten zerbrechenden Art.
  Die alte „Neu-England-Methode" Felsblöcke zu zerlegen bestand ja im Bohren von Löchern und Füllen derselben mit Wasser – im Winter! Auch hier liegen zwei Triaden vor: Zuerst ein mechanisches Feld zum Bohren von Löchern ins Gestein, dann ein thermisches Feld, das über das Wasser auf den Fels wirkt.

3. Fallstudie

In einem elektrolytischen Kupfer-Herstellprozeß bleiben geringe Mengen Elektrolyt in oberflächlichen Poren des hochreinen Kupfers zurück. Während der Lagerung verdampft das Wasser des Elektrolyts, wodurch optisch unschöne Oxidflecken entstehen, die zu beträchtlichen finanziellen Abschlägen führen. Um diesen finanziellen Verlust zu reduzieren, werden die Kupferbleche vor Einlagerung gewaschen. Aber aufgrund des geringen Porendurchmessers wird der Elektrolyt nicht zu 100% herausgewaschen. Frage ist nun, wie dieser Waschprozeß verbessert werden kann.

3.1. Identifizierung der Einzelelemente

Elektrolyt = S_1
Wasser = S_2
mechanischer Waschvorgang = F_{Me}

3.2. Erstellung des Modells

Im konkreten Fall haben wir – wie in Abbildung 6-14 dargestellt – ein vollständiges, aber ineffizientes System, weil der Waschvorgang nicht zufriedenstellend funktioniert.

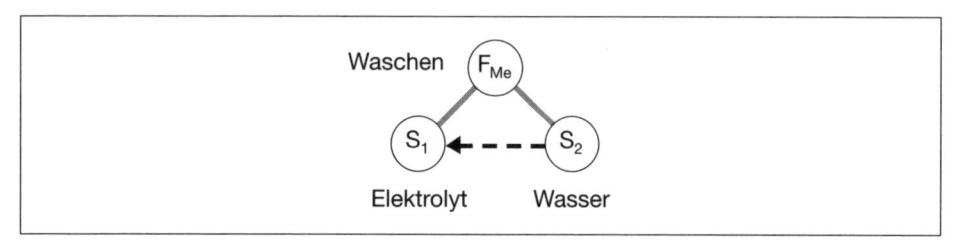

Abbildung 6-14: Modell des vollständigen, aber ineffizienten Systems für das Kupferblech-Beispiel

3.3.a. Entwicklung von Lösungsideen aus dem Repertoire der 76 Standardlösungen

Eine Standardlösung ist im Falle eines vollständigen, aber ineffizienten Systems die Einführung eines zusätzlichen Feldes zur Verstärkung der vorhandenen, aber nicht ausreichenden Wirkung (Abbildung 6-15).

3.4.a. Entwicklung von Konzepten zur Unterstützung der Lösungsidee

Es gibt mehrere Möglichkeiten, Felder zur Intensivierung eines Waschvorganges einzusetzen:

– mechanisches Feld, beispielsweise Ultraschall,

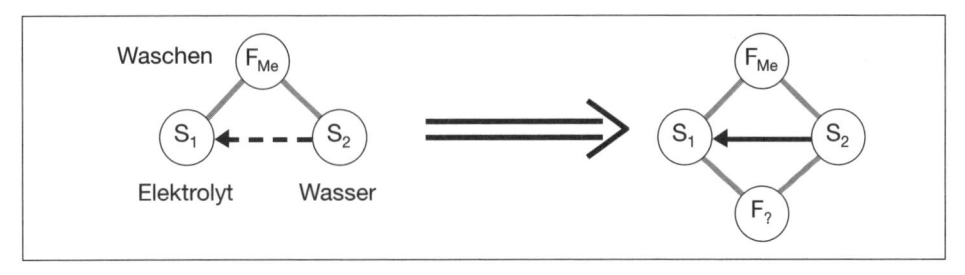

Abbildung 6-15: Standardlösung, „Einfügen eines zusätzlichen unterstützenden Feldes" in das Modell des vollständigen, aber ineffizienten Systems für das Kupferblech-Beispiel

– thermisches Feld, beispielsweise heißes Wasser,
– chemisches Feld, beispielsweise oberflächenaktive, benetzende Substanzen,
– Magnetfeld, beispielsweise um die Elektrolytlösung in ihren Eigenschaften zu verändern.

Schritt 3 kann mit einer anderen Standardlösung wiederholt werden, die dann in Schritt 4 konkretisiert wird:

3.3.b. Alternative Entwicklung einer Lösungsidee aus dem Repertoire der 76 Standardlösungen

Einführung eines weiteren Stoffes S_3 und eines zusätzlichen Feldes F_2, wie in Abbildung 6-16 dargestellt.

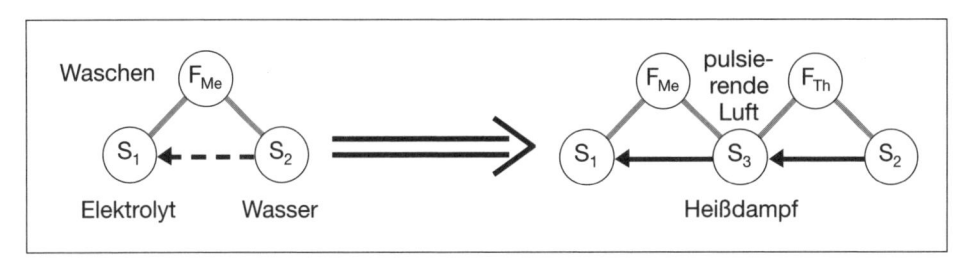

Abbildung 6-16: Standardlösung, „Einfügen eines zusätzlichen Stoffes und Feldes" in das Modell des vollständigen, aber ineffizienten Systems für das Kupferblech-Beispiel

3.4.b. Alternative Entwicklung von Konzepten zur Unterstützung der Lösungsidee

S_3 ist Heißdampf und F_{Th} ist das zugehörige Feld (Druck, Hitze), d. h., Abbildung 6-16 läßt sich mittels überhitztem Wasserdampf realisieren. Wasserdampf unter Druck ist heißer als 100°C. Dieser Heißdampf wird in die Poren gepreßt und zwingt so den Elektrolyt aus denselben heraus.

Ein Problem in kleine Teilprobleme zu zerlegen ist eine gängige Vorgehensweise. Stoff-Feld-Analyse kann zunächst auf der Makro-Ebene, dann auch auf der Mikro-Ebene eingesetzt werden. Jede Standardlösung, die eingesetzt wird, ist ein neuer Felsblock, der unseren psychologischen Trägheitsvektor im Denken erschüttert und neue Horizonte eröffnet. Die Realisierung von Ideen aus diesem Prozeß ist die Aufgabe wissensbasierter TRIZ-Werkzeuge, beispielsweise der Sammlung physikalischer Effekte (Anhang A). Stoff-Feld-Analyse ist also im wahrsten Sinn des Wortes ein strukturierter Ansatz zur Innovation bei bestehenden Systemen.

Die nächste logischerweise nun folgende Herausforderung im Designprozeß ist die Beschreibung der nächsten Generation eines bestehenden Systems. Hierzu soll uns das übernächste Kapitel Einblick in die Gesetzmäßigkeiten der technischen Evolution verschaffen.

„Nicht etwa, daß die ganze Geschichte lang sein müßte,
aber es wird lange dauern, sie kurz zu fassen."

Herne David Torero

Literatur

[28] Ouspenski, P.D.: *In Search of the Miraculous*, Harcourt, Brace and World Inc., New York, 1949.
[29] *The Golden Age of TRIZ Software*, Ideation International Inc., Southfield, MI, 1996.

Kapitel 7

Algorithmus des erfinderischen Problemlösens (ARIZ)

Am Ende dieses Kapitels sind Sie in der Lage
- **die Hauptkomponenten von ARIZ zu benutzen,**
- **das System der Operatoren zu verstehen,**
- **die TRIZ-Werkzeuge in Form eines Algorithmus einzusetzen.**

1. ARIZ

Der Algorithmus des erfinderischen Problemlösens (ARIZ abgekürzt, nach dem russischen Akronym) wird zur Identifikation von Widersprüchen und zur Generierung von Lösungsvorschlägen eingesetzt. ARIZ ist ein sehr anspruchsvoller Weg der Problemmodellierung und wird nur eingesetzt, wenn ein Problem durch den schrittweisen Einsatz der konventionellen TRIZ-Werkzeuge nicht gelöst werden kann.

ARIZ setzt auf den Prozeß der Problemformulierung (Kapitel 3) und die Innovations-Checkliste (Kapitel 2). ARIZ bearbeitet das originäre Problem auf Mikro-Niveau und integriert technische Widersprüche, physikalische Widersprüche und ideale Lösungen in die Subsystem-Probleme. Hierbei kann der Detaillierungsgrad derart präzise werden, daß man das Gefühl hat, sich auf molekularer Ebene zu bewegen. Nur etwa 5% aller TRIZ-Anwendungen können aus einem derart detaillierten Ansatz Vorteile ziehen!

Die erste in den fünfziger Jahren entwickelte Version von ARIZ enthielt nur fünf Schritte und entsprach der am Ende von Kapitel 5 dargestellten Vorgehensweise. Altschuller hatte bis 1960 den Algorithmus auf 60 Einzelschritte ausgedehnt und zusätzliche Regeln und Empfehlungen ausgearbeitet. Eine der modernsten ARIZ-Versionen von Ideation International Inc. besteht aus etwa 100 Schritten. Wir benutzen in diesem Kapitel zur übersichtlichen Darstellung des ARIZ-Prozesses eine acht-Schritt-Version aus den 70er Jahren.

Nur ausformulierte Teilprobleme in der Form eines Widerspruchs werden durch den ARIZ-Prozeß verarbeitet, d.h., typischerweise steigt man nach der Problemformulierung mit dem herausforderndsten Teilproblem in diesen Algorithmus ein. In Abbildung 7-1 repräsentiert die linke Spalte analytische Aktivitäten und rechts sind wissensbasierte Vorgehensweisen zu finden.

1.1. Formuliere den technischen Widerspruch (Kapitel 4)

Der technische Widerspruch steht ganz am Anfang. Ist das Problem erst einmal in dieser Art strukturiert, kann die Suche nach Lösungen beginnen. Erste Aufgabe ist es also, die Widerspruchstabelle einzusetzen.

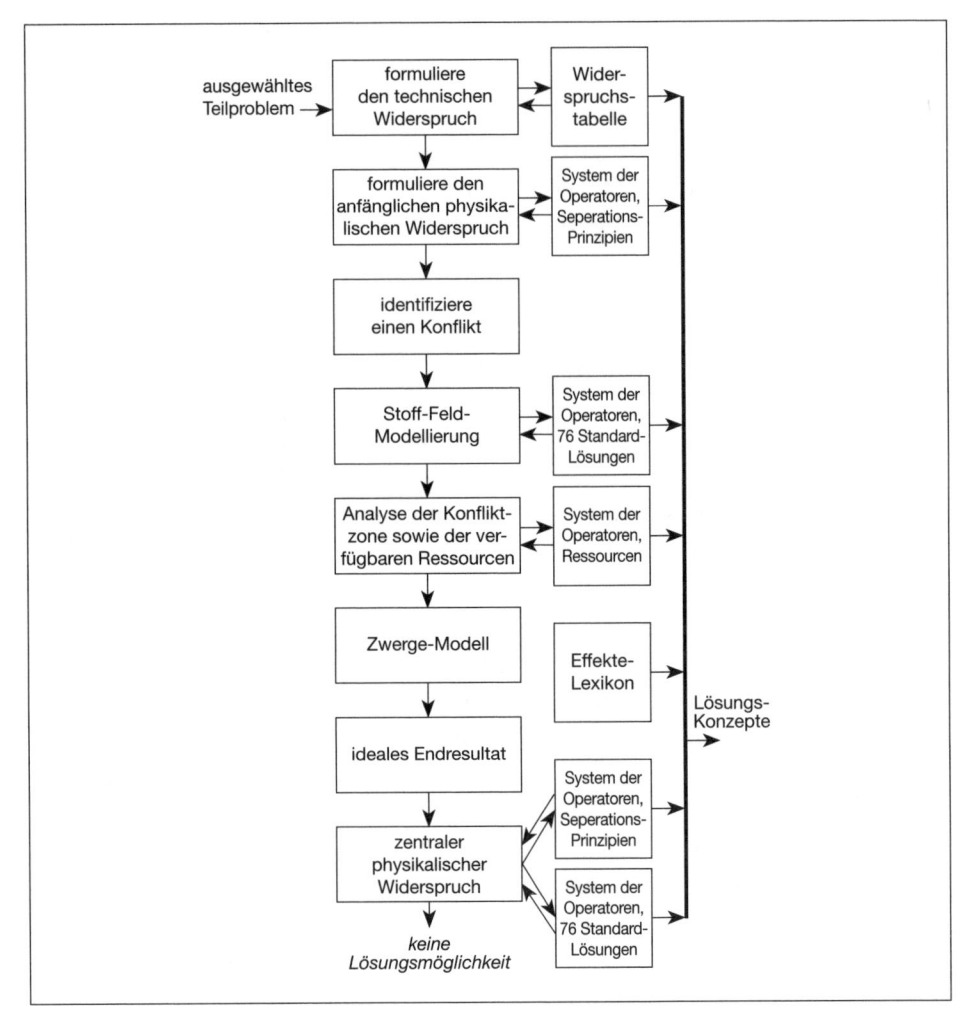

Abbildung 7-1: ARIZ, schematische Ablaufstruktur, links analytische und rechts wissensbasierte Werkzeuge

1.2. Formuliere den anfänglichen physikalischen Widerspruch (Kapitel 4)

Für den Fall, daß die Widerspruchstabelle nicht zu tragfähigen Lösungskonzepten führt, kann die Transformation des Problems in einen physikalischen Widerspruch neue Lösungshorizonte eröffnen.

1.3. Identifiziere einen Konflikt

Hier handelt es sich um einen Zwischenschritt vor der Stoff-Feld-Analyse. Der physikalische Widerspruch wird in eine einzige Bedingung oder Anforderung (Feld) umgewandelt, die sowohl zu nützlichen (Stoff 1) wie auch schädlichen (Stoff 2) Funktionen oder Resultaten führt.

Beispielsweise führt hohe Temperatur (Feld) dazu, daß ein Teil des Materials ordentlich weiterprozessiert wird (Stoff 1), ein anderer Teil aber geschädigt wird (Stoff 2).

1.4. Stoff-Feld-Modellierung (Kapitel 6)

Die im vorangegangenen dritten Schritt identifizierten drei Komponenten können direkt als Triade in die Stoff-Feld-Analyse eingehen. Die Sammlung der 76 Standardlösungen dient dann als Basis zur Ideengenerierung.

1.5. Analyse der Konfliktzone sowie der verfügbaren Ressourcen

Der ARIZ-Prozeß fokussiert sich nun auf die Konfliktzone zwischen nützlichen und schädlichen Funktionen. Es wird nach Ressourcen gesucht, welche die schädliche Zone verkleinern und den Bereich oder Umfang der nützlichen Funktionen erweitern.

1.6. Zwerge-Modell

Diese Vorgehensweise bringt eine völlig neue Sicht der Dinge in den ganzen ARIZ-Prozeß! Es handelt sich um ein Gedankenspiel, das dazu dient, die elementaren Prozesse des vorgenannten Konfliktes besser zu verstehen. Jedem einzelnen Element und jeder einzelnen Ressource in der Konfliktzone werden „liebe, kleine Zwerge" zugeordnet, die dann selbstlos alles dafür tun, das ideale Endresultat zu erreichen.

Die kleinen, lieben Zwerge können jede Anforderung aus dem Prozeß erfüllen und sie opfern sich zugunsten der guten Performance auch auf. Ihre Größe hängt vom jeweiligen konkreten Fall ab und muß – genau wie ihr Aussehen und ihre Ausrüstung – vom jeweiligen TRIZ-Experten erdacht werden.

Beispiel: Wenn ein sehr flexibles Material verarbeitet werden soll, dann positionieren sich die Zwerge so, daß überall eine gleichmäßige Unterstützung vorhanden ist. Beim Schneideprozeß springen sie entweder schnell zur Seite oder lassen sich zerschneiden.

In der Synektik-Methode wird der Problembearbeiter gedanklich darum gebeten, das Produkt zu sein. Bei gefährlichen Funktionen oder selbstzerstörerischen Vorgängen führt dieser gedankliche Ansatz natürlich unbewußt zu Bedenken und zu einem ideenverhindernden Selbstschutz-Verhalten. Daher in der TRIZ-Methodik der „Ersatz" des Problembearbeiters durch die kleinen, lieben Zwerge. Diese springen im Notfall zur Seite oder lösen sich einfach in nichts auf.

1.7. Ideales Endresultat (Kapitel 5)

Schädliche Einflüsse und Funktionen können durch den Zwerge-Ansatz leicht eliminiert werden, das ideale Endresultat wird – gedanklich – greifbar.

1.8. Zentraler physikalischer Widerspruch

Jetzt wird das ideale Endresultat in einen physikalischen Widerspruch transformiert. Dieser Widerspruch ist im Vergleich zum ursprünglichen (Schritt 2) nun auf einem detaillierteren Niveau angesiedelt. Dies führt auch zu Lösungskonzepten auf recht detailliertem Niveau, möglicherweise – wie am Anfang dieses Kapitels bereits erwähnt – auf fast molekularem Niveau.

2. Das System der Operatoren

Man kann physikalische, chemische und geometrische Effekte, die 40 Lösungsprinzipien und die 76 Standardlösungen zusammenfassend auch als Operatoren bezeichnen. Das System der Operatoren enthält alle diese Elemente aus der klassischen TRIZ-Methodik, allerdings methodisch anders strukturiert (in Form eines Hypertext-Baumes) und ist um zusätzliche, neue Operatoren erweitert.

Jeder Ast dieses Hypertext-Baumes bietet mit steigendem Detaillierungsgrad immer konkretere Lösungsvorschläge für Fragestellungen, die den Schritt der Problemformulierung durchlaufen haben. Insgesamt hat dieser Baum über 10.000 Verknüpfungen, die zu assoziativen Ketten führen, dem Anwender helfen, seine gegenwärtigen Paradigmen zu hinterfragen und Lösungskonzepte aus anderen Fachgebieten offerieren. Typischerweise enthält jeder Operator eine empfohlene Vorgehensweise zur Eliminierung des gegenwärtigen Problems. Auch Beispiele, wie und wo dieser Operator in der Vergangenheit erfolgreich eingesetzt wurde, sind vorhanden. Ebenso Empfehlungen, wie die Idealität noch weiter verbessert werden könnte.

Es werden drei Gruppen von Operatoren nach der Universalität ihrer Anwendung unterschieden:

- universelle
- generelle
- spezielle.

Universelle Operatoren führen zu allgemeinen Empfehlungen, die ein breites Einsatzgebiet haben. Beispielsweise kann *Inversion* („das Gegenteil tun") auf praktisch jede Art von Problem auf jedem Level in jedem Fachgebiet angewandt werden. Die Limitation universeller Operatoren ist, daß sie manchmal zu allgemein gehalten sind und zusätzliche Kreativität im Verständnis gefordert ist.

Spezielle Operatoren als Pendant dazu helfen bei der Optimierung spezifischer Parameter wie Gewicht, Energieverlust, Präzision oder Zuverlässigkeit. Diese Operatoren sind in den meisten Fällen einfach zu implementieren. Ihre Limitation ist, daß sie situationsspezifisch sind und daher eigentlich für jedes Produkt und jeden Prozeß eigene spezielle Operatoren notwendig wären.

Generelle Operatoren sind zwischen beiden oben genannten Extremen anzusiedeln. Sie stellen eine bequeme Rückzugslinie dar, wenn die universellen Operatoren zu allgemein sind und kein spezieller Operator zur Verfügung steht.

Weiterhin sind Operatoren in Blöcken für typische technologische Fragestellungen zusammengefaßt. Im folgenden einige Beispiele für die *Operatoren-Blöcke*:

Reduktion nicht erwünschter (kostenrelevanter) Eigenschaften:

- Gewicht
- Abmessungen
- Energieverbrauch
- Verlustwärme
- Zeitverschwendung
- Komplexität
- Kosten

Verbesserung nützlicher Eigenschaften:

- funktionale Effizienz (Performance)
- Produktivität
- Zuverlässigkeit, Langlebigkeit
- Präzision
- mechanische Stärke
- Bedienungsfreundlichkeit
- Universalität
- Anpassungsfähigkeit
- Kontrolle und Lenkung
- Stabilität in der Zusammensetzung
- Automatisierung
- Formflexibilität

Eliminierung oder Reduktion schädlicher Funktionen:

- Ablenkung, Ablösung, Stoß, Vibration, Zerstörung
- Abnutzung
- Lärm
- Festsitzen, Festfressen
- Überhitzung
- Kontamination
- Feuer, Explosion
- mechanische Hindernisse
- ungewollte Interaktion mit der Umwelt
- Gefährdung von Personen

Andere:

- Erzeugung oder Verbesserung eines Meß- und Kontrollsystems
- Erzeugung von lokalen Wirkungen.

Zusätzlich enthält das System der Operatoren folgende spezielle Operatoren-Blöcke:

- unterstützende
- richtungsweisende.

Unterstützende Operatoren-Blöcke beeinflussen die Implementation des Haupt-Operators positiv. Betrachten wir beispielsweise eine Situation, in der überschüssige Hitze abgeführt werden muß. Das System der Operatoren schlägt zunächst vor, einen Mediator, d. h. einen zusätzlichen, die Hitzeabfuhr unterstützenden Stoff, zu installieren. Der unterstützende Operator-Block „Einführung eines Stoffes" stellt Empfehlungen, wie dies getan werden kann, zur Verfügung:

Einführung eines Stoffes:

- vorhandener Stoff als Ressource
- abgeleiteter Stoff als Ressource
- Modelle oder Kopien einsetzen
- Leerräume einsetzen
- Stoff zeitweise nutzen
- temporären Mediator nutzen
- Anwendung von Filmen
- Wiederherstellung
- Interaktion mit sich selbst.

Im folgenden eine Liste unterstützender Operatoren-Blöcke:

- Einführung, Veränderung oder Wegnahme eines Stoffes
- Einführung und Veränderung eines Feldes
- Ressourcen und andere direkte Wege zur Verbesserung der Idealität
- Benutzung von Additiven
- Nutzung von Leerräumen

- Modifikation eines Stoffes
- vorübergehende Nutzung eines Stoffes
- Ausnutzung einer zugeführten Substanz
- Transformation in einen beweglichen Zustand
- Veränderung im Sinne von Maskierung
- Transformation eines Feldes
- Intensivierung eines Feldes
- ein Informationsfeld erzeugen
- teilweise vorgezogene Aktion
- sofort verfügbare Ressourcen
- abgeleitete Ressourcen
- Einsatz von Modellen oder Kopien
- Ausschluß von Einzelelementen.

Richtungsweisende Operatoren-Blöcke leiten sich von den im folgenden Kapitel besprochenen Gesetzmäßigkeiten der technischen Evolution ab. Sie können zur Erfindung der Folgegeneration des derzeitigen Produkts genutzt werden, aber auch zur Abrundung des gegenwärtigen Entwicklungsstandes. Richtungsweisende Operatoren-Blöcke sind beispielsweise:

- Erzeugung und Verbesserung von Zweifach- oder Multi-Systemen
- Dynamisierung
- einen Stoff strukturieren
- Verbesserung von Kontrolle und Steuerung
- Elemente universell gestalten
- Reduktion, Vereinfachung
- Untergliederung.

Das System der Operatoren besteht aus etwa 4000 Operatoren, die in einem baumartigen Netzwerk etwa 10000 Verknüpfungen untereinander besitzen. Diese Verknüpfungen von einem Operator zum anderen erzeugen Assoziationsketten und können so zur Erhöhung der Idealität eines Systems beitragen. Hier eine typische Assoziationskette:
Eliminierung eines unerwünschten Vorganges
 – *durch Isolierung*
  – *durch Einführen eines Stoffes*
   – *durch zeitweiliges Einführen eines Stoffes*
    – *durch Eliminierung des eingeführten Stoffes*

- *durch Überführung in einen mobilen Zustand*
- *durch Überführung in einen flüchtigen Zustand*
- *durch Phasenübergang*
- *durch Verdampfung und Kondensation ...*

Bei jedem Ast bestehen mehrere Möglichkeiten, weiterzugehen. Generell ahmen diese assoziativen Ketten den Denkprozeß eines guten Problemlösers und/oder eines TRIZ-Spezialisten nach.

Das System der Operatoren stellt eine substantielle Wissensbasis dar. Der beste Weg, ein derart komplexes Gebilde leicht und übersichtlich zugänglich zu machen, ist die Umsetzung in eine Software. So sind zum Beispiel in der Programm-Familie von Ideation International Inc. verschiedene Ausbaustufen des Systems der Operatoren realisiert – 30 Operatoren in „The Ideator" bis hin zu 400 Operatoren in „The Innovation Workbench System".

Ganz offensichtlich kann die oben dargestellte Vorgehensweise zu vielen – hunderten – Ideen führen. Dann ist natürlich die Auswahl schwierig. Hier macht die QFD-Methodik mit den Werkzeugen AHP (analytisch-hierarchischer Prozeß) und Pugh (Konzeptselektion nach Pugh) Sinn. Auch kann durch den Einsatz dieser Werkzeuge eine Integration verschiedener Lösungsansätze zu ganz neuen Ideen durchgeführt werden.

Herauszufinden, wie die nächste Generation eines bestehenden Systems aussehen wird, ist eine große Herausforderung. Das nächste Kapitel vermittelt uns Einblicke in die Gesetzmäßigkeiten der technischen Evolution. Durch die Kenntnis solcher Regeln kann man die evolutionäre Weiterentwicklung eines Systems vorwegnehmen und zukünftige Designs bereits heute schon erzeugen!

*„Ich bin viel zu sehr Skeptiker,
um das Auftreten von allem Denkbaren zu bestreiten."*

T. H. Huxley

Kapitel 8

Gesetzmäßigkeiten der technischen Evolution

Am Ende dieses Kapitels sind Sie in der Lage
- die acht Standardentwicklungsmuster der technischen Evolution zu verstehen,
- eine Evolutionslinie einzusetzen.

1. Voraussetzungen für den Einsatz der Standardentwicklungsmuster

Wenn es Ihr Ziel ist, sich Marktvorteile durch ein gegenüber dem gegenwärtigen Produkt um einen Quantensprung verbessertes Design zu verschaffen, dann sind die Standardentwicklungsmuster der technischen Evolution Ihr effizientestes Werkzeug. Diese Entwicklungsmuster sind so allgemein gültig, daß sie auch im nicht-technischen Umfeld sinnvoll einsetzbar sind. Ziel dieses Kapitels ist es, acht sehr allgemein gültige Entwicklungsmuster, von denen jedes wiederum eigene Evolutionslinien beinhaltet, darzustellen.

Probleme zu lösen ist eine reaktive Vorgehensweise mit dem Ziel, ein kränkelndes System zu heilen. Mit den Standardentwicklungsmustern in die Zukunft zu schauen, ist ein proaktives, die Zukunft gestaltendes Verhalten.

Standardentwicklungsmuster der technischen Evolution

1. Stufenweise Evolution
   Jedes technische System durchläuft eine Phase der Schwangerschaft, der Geburt, der Kindheit, des Erwachsenseins, der Reife und des Dahinscheidens.

2. Vergrößerung der Idealität
   Technische Systeme entwickeln sich in Richtung höherer Idealität.

3. Uneinheitliche Entwicklung der Systemteile
   Subsysteme technischer Designs entwickeln sich nicht gleichmäßig, was zu Widersprüchen führt.

4. Erhöhung von Dynamik und Steuerung
   Technische Systeme durchlaufen eine Evolution zu höherer Dynamisierung und Steuerbarkeit.

Abbildung 8-1: Standardentwicklungsmuster 1 bis 4 der technischen Evolution

2. Standardentwicklungsmuster

Der Gang in jedes technisch-naturwissenschaftliche Museum, in dem mehrere Generationen eines einfachen Produkts ausgestellt sind, führt zu einer Vorstellung über die grundlegenden Evolutionsprinzipien in der Technik.

Standardentwicklungsmuster der technischen Evolution

5. Über Komplexität zur Einfachheit
   Technische Systeme werden im Verlauf ihrer Evolution zunächst immer komplizierter, dann genial einfach. Die Kombination einfacher Systeme läßt diesen Zyklus neu beginnen.

6. Evolution mit passenden und gezielt nicht passenden Komponenten
   Technische Systeme entwickeln sich in Richtung zusammenpassender oder gezielt nicht zusammenpassender Komponenten.

7. Miniaturisierung und verstärkter Einsatz von Feldern
   Die Weiterentwicklung von der Makro- über die Mini- zur Mikro-Ebene ist typisch für technische Systeme, gleichermaßen auch der vermehrte Einsatz von Feldern.

8. Geringere menschliche Interaktion
   Technische Systeme entwickeln sich in Richtung reduzierter menschlicher Interaktion.

Abbildung 8-2: Standardentwicklungsmuster 5 bis 8 der technischen Evolution

Die Kenntnis dieser Prinzipien ermöglicht uns eine Zukunftsvision für andere Produkte. Kennt man also die Position eines heutigen Designs in der Sequenz dieser allgemein gültigen Entwicklungsmuster, dann kann man zukünftige Designs vorhersagen. Das macht die Kenntnis und das Verständnis der im folgenden vorgestellten acht Standardentwicklungsmuster (Abbildung 8-1 und Abbildung 8-2) so wertvoll.

Eine Anwendungsmöglichkeit dieses TRIZ-Werkzeuges besteht darin, für das aktuelle Produkt aufzuzeichnen, welche Entwicklungsmuster an welcher Stelle eingesetzt wurden. Die Weiterverfolgung bereits angewandter und der Einsatz bis dato nicht verwendeter Entwicklungsmuster gibt den zu beschreitenden, evolutionären Weg vor.

Auch Kombinationen der Entwicklungsmuster sind informativ. Dies kann man mit einer Matrix, wo Spalten und Zeilen den Entwicklungsmustern entsprechen, leicht bewerkstelligen. Füllt man die Schnittpunkte für das existente Design aus, dann zeigt auch hier schon eine schnelle, optische Cluster-Analyse, wo Standardentwicklungsmuster bereits eingesetzt wurden und wo noch freie Potentiale bestehen.

2.1. Stufenweise Evolution

Das erste Standardentwicklungsmuster ist das am allgemeinsten gültige, es trifft auf jede technische Evolution auf Makro-Niveau zu. Wie in Abbildung 8-3 oben dargestellt handelt es sich hier um die allgemein bekannte S-Kurve, die den Reifegrad eines Designs oder auch die Performance oder Güte des Systems als Funktion der Zeit beschreibt.

In vielen Fällen spiegelt die S-Kurve den typischen Lebenszyklus von Schwangerschaft, Geburt, Kindheit, Erwachsensein, Reife und Dahinscheiden wider. Schwangerschaft ist die Zeit zwischen dem ersten Geistesblitz und seiner Reifung – oder der Reifung der Umwelt – bis zum öffentlich kommunizierbaren, durchdachten Vorschlag. Die Geburt entspricht dem Tag, an dem ein klar definiertes Konzept und eine Funktionsbeschreibung vorliegen. Ohne den zeitintensiven Aufwand der Entwicklung wird aus einem Konzept kein reifes Produkt. Zur Reduktion dieses Zeitaufwandes setzen sich viele Unternehmen mittlerweile mit der Technik des Simultaneous Engineering (sog. Parallel-Entwicklung) auseinander. Der dann noch verbleibende größte Zeitverzug liegt zwischen Geburt der Idee und dem Start eines Entwicklungsprojekts. Insbesondere in forschungsorientierten Unternehmen gibt es hier oft Ideen-Schwangerschaften von 15 oder 20 Jahren.

Die Grafik der S-Kurve in Abbildung 8-3 oben startet mit den ersten Entwicklungsaufwendungen.

Die drei anderen graphischen Darstellungen in Abbildung 8-3 widerspiegeln diese Stadien der technischen Evolution von anderen Perspektiven aus, immer aber über die identische Zeitachse geplottet:

a.) Performance
b.) Niveau der Erfindungen
c.) Zahl an Erfindungen
d.) Profitabilität.

Die initiale, zündende Idee ist häufig sehr innovativ und patentierbar, sie bewegt sich – wie Grafik b) in Abbildung 8-3 zeigt – auf Niveau 3, 4 oder manchmal gar 5. Die daraufhin folgende schwierige Entwicklungsarbeit führt lediglich zu Verbesserungen der ursprünglichen Idee und damit zu Patenten auf niedrigerem Innovationsniveau. Nun müssen nochmals einige geistige Durchbrüche kommen – Ideen auf höherem Level – so daß das Produkt nun schnell perfektioniert werden kann und am Markt aufblüht. Bis zu die-

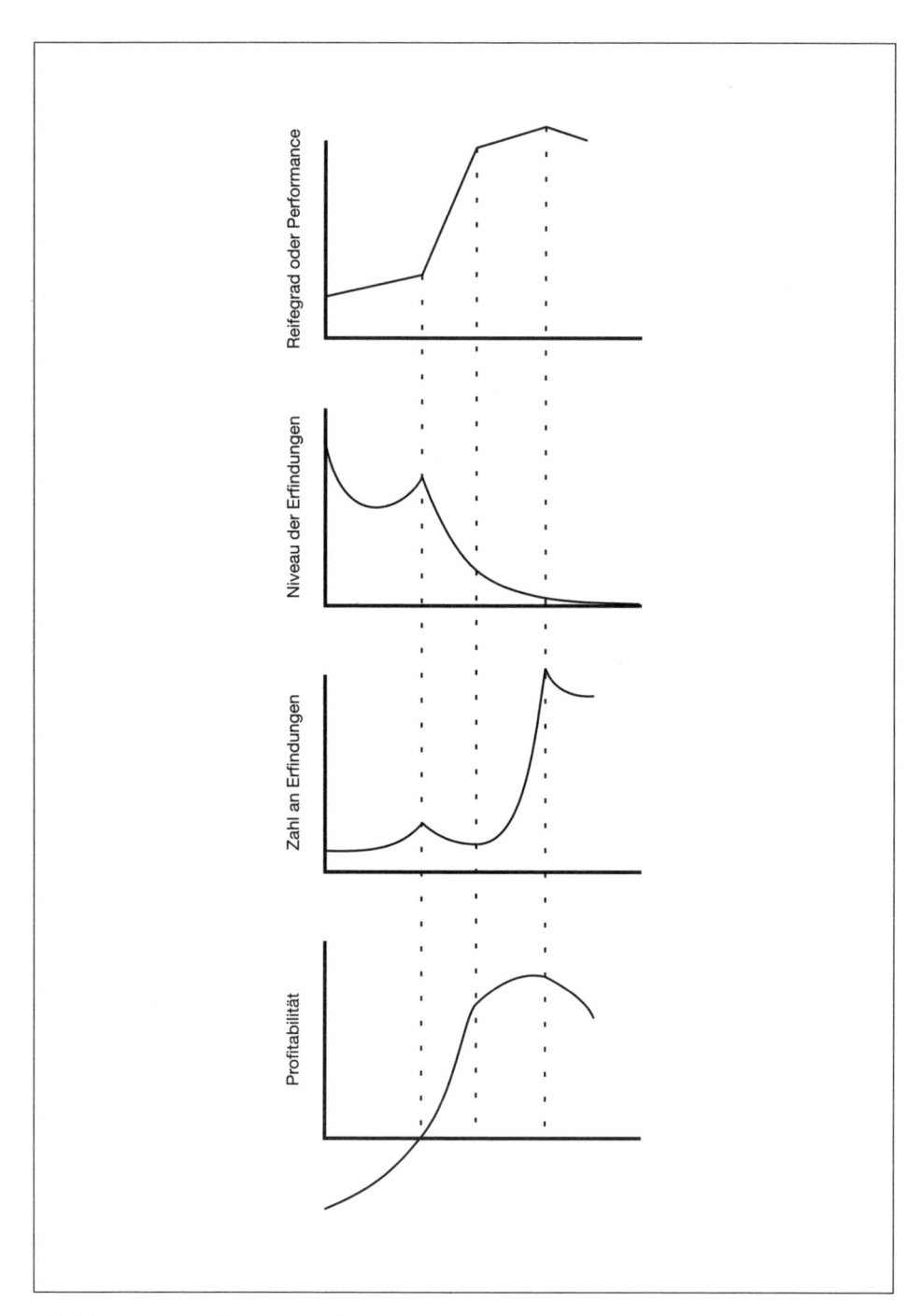

Abbildung 8-3: Die S-Kurve als Darstellung der Lebensphasen eines technischen Systems

sem Durchbruch nimmt die Zahl der Erfindungen leicht zu, um dann nach dem Durchbruch zunächst in eine zahlenmäßige Erholungsphase zu verfallen (Abbildung 8-3, Teil c). Während des Erwachsenseins und der Reife eines Produkts nimmt die Zahl an Erfindungen deutlich zu, sie alle liegen aber auf niedrigem Innovationsniveau. Hier handelt es sich um die zahllosen kleinen patentierbaren Verbesserungen eines existenten Produkts.

Wie zu erwarten, ist die Profitabilität während der Startphase negativ und durchläuft während der Reifephase ihr Maximum.

Um stabilen Profit für ein Unternehmen zu gewährleisten, muß ein Nachfolgeprodukt während des stabilen und profitablen Wachstums des gegenwärtigen Produkts initiiert – oder in der TRIZ-Sprache – geboren werden (Abbildung 8-4). In vielen Unternehmen passiert es allerdings, daß während der Reife eines Produkts noch keine Idee für ein Nachfolgeprodukt vorhanden ist. Einschnitte im Profit sind die Folge dieser Spielregelmißachtung.

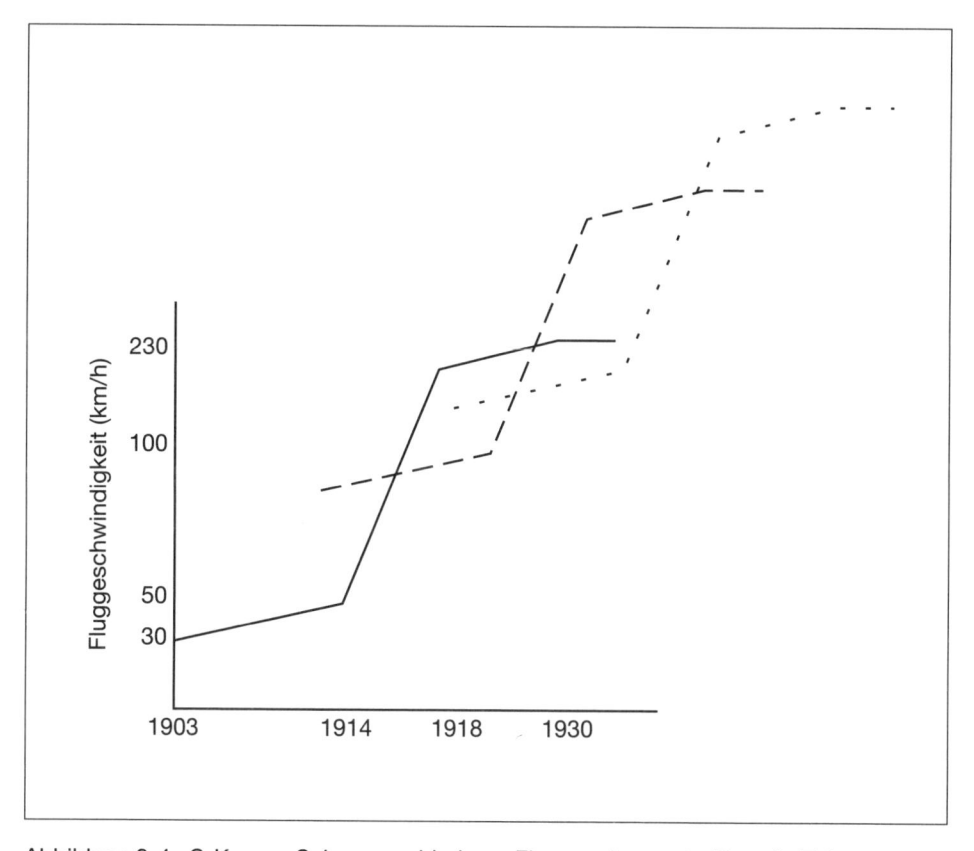

Abbildung 8-4: S-Kurven-Schar verschiedener Flugzeugkonzepte über die Zeit.

Die S-Kurve in Abbildung 8-4 hat die Zeit der ersten Hälfte dieses Jahrhunderts als x-Achse und die Fluggeschwindigkeit als y-Achse. Die eingezeichneten S-Kurven stellen die sechs Lebensstadien in den Evolutionszyklen verschiedener Flugzeugkonzepte dar.

Schwangerschaft: Ein neues Konzept bleibt solange im Stadium der Schwangerschaft, bis die Idee überlebensfähig und realitätsnah geworden ist. Als Beispiele sind hier die vielen Ansätze von Luftapparaten, die schwerer als Luft sind, über die vergangenen Jahrhunderte zu nennen.

Geburt: Ein neues technisches System kommt auf die Welt, wenn zwei Bedingungen zutreffen:

– eine Notwendigkeit für die betreffende Funktion ist vorhanden,
– es existieren technologische Möglichkeiten, diesen Bedarf zu erfüllen.

Menschen wurden schon immer angetrieben durch das Ziel, die natürliche Umwelt durch mechanische, das Leben imitierende Systeme zu beherrschen. Bestes Beispiel hierfür ist der Wunsch zu fliegen. Allerdings dauerte die Entwicklung ausreichender Aerodynamik und Mechanik für den menschlichen Flug doch bis ins 18. Jahrhundert.

Eigentlich waren die Technologien für ein Flugzeug bereits seit dem Gleitflug von Otto Lilienthal 1848 und dem Benzinmotor von Etienne Lenoir 1859 verfügbar. Das zunächst naheliegende und lange Zeit verfolgte Prinzip des puren Gleitens genügte nie den Forderungen nach (Absturz-)Sicherheit für den Fall von ausbleibendem Auftrieb (Wind). Als 1903 die Gebrüder Wright die Idee hatten, eine vom Wind unabhängige Antriebs- und damit Auftriebshilfe in Form eines Motors an Bord zu nehmen, war die neue Technologie eines Flugzeuges geboren – und hob im wahrsten Sinne des Wortes ab.

Auch hier benötigte die anfängliche Entwicklung finanzielle und persönliche Unterstützung ohne jede Garantie auf Erfolg. Angetrieben wird die Arbeit in dieser Phase durch die Zuversicht, eine Lösung für das initiale Bedürfnis zu finden, und die Hoffnung, daß das Produkt vom Kunden angenommen wird.

Kindheit: Das neue System entstand aus einer Innovation auf hohem Niveau. Typischerweise ist es aber in diesem Stadium primitiv, unzuverlässig, wenig effizient und birgt noch jede Menge ungelöster Probleme. Allerdings stellt es eine neue Funktion zur Verfügung. Die Weiterentwicklung in diesem Stadium ist sehr mühsam, menschliche und finanzielle Unterstützung steht nur wenig zur Verfügung. Viele Fragen sind offen und viele Kunden noch nicht von der Nützlichkeit dieses Systems überzeugt. Allerdings glaubt eine kleine Gruppe von Enthusiasten an die Zukunft dieses Systems und betreibt dessen Weiterentwicklung.

Der Flug der Gebrüder Wright erreichte eine Geschwindigkeit von 50 km/h. Die Weiterentwicklung des motorgetriebenen Flugzeuges verlief zunächst schleppend, viele Zeitgenossen sprachen von einer nutzlosen Kuriosität. Bis 1913 stieg die Fluggeschwindigkeit lediglich auf 80 km/h an (Abbildung 8-4).

Erwachsensein (schnelle Entwicklung, die zur Unabhängigkeit führt): Dieses Stadium beginnt, wenn die Gesellschaft den Wert eines neuen Systems erkannt hat. Viele Probleme wurden in der Zwischenzeit gelöst, Effizienz und Performance wurden optimiert, ein Markt ist geschaffen. Mit zunehmendem Interesse am Produkt werden auch die finanziellen und personellen Investitionen höher. Hierdurch nimmt die Weiterentwicklung deutlich an Geschwindigkeit zu, das System wird noch attraktiver, noch mehr wird investiert etc. Hier hat sich ein positiver Feedback-Mechanismus etabliert, der die Weiterentwicklung des Systems stark beschleunigt.

1914 existierten zwei Gründe für schnelle Weiterentwicklung von Flugzeugen: der Erste Weltkrieg mit der Erkenntnis der Militärs, daß Flugzeuge möglicherweise zweckdienlich einsetzbar sind. Und zum zweiten die Bezahlbarkeit von Flugzeugen, die nun kein unerschwingliches Luxusgut mehr waren. Unter Einsatz von mehr Geld und mit mehr Entwicklern in den Hangars verdoppelte sich die Fluggeschwindigkeit zwischen 1914 und 1918 auf nunmehr 160 km/h.

Reife: So wie die Performance des aktuellen Systems sich an ihre natürlichen Grenzen annähert, so nimmt auch das Tempo der Weiterentwicklung ab. Auch mehr Geld und Arbeit bringen keine signifikanten Verbesserungen mehr. Kleinere Verbesserungen durch penibles Optimieren und durch Kompromisse sind noch möglich.

Ganz entsprechend flachte die schnelle Entwicklung der Flugzeuge dieses Typs 1918 langsam ab.

Dahinscheiden: Die Grenzen der gegenwärtigen Technologie sind erreicht, echte Verbesserungen sind nicht mehr möglich. Das System wird nicht mehr länger gebraucht, weil die Funktion nicht mehr länger benötigt wird. Oder der funktionale Anspruch ist so hoch gestiegen, daß er von gegenwärtigen Design nicht mehr befriedigt werden kann. Der einzige Weg, hier das Wegbrechen des Profits zu verhindern, ist die Entwicklung eines neuen Konzepts, möglicherweise auch einer neuen Technologie.

Um 1918 war das Design der Flugzeuge nach dem Konzept der Gebrüder Wright (Doppeldecker mit Seilverstärkung, Textilbespannung, schlechte Aerodynamik) technologisch ausgereizt. Dementsprechend stieg in den folgenden 12-14 Jahren die Geschwindigkeit nur von 160 auf 220 km/h. Die nächste Generation an Flugzeugen (neue S-Kurve und Wiedergeburt) wurde mit guter Aerodynamik, Monodeckern und Metallhüllen eingeleitet. Aber auch dieses Design hatte seine Grenzen und die nächste S-Kurve repräsentiert die turbinengetriebenen Jets. Zum Überleben sind neue S-Kurven und damit neue Konzepte zum richtigen Zeitpunkt essentiell!

Übung 8-1

An welcher Stelle der S-Kurve steht Ihr Produkt?
Wieviel Spielraum haben Sie noch, um die Performance Ihres Systems zu verbessern?
Wann besteht für Sie die Notwendigkeit eines neuen Designs?

Abbildung 8-5: Übung zur S-Kurve

2.2. Vergrößerung der Idealität

Jedes System führt nützliche und schädliche Funktionen aus. Die generelle evolutionäre Weiterentwicklung von Systemen zu größerer Idealität basiert – wie in Kapitel 5 detailliert dargelegt – auf der Verbesserung des Verhältnisses aller positiven und aller negativen Funktionen:

$$\text{Idealität} = \frac{\text{alle nützlichen Funktionen}}{\text{alle schädlichen Funktionen}}$$

Mit dem Auswählen oder Erzeugen innovativer Problemlösungen ist immer ein Bemühen um das Verbessern der Idealität verbunden. Das ideale Design stellt die geforderte Funktion zur Verfügung ohne zu existieren. Ein einfaches – nicht primitives – Design, das vorhandene Ressourcen nutzt wird so zu einer eleganten Lösung.

Der oben dargestellte Quotient zur Berechnung der Idealität hat natürlich Grenzen: es ist schwierig, Kosten und Auswirkungen von Umweltverschmutzung zu quantifizieren, ebenso das Gefährden oder der Verlust von Menschenleben. Ganz ähnlich verhält es sich mit Begriffen wie Vielseitigkeit und Nützlichkeit. AHP (vgl. Glossar) oder eine einfache Prioritätenliste helfen in solchen Situationen, im Team zumindest eine relative Quantifizierung im Sinne einer Prioritätenreihenfolge zu definieren.

2.3. Uneinheitliche Entwicklung der Systemteile

Jede Komponente und jedes Subsystem hat seine eigene S-Kurve, und ihre Evolution läuft individuell ab. Daher erreichen verschiedene Systemkomponenten ihr inhärentes Limit zu unterschiedlichen Zeitpunkten. Die Komponente, die zuerst die Reifephase hinter sich läßt, bremst natürlich das Gesamtsystem und wird so zum schwachen Glied. Auch ein unterentwickeltes Teil ist ein solches schwaches Glied und limitiert bis zur eigenen Fertigentwicklung ebenfalls das Gesamtsystem. Bei der Weiterentwicklung des Flugzeuges wurde durch die psychologische Denkbarriere lange Zeit alle entwicklerische Kraft auf den Verbrennungsmotor als Antriebsmaschine gelenkt. Andere Aspekte der technischen Weiterentwicklung von Flugzeugen blieben zwischenzeitlich dadurch auf der Strecke. Das Verständnis, wie die Gesamtfunktion durch das Zusammenspiel vieler Teilfunktionen entsteht, ist der Schlüssel zur Weiterentwicklung. Der Prozeß der Problemformulierung leistet hier einen zentralen Beitrag.

Folgendes Beispiel illustriert, wie wichtig es ist, alle Bemühungen um Verbesserung auf die schwächste Systemkomponente zu fokussieren: Ein Automobilzulieferer für Kunststoffstoßstangen produzierte doppelt so hohen Ausschuß wie erwartet. Alle Bemühungen zur Lösung dieses Problems richteten sich an den Herstellprozeß selbst. In die Komposition des Rohmaterials war der Chef selbst involviert gewesen, daher war dieses Thema eine heilige Kuh. Erst nach vielen erfolglosen Prozeßoptimierungen kaufte man – aus Verzweiflung – kommerzielles Rohmaterial und plötzlich lief der Herstellprozeß völlig stabil mit nur noch 10% des vorherigen Ausschusses. Das richtige Problem zu lösen ist der Schlüssel zum Erfolg!

2.4. Erhöhung von Dynamik und Steuerung

Das Fehlen von Möglichkeiten ist der Anfang dynamischer Systeme. Die ersten Fahrräder mit Kettenantrieb (Holland-Rad) hatten eine Kette, die den Zahnkranz der Pedale mit dem des Hinterrades verband. Die daraufhin folgende Entwicklung zu Gangschaltung und mehr Gängen verdeutlicht den evolutionären Weg von der Statik zur Dynamik, von unbeweglich zu flexibel, von keinem Freiheitsgrad zu beliebig vielen Freiheitsgraden. Wenn Sie die Position auf der S-Kurve des gegenwärtigen Produkts kennen und der Kunde Wünsche hat, die sich im weiteren Verlauf dieser S-Kurve wiederfinden, dann können Sie alle Entwicklungsanstrengungen intelligent in die richtige Richtung lenken. Diesen Prinzipien entsprechend entstand das 3-Gang-Fahrrad mit Nabenschaltung, zunächst mit innenliegendem Mechanismus. Dann folgte das 5-Gang-Fahrrad mit 5 abgestuften, auf der Hinterradachse außenliegenden, Zahnkränzen und einem über Bowdenzug gesteuerten Umwerfer. Konsequenterweise kam nun ein Umwerfer auch vorne dazu. Im Sinne kleinerer Verbesserungen wurden hinten und vorne Zahnkränze hinzugefügt – das heutige 18-Gang-Sportrad entstand. Vorhersehbar werden Fahrräder der Zukunft Gänge automatisch wechseln und noch mehr Gänge beziehungsweise Übersetzungsverhältnisse bereitstellen. Das ideale Design hätte eine unbegrenzte Anzahl an Gängen, die kontinuierlich gewechselt werden, um mit fixer Tretkraft jedes Terrain befahren zu können. In einem Ablaufdiagramm läßt sich dieser Fortschritt als Schrittfolge von einem statischen System zu einem mechanisch veränderbaren und dann zu einem auf Mikroebene sich kontinuierlich anpassenden System darstellen.

Im folgenden werden noch einige weitere Beispiele zum Thema Evolution hin zu höherer Dynamik ausgeführt.

Externe Dynamisierung:

Als externe Dynamisierung bezeichnet man die von außen angesteuerte Veränderung eines Objekts hinsichtlich seiner Stabilität oder seines statisch-mobilen Verhaltens.

Beispiel: Am Straßenrand plazierte Briefkästen können durch einen Postabholer beschädigt werden, der während der Postentnahme aus dem Kasten im Fahrzeug bleibt. Dieses Problem wurde durch einen Briefkasten an einem Teleskoparm gelöst, der sich – durch ein Infrarot-Signal des Abholers ausgelöst – nach vorne zum Fahrzeug hin bewegt und so besseren Zugang gestattet.

Interne Dynamisierung:

Als interne Dynamisierung wird die Zunahme der Freiheitsgrade eines Systems durch innere Zerteilung in bewegliche Komponenten bezeichnet.

Beispiel: Komplex geformte Teile können – wie in Kapitel 4 anhand von Abbildung 4-27 illustriert – besser gegriffen werden, wenn die greifende Oberfläche dynamisch ist. Im konkreten Fall kann ein Greifer statt als flache Oberfläche als flexible, anpassungsfähige Bürste gestaltet werden.

Beispiel: Eine wichtige Anforderung an eine Tauchkugel ist die, schnell absteigen zu können. Um Kollisionen mit dem Meeresgrund zu vermeiden, kann die Abstiegsgeschwindigkeit der Tauchkugel durch Elimination von Ballast verringert werden. Allerdings erschwert schlechte Sicht die Erkennung des Meeresgrundes und damit die rechtzeitige Ballastreduktion. Ein analoges Problem liegt bei Heißluftballons vor. Um deren Abstiegsgeschwindigkeit zu bremsen, überträgt ein herunterhängendes schweres Seil sukzessive Gewicht vom Ballon auf den Erdboden: je weiter der Ballon absteigt, desto mehr Seil ist auf dem Boden und fehlt dem Ballon selbst an Gewicht, so daß er immer leichter wird und langsamer zu Boden sinkt. Ganz analog ließ sich das Tauchkugel-Problem durch eine schwere sogenannte Abstiegs- oder Ballastkette lösen (Abbildung 8-6).

Auch durch Anwendung eines physikalischen Effekts kann eine interne Dynamisierung erreicht werden.

Beispiel: Bei niedrigen Temperaturen sollte die Oberfläche eines Wärmeaustauschers zur Verringerung von Wärmeverlusten klein sein. Bei hoher Umgebungstemperatur allerdings sollte diese Oberfläche groß sein, um schnellen Wärmeaustausch zu gewährleisten.

Ein optimierter Wärmetauscher hat an den Rohren zusätzliche Klappen aus Titan-Nickelid, einem Metall mit thermischem Formgedächtnis. Bei niedrigen Temperaturen liegen die Klappen an den Rohren an, bei hoher Umgebungstemperatur hingegen verbiegen sie sich nach außen, stehen also von den Rohren ab und führen so zu einer deutlich größeren Oberfläche (Abbildung 8-7).

Einbringen eines mobilen Objekts:

Dynamisierung kann auch durch Einbringen eines mobilen Objekts erhöht werden. Bauteile, die ausgewechselt werden können, die dynamisch sind oder die ihre Form verändern, sind hier von Nutzen.

Beispiel: Spoiler (flügelähnliche, die Luftströmung beeinflussende Bauteile) finden Anwendung zur Stabilisierung von Kraftfahrzeugen bei hoher Geschwindigkeit. Spoiler erhöhen aber auch den Luftwiderstand bei langsamer Fahrt.

Einziehbare Front- und Heckspoiler verbessern die Fahreigenschaften situationsgerecht: Bei trockenem Wetter unter 100 km/h wird der Frontspoiler

Kapitel 8

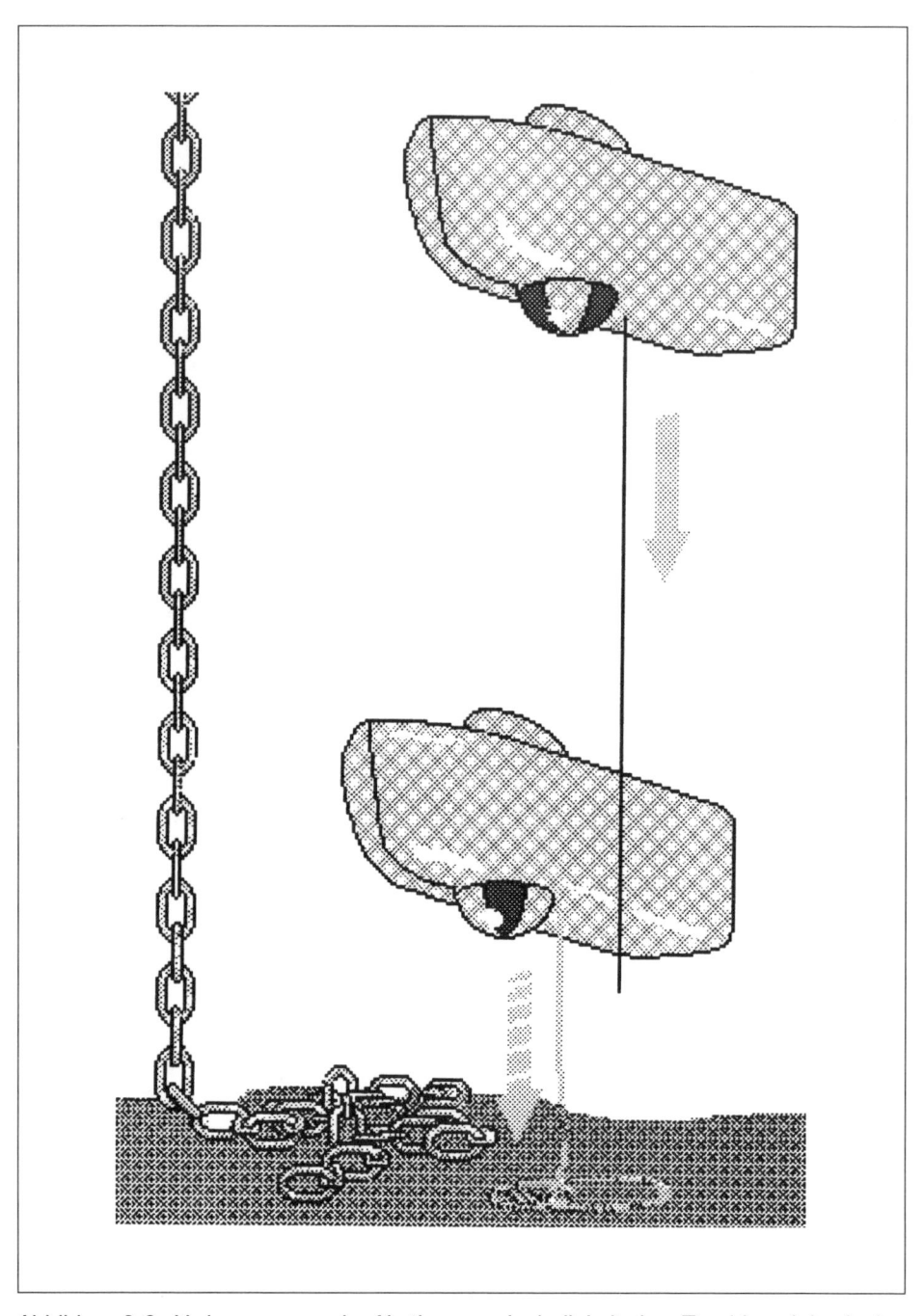

Abbildung 8-6: Verlangsamung der Abstiegsgeschwindigkeit einer Tauchkugel durch eine Ballastkette

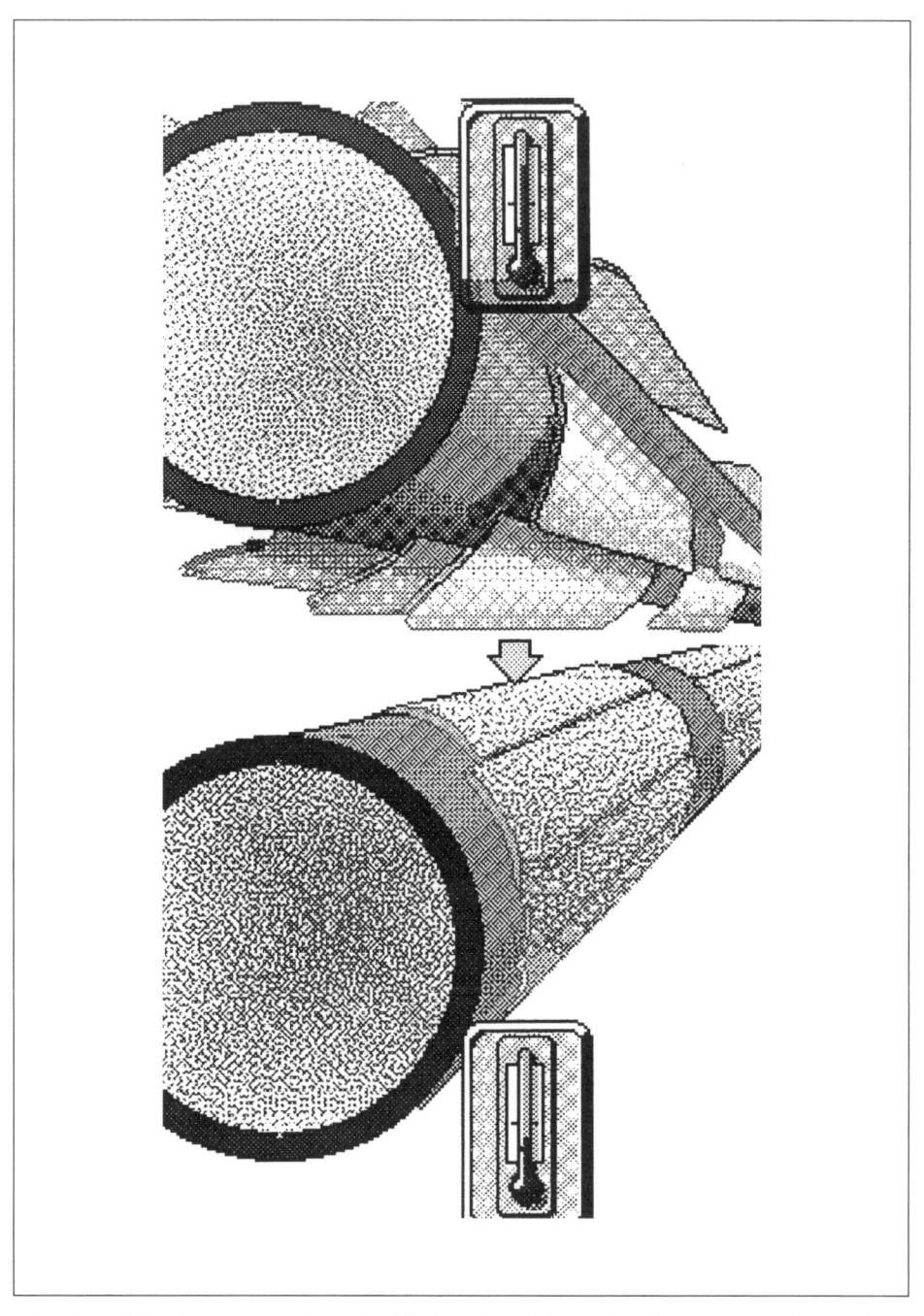

Abbildung 8-7: Anpassung der Oberfläche eines Wärmetauschers durch Verwendung eines Metalls mit thermischem Formgedächtnis

217

Kapitel 8

zur Verringerung des Luftwiderstandes eingefahren. Bei höheren Geschwindigkeiten wird er stufenweise ausgefahren um die Fahrstabilität zu erhöhen. Bei Regenwetter können beide Spoiler bereits ab 50 km/h ausgefahren werden, um die Bodenhaftung des Fahrzeuges zu verstärken. Beim Bremsen könnte der Heckspoiler ausgefahren und quergestellt als zusätzliche Luftbremse fungieren (Abbildung 8-8).

Abbildung 8-8: Dynamisches Verhalten von Spoilern zur Verbesserung der KFZ-Fahreigenschaften

2.5. Über Komplexität zur Einfachheit

Technische Systeme zeigen übereinstimmend die Tendenz, sich zunächst in Richtung Komplexität (mehr und bessere Funktionen) und dann in Richtung Vereinfachung (gleiche oder bessere Performance durch ein weniger kompliziertes System) zu entwickeln. Parallel kann der Übergang zu einem Bi- oder Polysystem ablaufen. Für dieses Standardentwicklungsmuster werden wir vier Evolutionslinien näher betrachten (Abbildung 8-9).

Wir kennen viele Produkte, die ursprünglich mit einer neuen Eigenschaft auf den Markt kamen und bald darauf mehrere Variationen dieser Eigenschaft oder gleich mehrere Eigenschaften in sich vereinten. Die ersten Kugelschreiber beispielsweise hatten ein Reservoir für blaue Tinte (das nicht immer dicht war), aber nachfolgende Designs enthielten mehrere Farben (Variation einer Eigenschaft). Eine Büroheftmaschine, die gleichzeitig auch mit einer Vorrichtung zur Entfernung von Heftklammern (eine andere Eigenschaft) ausgestattet ist, ist ein Bi-System.

Weißes Korrekturklebeband dient zur Abdeckung unerwünschter Schriftzeichen auf Dokumenten. Dieses Klebeband in einem Abroller erlaubt variable Klebestreifenlängen und bequeme Handhabung. Ein breiter Abroller und breites Klebeband wären ideal für große Schrift, schmaler Abroller und schmales Klebeband für filigrane Schrift. Nächster Evolutionsschritt ist dann die Integration verschieden breiter Korrekturklebeband-Rollen in einen einzigen Abroller. Die hier dargestellte Evolution von Mono- zu Polyfunktion im homogenen Umfeld ist durch den linken Ast in Abbildung 8-9 repräsentiert.

Ein Abroller mit verschiedenen Farben, Oberflächenrauhigkeiten und Materialien offeriert die identische Funktion (überkleben) in verschiedensten Formaten. Hier sprechen wir in einem homogenen System von einer Monofunktion, die übertragen und als Polyfunktion integriert wird. Diese Evolutionslinie ist in Abbildung 8-9 im zweiten Ast von links dargestellt.

Ein Abroller, der eine Heftmaschine und ein Messer enthält, integriert verschiedene Funktionen in einem System. Hier sprechen wir von einem multifunktionalen heterogenen System, Ast ③ in Abbildung 8-9.

Die Einführung von gegenteiligen Funktionen im multifunktionalen, heterogenen System – beispielsweise Heftmaschine und Heftklammer-entferner – führt schließlich zu Ast ④.

Beispiel: Die ersten Fotokopierer kopierten einfach nur. Moderne Fotokopier-Systeme kopieren beidseitig, klammern und sortieren. Diese Geräte

Kapitel 8

```
                        Mono-System
                            ↓
                    Bi- oder Poly-System
                    ↙               ↘
        Mono-Funktion,              Multi-Funktion,
          homogen                     heterogen
         ↙       ↘                   ↙          ↘
    ① gleiche  ② übertragene    ③ gleichsinnige  ④ anti-Funktion
      Funktion   Funktion          Funktion
        ↓         ↓                   ↓              ↓
    Integration Integration      Integration   Integration
        ↓         ↓                   ↓              ↓
      neues     neues              neues          neues
    Mono-System Mono-System      Mono-System   Mono-System
```

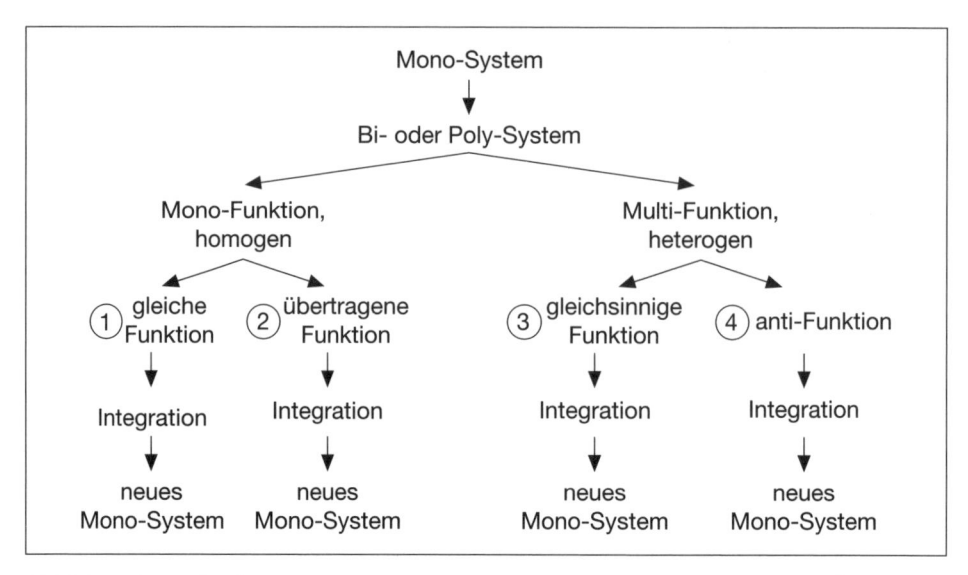

Abbildung 8-9: Vier Evolutions-Linien für das Standard-Entwicklungsmuster „Über Komplexität zur Einfachheit"

sind neue Monosysteme und damit ein klassisches Beispiel für dieses Evolutionsmuster.

Benutzen Sie bitte dieses Beispiel als Basis für folgende Überlegungen zu Ihrem Produkt: haben Sie gegenwärtig ein Monosystem? Wenn Ja, wie könnten Bi- oder Polysysteme morgen aussehen? Welche Mono-systeme könnten hieraus entstehen?

Wie schon weiter oben erwähnt, ist es möglich, Evolutionsmuster zu kombinieren.

Beispiel: Katamarane sind sehr stabile Segelboote mit zwei Rümpfen (ein homogenes Bi-System). Das starre Verbinden dieser beiden Bootskörper (statisch im Sinne des Entwicklungsmusters 4 „Erhöhung der Dynamik und Steuerung") schränkt die Manövrierbarkeit dieses Bootes deutlich ein. Ein flexibles Verbinden beider Rümpfe durch verschiebbare Streben erlaubt es, den Abstand beider Teile zu variieren und damit zu besserer Manövrierfähigkeit zu gelangen (Abbildung 8-10). Hier sprechen wir von einem dynamischen, homogenen Bi-System. Das sekundäre Problem, wie man bei verschiebbaren Rümpfen mit den Halteleinen des Mastes umgeht, muß nun natürlich – innovativ – gelöst werden.

Nichts hindert oder schränkt Sie ein, verschiedene oder mehrere dieser Evolutionsmuster zu kombinieren!

8 Technische Evolution

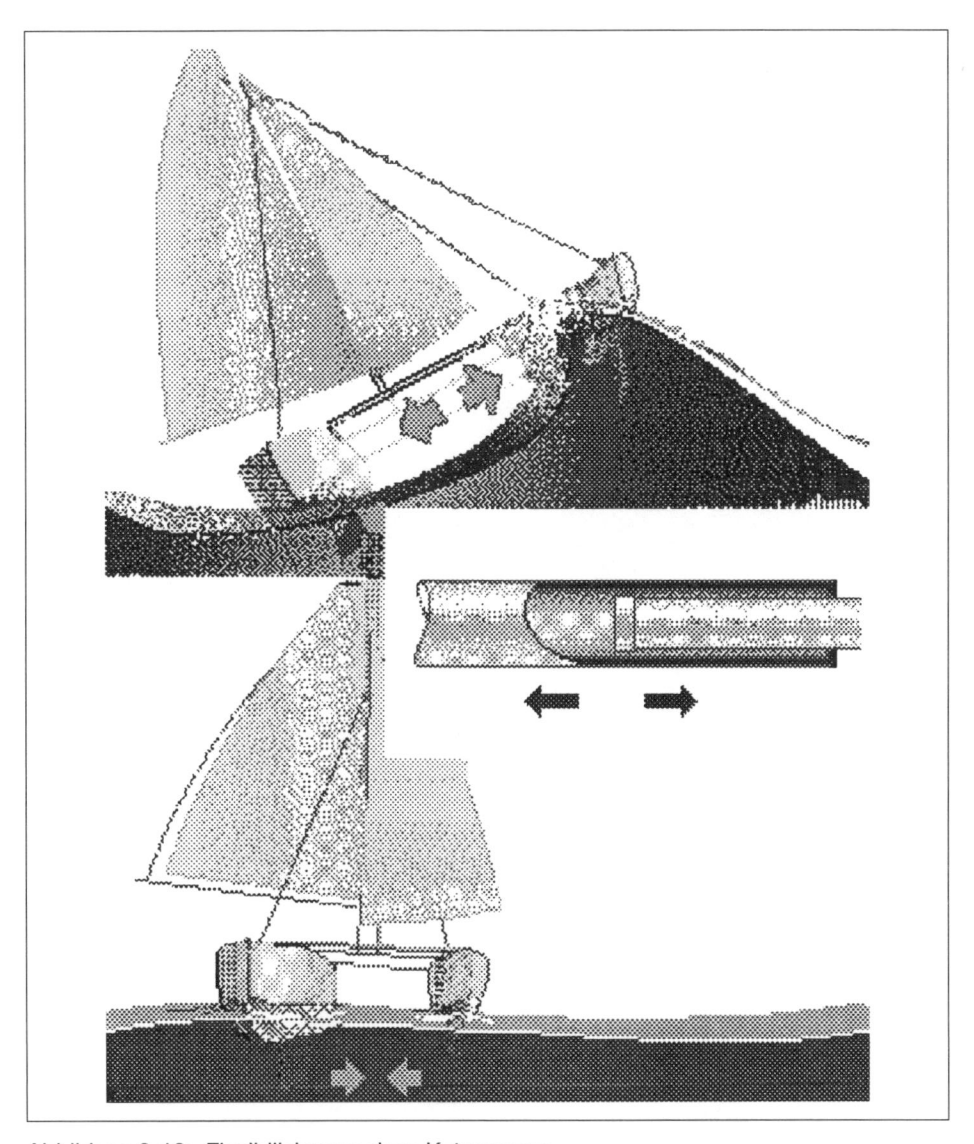

Abbildung 8-10: Flexibilisierung eines Katamarans

Beispiel: Ein nicht-homogenes Bi-System mit Antifunktionen führt zu höherer Geschwindigkeit eines Wassergenerators. Generell ist bei Wasserturbinen für effizientes Arbeiten eine hohe Rotationsgeschwindigkeit der Turbine notwendig. Unzulänglichkeiten in der Wasserströmung verhindern jedoch das Erreichen der hohen und effizienten Drehgeschwindigkeit. Könnte bei

Kapitel 8

einem solchen Generator (Abbildung 8-11) der Stator in der Gegenrichtung rotieren, dann wäre die relative Geschwindigkeit zwischen Stator und Rotor doppelt so hoch und das System wäre weit effizienter. Hier bietet sich die Möglichkeit an, das Wasser durch zwei separate Zuleitung zu führen und so Rotor und Stator gegensinnig anzutreiben. Dann wäre der Stator nicht länger ein Stator, sondern vielmehr ein Gegenrotor!

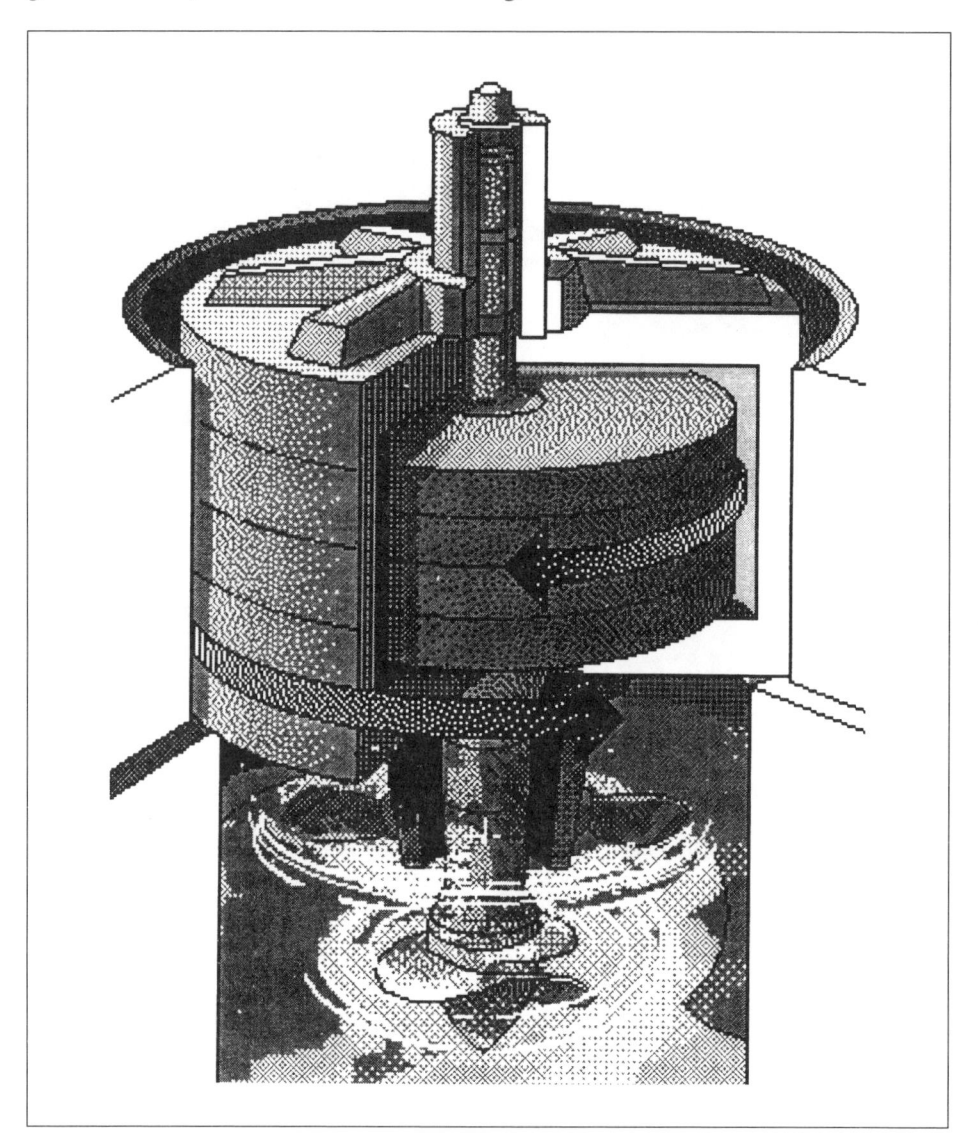

Abbildung 8-11: Wasserturbine mit gegenrotierendem Stator

Beispiel: Aus einem homogenen Polysystem lernen wir, daß nicht alle Samen gleichermaßen keimfähig sind. Um dennoch die Ausbeute an gesunden, schnellwachsenden Setzlingen zu erhöhen, kann man jeweils drei Samen an gleicher Stelle säen (Abbildung 8-12). Zwei Monate später werden bei den entstandenen Setzlingen den zwei schwächeren die oberen Triebe entfernt. Dann wird deren Haupttrieb mit zugehörigem Wurzelstock mit dem kräftigsten der drei Setzlinge gepfropft. Hierbei entsteht ein Trieb mit drei Wurzelstöcken, also ein effizienter Wasser- und Nährstoffkonsument. Dies sorgt für rasches und kräftiges Wachstum (Abbildung 8-13).

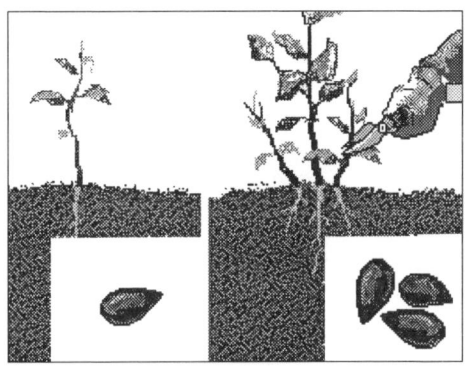

Abbildung 8-12: Beispiel Samenausbeute für ein homogenes Polysystem

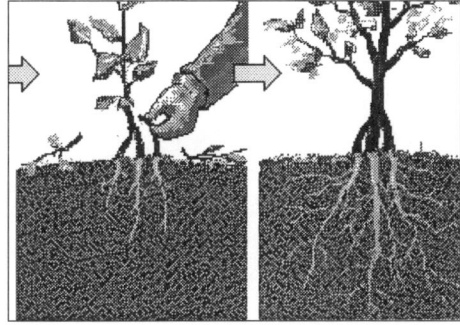

Abbildung 8-13: Beispiel Samenausbeute, dreifacher Wurzelstock für schnelles, kräftiges Wachstum

2.6. Evolution mit passenden und gezielt nicht passenden Komponenten

Dieses Evolutionsmuster könnte auch als der Militärmarsch-Widerspruch bezeichnet werden. Dieser Widerspruch wird durch das Separationsprinzip Zeit – wie in Kapitel 4 diskutiert – gelöst. Bei Paraden erzeugen in Formation marschierende Menschen ein Bild der Stärke. Unglücklicherweise kann dieses Tun durch Vibrationen und Resonanzen eine Brücke zerstören. Konsequenterweise ist bei Gruppenmärschen über Brücken der individuelle, nicht koordinierte Gang die übliche Standard-Vorgehensweise.

Viele Unternehmen sind stolz auf Ihr Verständnis und den Einsatz von statistischer Prozeßkontrolle (SPC). Ziel der SPC-Anwendung ist es, die Variation zwischen einzelnen Produkten zu reduzieren, nicht aber die Variation innerhalb eines Produktes! Durch zu große Symmetrie kann man Effizienz verlieren: Ein sechseckiges Stanzwerkzeug ist aufgrund der Vermeidung resonanter Vibrationen effizienter, wenn die Schneideflächen nicht im exakten 60°-Winkel zueinander stehen. Eine Mischung aus 60.5, 59, 61, 62.1, 58 und 59.8° hätte sechs verschiedene Resonanzfrequenzen, wodurch sich selbst verstärkende Vibrationen praktisch ausgeschlossen sind.

Gemäß diesem Standard-Entwicklungsmuster werden einzelne Systemteile ganz gezielt passend oder nicht-passend gestaltet, um unerwünschte Effekte auszuschließen und die Gesamtperformance zu verbessern. Folgende evolutionäre Sequenz soll dies illustrieren:

- nicht-passende Elemente: ein Traktor mit Rädern vorne und Kettenantrieb hinten
- passende Elemente: vier identische Räder an einem Auto
- gezielt nicht passende Elemente: kleine Räder vorne und große Räder hinten bei modernem Traktor
- dynamisches Passen und Nicht-Passen: verschiedene Einschlagwinkel der kurveninneren und kurvenäußeren Vorderräder bei der Kurvenfahrt teurer Autos.

Ein anderes typisches Beispiel für gezielt nicht-passende Komponenten ist die asymmetrische Motorblockbefestigung in Abbildung 4-5 (Kapitel 4).

2.7. Miniaturisierung und verstärkter Einsatz von Feldern

Technische Systeme zeigen generell eine Evolution von der Makro- zu der Mikroebene. Im Verlaufe dieses Überganges werden verschiedene Felder genutzt, um Performance oder Kontrolle beziehungsweise (Selbst)-Steuerung zu verbessern.

Die Evolution eines Backofens kann als Prozeß in vier Schritten dargestellt werden:

1. großer gußeiserner Holzofen
2. kleinerer gasbeheizter Herd mit Ofen
3. elektrisch beheizter Herd mit Ofen
4. Mikrowellen-Ofen.

Die typische Evolutionslinie in diesem Standard-Entwicklungsmuster hat sieben unterscheidbare Stufen (Abbildung 8-14), die man bei der Konstruktion von Gebäuden nachvollziehen kann:

1. Makro-Ebene: Blockhaus
2. einfach geformte Teile: Planken, Dielen
3. kleine Partikel: Preßspanplatten
4. Materialstruktur: Sperrholz
5. Chemie: Plastikwände, Spritzguß
6. atomarer Level: Stützen der Dachkonstruktion durch Luft (Tennishalle)
7. Energiefelder: ferromagnetische Partikel im Magnetfeld zu einer Wand orientieren.

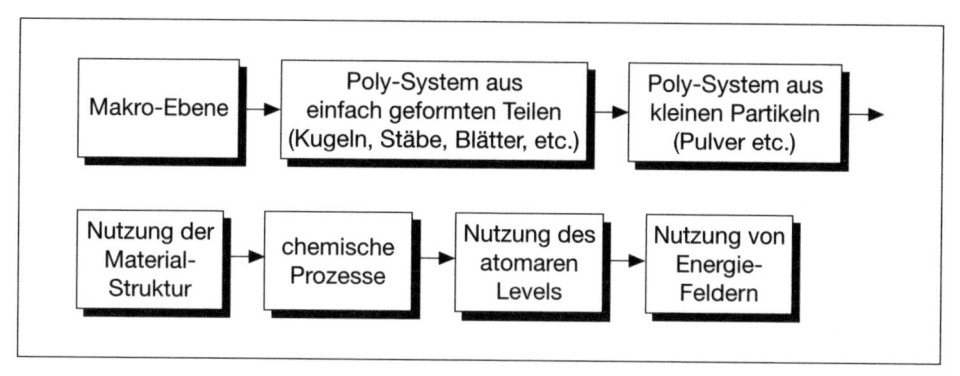

Abbildung 8-14: Die sieben Stufen des Standard-Entwicklungsmusters „Miniaturisierung und verstärkter Einsatz von Feldern"

Die Herstellung von Zement erfordert in einem Prozeßschritt das Sintern von granulärem Material, das Klinker genannt wird. Hierbei wird ein spezieller, fast horizontal angeordneter Drehofen (in Realität ein geheiztes, ca. 100 Meter langes Rohr mit 3 Meter Durchmesser) eingesetzt. Der Klinker muß in Kontakt zu einem Festkörper stehen, um zuverlässig aufzuheizen. Zu diesem Zweck sind 100 Tonnen schwere Eisenketten im Inneren des Drehofens aufgehängt. Zwar übertragen diese Ketten die Hitze recht effizient, sie zermalmen aber den Klinker leider teilweise auch zu feinem Staub, der die Qualität des Zements verschlechtert. Außer groß und teuer in der Investition zu sein, emittiert ein solcher konventioneller Zementofen auch viele Schadstoffe und konsumiert viel Energie (Abbildung 8-15).

Eine neue Methode des Klinker-Sinterns produziert keinen Staub: Klinker wird von unten in ein mit geschmolzenem Gußeisen gefülltes Becken geblasen und auf der Oberfläche zieht man den Zement ab (Abbildung 8-16). Während der Klinker durch die Schmelze emporsteigt wird er in ausreichendem Maß gesintert. Zementöfen auf Basis von geschmolzenem Gußeisen sind kleiner und preiswerter, sie verbrauchen weniger Energie und lassen sich hinsichtlich Emissionen sehr sauber betreiben.

Während das funktionale Design von der Makro- zur Mikroebene übergeht, muß die Größe eines Systems nicht notwendigerweise abnehmen. Üblicherweise nimmt zwar die Systemgröße, die eine bestimmte Funktion zur Verfügung stellt, ab, aber es werden parallel dazu immer mehr Funktionen in ein System integriert. So benötigen zum Beispiel moderne Laserdrucker für PCs mehr Stellfläche als die durch sie ersetzten Nadeldrucker. Ursache hierfür sind zusätzliche integrierte Features wie mehrere Papierschächte, Sortiervorrichtungen, Einzelblatt-Zufuhr etc.

2.8. Geringere menschliche Interaktion

Systeme entwickeln sich in Richtung Übernahme von Routinearbeiten, was den Menschen erlaubt, sich anspruchsvolleren Tätigkeiten zuzuwenden.

Beispiel: Vor hundert Jahren war Wäsche waschen eine arbeits- und zeitintensive Tätigkeit, zu der man Kübel und Waschbrett benötigte. Mangeln wurden als erste Maschinen zur Arbeitserleichterung entwickelt, aber nach wie vor mußte der Bediener viel Zeit investieren. Heutige vollautomatische Waschmaschinen benötigen nur ein Minimum an Zeit und Arbeit seitens des Bedieners.

Es muß nochmals erwähnt werden, daß für eine Vorhersage zukünftiger Designs möglichst alle Standardentwicklungsmuster analysiert werden müssen. Eine Zusammenstellung aller hieraus resultierenden alternativen Vorhersagen läßt dann Gruppen erkennen, in deren Richtung künftige Entwicklungen höchstwahrscheinlich ablaufen werden. In diese Richtungen sollte man gehen!

Das siebte Standardentwicklungsmuster „Miniaturisierung und verstärkter Einsatz von Feldern" weist auch auf den verstärkten Einsatz von Feldern in der Zukunft hin. Die in Kapitel 6 dargelegte Stoff-Feld-Analyse bietet hier einen guten Anknüpfungspunkt, speziell wenn es darum geht, Felder so zu verändern, daß eine beabsichtigte Funktion realisiert werden kann.

8 Technische Evolution

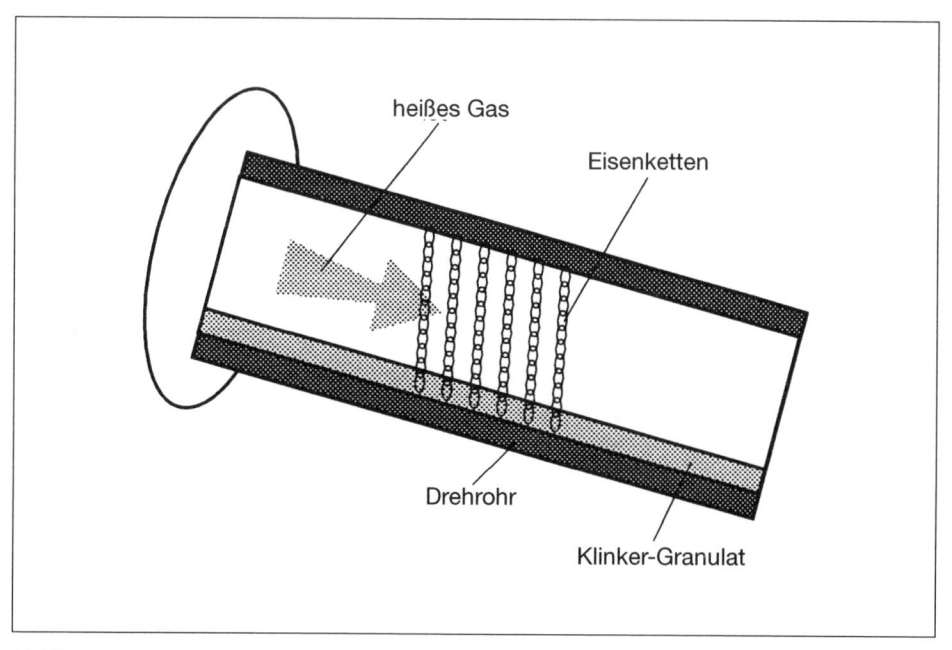

Abbildung 8-15: Konventioneller Zement-Drehofen, schematische Darstellung des Sinterprozesses

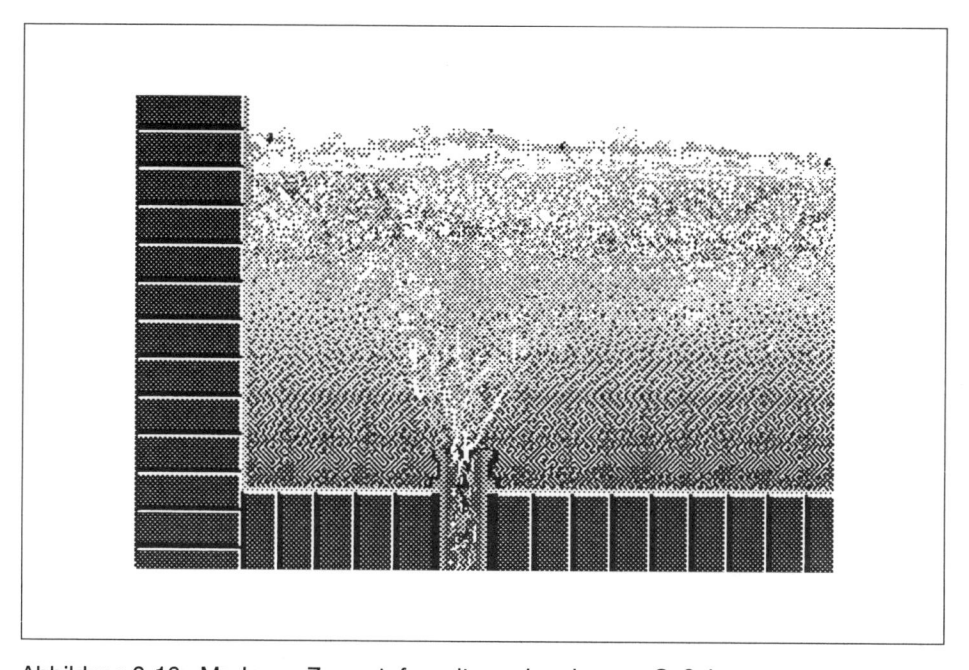

Abbildung 8-16: Moderner Zementofen mit geschmolzenem Gußeisen

Ein abschließendes TRIZ-Werkzeug zur Generierung von Konzepten wird im nun folgenden Kapitel 9 erläutert.

*„Die Geschichte der Menschheit
wird zunehmend ein Wettlauf
zwischen Bildung und Katastrophe".*

*H. G. Wells
aus The Outline of History, 1920.*

Kapitel 9

Antizipierende Fehlererkennung
Subversive Fehler-Analyse

Am Ende dieses Kapitels kennen Sie Vorgehensweisen
- **um Fehler und Versagen kreativ zu erfinden,**
- **um Fehler und Versagen zu vermeiden.**

Vor einigen Jahren gab Boris Zlotin einer Gruppe von Ingenieuren einen Fehleranalyse-Kurs. Leider waren diese nicht besonders am Thema interessiert. Als Boris sie jedoch herausforderte, Saboteure zu spielen und kritische Systemteile zum Versagen zu führen, da setzte Enthusiasmus ein. Aufbauend auf dieser Erfahrung, wie man Aufmerksamkeit und Interesse erregt, läßt sich dieses Kapitel auch als *subversive Fehleranalyse* überschreiben. Wir stellen also die Frage: „Was kann Mutter Natur tun, um unser Produkt oder unseren Prozeß zum Versagen zu bringen?" Auf dem Weg zum perfekten Vandalen können wir hoffentlich das Design, die Konstruktion oder den Ablauf so optimieren, daß Murphy's Gesetz („Wenn etwas schiefgehen kann, dann wird es auch schiefgehen") keine Chance mehr hat.

Bei der antizipierenden Fehlererkennung fokussieren wir uns also auf schädliche oder ineffiziente Aspekte unseres Systems und übertreiben diese bis zum maximalen Fehlerereignis. Diese Katastrophe wird nun zur gewollten Funktion gemacht. Auf dieses invertierte Problem läßt sich dann die TRIZ-Methodik in ihrer ganzen Breite anwenden. Typischerweise läuft ein 9-stufiger Prozeß wie in Abbildung 9-1 dargestellt, ab.

Antizipierende Fehlererkennung

1. Formulierung des Original-Problems
2. Formulierung des invertierten Problems
3. Verstärkung des invertierten Problems
4. Suche nach offensichtlichen Lösungen für das invertierte Problem
5. Identifizierung und Nutzung von Ressourcen
6. Suche nach brauchbaren Effekten
7. Suchen nach neuen Lösungen
8. Rück-Invertierung und Verifikation
9. Entwicklung von Vorgehensweisen zur Fehlervermeidung.

Abbildung 9-1: Der 9-stufige Prozeß der antizipierenden Fehlererkennung.

1. Formulierung des Original-Problems

Wie bezeichnet man das System?
  Was ist die primäre Nutzfunktion des Systems?
  Beschreibe das zentrale Problem. Wenn bekannt: Was sind die Bedingungen und Gründe, die das Problem hervorrufen?

Das Eliminieren dieses Problems darf keine Nutzfunktion negativ beeinflussen oder neue Probleme erzeugen.

Beispiel: Eine bestimmte Aluminiumstrebe aus der Luft- und Raumfahrtindustrie hat im Grunde eine röhrenförmige Gestalt und eine polierte und elektrooxidierte (eloxierte) Oberfläche. Unter den Bedingungen des etablierten Herstellungsprozesses tritt häufig ein Fehler – sogenannte schwarze Flecken – auf. Die Ursache für dieses Phänomen soll gefunden und eliminiert werden.

Übung 9-1

Sie haben Ihr aktuelles Produkt bereits in früheren Kapiteln beschrieben. Welche Probleme und Ausfälle liegen vor?
Wenn keine Ausfälle existieren: Welche Arten von Ausfall könnte ein Saboteur provozieren? Wie?

Abbildung 9-2: Übung zu Ausfällen des eigenen Produkts

2. Formulierung des invertierten Problems

Invertieren Sie das ursprüngliche Problem.

Beschreiben Sie das zentrale Problem als primäre Nutzfunktion mit dem Worten: „Es besteht die Anforderung ... zu erzeugen ... unter folgenden Bedingungen".

Listen Sie alle Teile des Systems auf.

Unter welchen Bedingungen tritt das Problem normalerweise auf?

Beispiel: Es besteht die Anforderung, die schwarzen Flecken auf der Aluminiumstrebe unter den üblichen Bedingungen ihres Herstellprozesses zu erzeugen.

Übung 9-2

Invertieren Sie das Versagen zur Zielfunktion Ihres Produkts.

Abbildung 9-3: Übung zum invertierten Problem des eigenen Produkts

3. Verstärkung des invertierten Problems

Versuchen Sie, die Beschreibung des Problems zu übertreiben, ersetzen Sie den beabsichtigten Effekt durch einen stärkeren.
Beispiel: Es besteht die Anforderung, die ganze Oberfläche der Aluminiumstrebe unter den üblichen Bedingungen ihres Herstellprozesses einzuschwärzen.

Übung 9-3

Übertreiben Sie das angestrebte Versagen.

Abbildung 9-4: Übung zum verstärkten, invertierten Problem des eigenen Produkts

4. Suche nach offensichtlichen Lösungen für das invertierte Problem

Durchforsten Sie Wissenschaft, Technik, unsere tägliche Umgebung und Erfahrung nach Situationen, wo oben definierter Effekt (das invertierte, verstärkte Problem) gezielt erzeugt wird. Anders formuliert: Finden Sie heraus, wie und wo die Lösung bereits am einfachsten realisiert wurde. Überlegen Sie, ob diese Lösung auch auf den konkreten Fall des invertierten, verstärkten Problems angewandt werden kann.
Beispiel: Beim Studium der Literatur und in Gesprächen mit Fachleuten

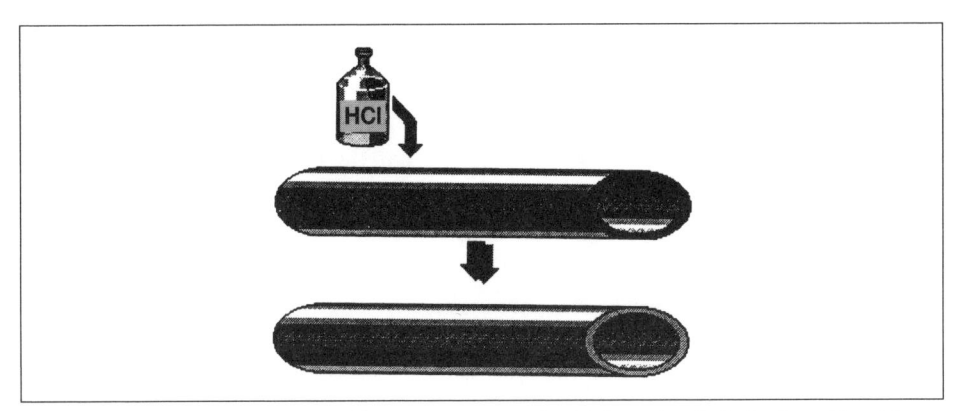

Abbildung 9-5: Oberflächliche Schwärzung von Aluminium durch Salzsäure-Einwirkung und Elektrooxidation

Kapitel 9

> **Übung 9-4**
>
> Welche allgemein bekannten Vorgehensweisen sind Ihnen geläufig, die man zur absichtlichen Erzeugung des invertierten, verstärkten Problems bei ihrem Produkt einsetzen könnte?

Abbildung 9-6: Übung zu allgemein bekannten Vorgehensweisen zur absichtlichen Erzeugung des Fehlers

wurde gefunden, daß es ein spezielles Verfahren zur Schwärzung von Aluminium gibt. Hierzu wird die Aluminiumoberfläche mit verdünnter Salzsäure (HCl) behandelt und elektrooxidiert (Abbildung 9-5).

5. Identifizierung und Nutzung von Ressourcen

Finden und bewerten Sie alle im System und dessen Umwelt vorhandenen Ressourcen, sowohl in unmittelbarer wie auch abgeleiteter Form. Gibt es zusätzliche Informationen, die bei der Lösung des invertierten Problems nützlich sein könnten?

Beispiel:
Verfügbare Stoffe: Metall, Feuchtigkeit, Luft, Schmiermittel, Kühlmittel.
Verfügbare Felder: Temperaturveränderung, chemische Oxidation, Elektrooxidation.

Salzsäure erscheint nicht in der Liste unmittelbar verfügbarer Ressourcen.

Sind abgeleitete Ressourcen sinnvoll einsetzbar? Salzsäure besteht aus Wasserstoffionen und Chlorid. Wasserstoffionen sind auch in Form von Luftfeuchte, Kühlmittel etc. verfügbar. Woher könnte Chlorid kommen? Es ist im Leitungswasser zugegen! Und in der Tat wurde beim Herstellprozeß der Aluminiumstreben gefunden, daß das verwendete Kühlmittel mit Leitungswasser angesetzt wurde. Daher war die Anwesenheit von Chlorid und damit von Salzsäure wahrscheinlich. Und Tropfen dieser aus Leitungswasser und Chlorid entstandenen Salzsäure wirken zusammen mit der Elektrooxidation auf die Oberfläche der Aluminiumstrebe ein (Abbildung 9-7).

In der Tat eine einleuchtende Hypothese! Aber leider konnte sie weiterführenden Untersuchungen nicht standhalten. Nach dem maschinellen Herstellprozeß, bei dem Kühlmittel eingesetzt wird, wird jede Aluminiumstrebe

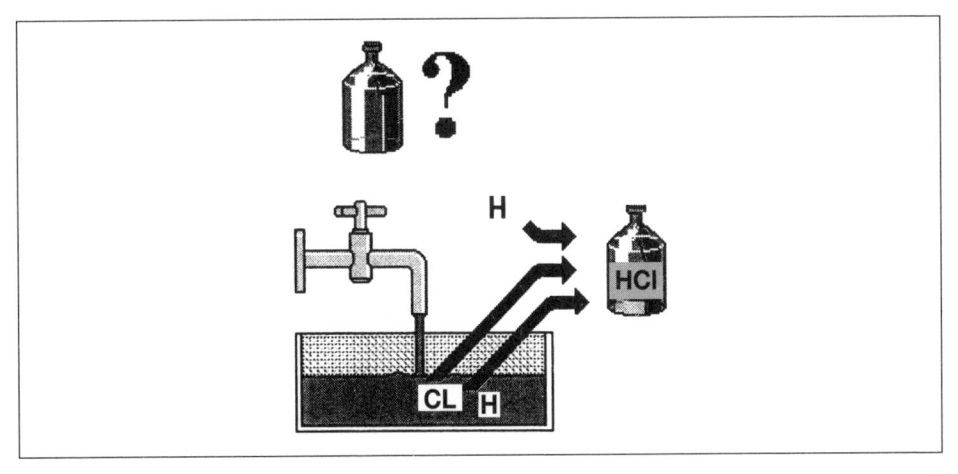

Abbildung 9-7: Die Entstehung von Salzsäure in einem Umfeld aus Wasser, Wasserstoff und Chlorid

sorgfältig mit einem Stofftuch abgewischt, so daß keine Wassertopfen mehr auf der Oberfläche zurückblieben.

Was nun? Eine neuerliche Suche nach Ressourcen. Nachdem wir nach wie vor über das Ziel, schwarze Flecken zu erzeugen, sinnieren, muß nach Möglichkeiten nach der Anwesenheit von Wasser in der Nähe der Streben gesucht werden. Die röhrenförmigen Aluminiumstreben wurden innen und außen maschinell bearbeitet. Werden sie auch innen und außen trockengewischt? NEIN! Das Rohr wird innen nicht getrocknet, hier könnte also Salzsäure entstehen. Die schwarzen Flecken aber sind auf der Außenseite zu finden!

Übung 9-5

Welche Ressourcen existieren im Umfeld oder im Herstellprozeß Ihres Produkts, die diesen Ausfall unterstützen können?

Abbildung 9-8: Übung zu Ressourcen beim Ausfall des eigenen Produkts

6. Suche nach brauchbaren Effekten

Ziehen Sie physikalische, chemische, geometrische und – wenn das Problem in irgendeiner Art mit menschlichem oder tierischem Verhalten zusammenhängt – auch psychologische Effekte zum Erzielen des beabsichtigten Effektes heran. Das heißt: nutzen Sie TRIZ zur Lösung des invertierten, verstärkten Problems, wenn die Ressourcenbetrachtung oben zu keinem Resultat geführt hat.

Beispiel: Wie können die Salzsäuretropfen von der Innenseite auf die Außenseite transportiert werden? Denkbar wäre ein Verdampfen im Inneren und das Kondensieren auf der Außenseite. Hierfür wäre aber eine Temperaturveränderung notwendig.

Übung 9-6

Finden sich die benötigten Ressourcen im Herstellverfahren des eigenen Produkts wieder?

Abbildung 9-9: Übung zur Suche nach notwendigen Ressourcen

7. Suchen nach neuen Lösungen

Versuchen Sie, den oben beschriebenen Effekt zu realisieren, d. h., lösen Sie das invertierte, verstärkte Problem. Allerdings unter strenger Limitation auf die verfügbaren Ressourcen.

Beispiel: In diesem speziellen Fall der Aluminiumstreben ist die Suche nach einer neuen Lösung nicht notwendig, da der Mechanismus der schädlichen Funktion oben schon klar geworden ist.

Übung 9-7

Lösen Sie Ihr Problem.

Abbildung 9-10: Übung zur Lösung des eigenen Problems

8. Rück- Invertierung und Verifikation

Basierend auf der nun gefundenen Lösung des invertierten Problems werden versuchsweise Hypothesen formuliert und getestet.

Beispiel: Nach dem Abwischen wurden die Aluminiumstreben in Plastikfolie gewickelt, um sie vor Verschmutzung während des Lagerns zu schützen. Bei Veränderung der Außentemperatur (warmer Tag, kühle Nacht) verdunstete die wässrige Salzsäure auf der Innenseite und kondensierte auf der Außenseite wieder (Abbildung 9-11).

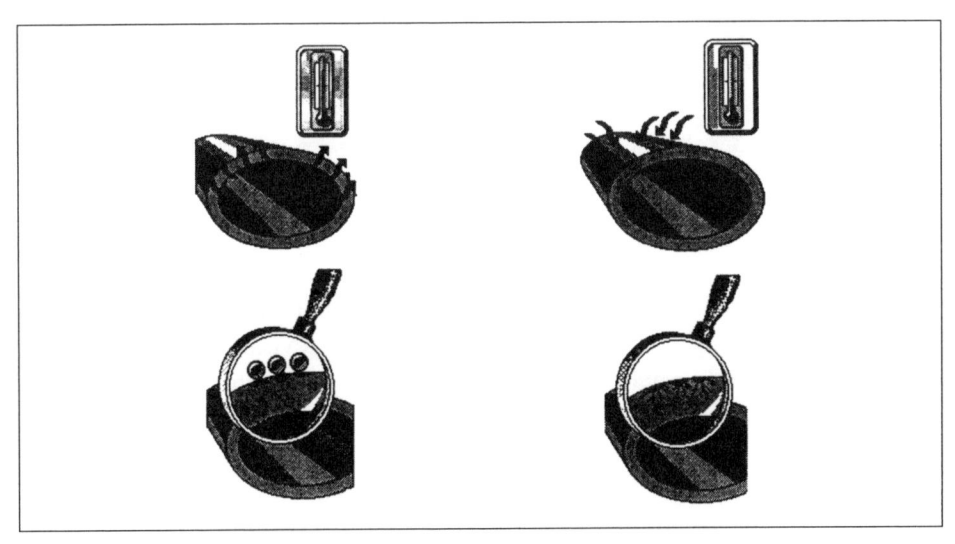

Abbildung 9-11: Ursache des Problems (Verdunstung/Kondensation) illustriert

---
Übung 9-8

Welche Hypothese(n) zum Versagen Ihres Produktes leiten Sie ab?

Abbildung 9-12: Übung zur Hypothesenbildung für eigenes Problem

9. Entwicklung von Vorgehensweisen zur Fehlervermeidung

Invertieren Sie das Problem erneut, um die Lösung zur Fehler-Elimination auszuformulieren.
Beispiel: Nach Bestätigung oben genannter Hypothese war es eigentlich recht einfach, Methoden zur Vermeidung dieser schwarzen Punkte zu beschreiben. Nicht nur außen, sondern auch innen zu wischen ist eine naheliegende Lösungsmöglichkeit. Ein anderer Lösungsansatz wäre, kleine Silica-Päckchen als Trocknungsmittel in die Plastikfolie mit hineinzugeben (Abbildung 9-13).

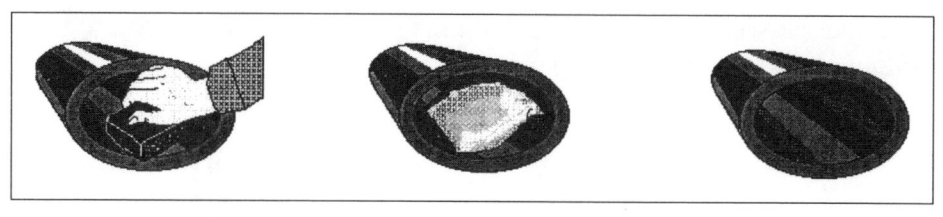

Abbildung 9-13: Trocknen der Innenseite und Vermeidung der schwarzen Flecken auf der Außenseite der Aluminiumstreben durch Wischen oder mittels Trockenmittel-Beutel

Im nun folgenden, letzten Kapitel sind einige Vorsichtsmaßregeln und Richtlinien für eine erfolgreiche Implementation dieser revolutionären Methode der strukturierten Innovation, die wir TRIZ nennen, zusammengestellt.

*„Sprich französisch,
wenn dir das treffende Englisch nicht einfällt."*

Lewis Carroll

Kapitel 10

Implementierung

Am Ende dieses Kapitels
- sind Sie sich bewußt, welche Probleme mit TRIZ nicht lösbar sind,
- kennen Sie die Synergien von TRIZ mit anderen Techniken,
- sind Sie in der Lage, das richtige TRIZ-Werkzeug zu selektieren.

1. Implementierung und TRIZ-ungeeignete Sachverhalte

TRIZ ist eine Methodik zur Erzeugung von Lösungskonzepten. Es ist nicht die Intention dieser Vorgehensweise, komplette ingenieursmäßige Lösungen zu produzieren. Die konkrete Lösung befindet sich im Rahmen der gefundenen Konzepte, muß aber im Detail fertigentwickelt werden. Wie das Beispiel der auf schnellem Druckverlust basierenden Anwendungen (Kapitel 1) zeigt, ist jedesmal das Konzept identisch, aber die konkrete Realisierung individuell. Um mit TRIZ effiziente Resultate zu erzeugen, muß man eine in dieser Hinsicht klare und eindeutige Erwartungshaltung haben.

Viele Aspekte – auch solche, die mit der eigentlichen Methode garnichts zu tun haben – tragen zu einer erfolgreichen TRIZ-Implementierung bei. Ein ganz wichtiger Aspekt ist die Innovations-Checkliste als Basis der Problemformulierung.

Ist das Produkt kunden- oder technologiegetrieben? In beiden Fällen sollte in der initialen Phase ein Werkzeug wie Quality Function Deployment (QFD) eingesetzt werden. QFD übersetzt systematisch die Anforderungen der Kunden oder Anteilseigner in die Sprache der Ingenieure. Damit werden für den Kunden wichtige Qualitäten direkt mit technischen Anforderungen und Designspezifikationen verknüpft.

Die Rahmenbedingungen des Unternehmens müssen klargestellt werden. Der Lösungsspielraum kann durch hohe Kapitalinvestitionen, Produktionsmöglichkeiten oder auch Unternehmensprinzipien eingeschränkt sein.

Ein Gebiet, das von TRIZ nicht berührt wird, ist die Zusammensetzung eines Teams. Vielen Menschen ist der Unterschied im Denken zwischen der linken und rechten Gehirnhälfte bewußt. Die linke Gehirnseite tendiert dazu, analytisch, logisch und konsequent zu sein, während die rechte Hälfte in Richtung Emotionen, Kreativität und Nicht-Strukturierung geht. In seinem Buch The Creative Brain beschreibt Ned Hermann vier statt zwei Verhaltenstypen des Gehirns. Die linkshirnigen Denker werden unterteilt in den analytischen Denker, bei dem der obere Quadrant dominiert und in den Anführer, der durch den unteren Hirnquadranten bestimmt wird. Die mit der rechten Gehirnhälfte arbeitenden Denker lassen sich in den sozial bewußten (unterer Quadrant) und den kreativen Denker (oberer Quadrant rechts) unterteilen. Bei jedem Menschen dominiert einer dieser vier Quadranten. Gute Führungskräfte haben eine gut ausgewogene Mischung aller vier Varianten. Alle vier Typen an Denkern werden während eines Projekts benötigt, Ingenieure tendieren zu logisch-analytischem Verhalten und nutzen die drei anderen Denkarten wenig. Der sozialbewußte Denker beispielsweise empfindet den Prozeß der Problemformulierung als sehr nützlich. Aber generell hat TRIZ für alle vier Denker-Typen attraktive Werkzeuge.

In High-Tech-Unternehmen hat die Mehrzahl aller Teammitglieder in Forschung und Entwicklung einen analytisch-logischen Denkansatz, nur ganz selten sind Vertreter der anderen drei Quadranten zu finden. Hier offenbart sich die Stärke von TRIZ und seinem strukturierten Problemlösungsansatz: zunächst liegt die Kompatibilität mit den linkshirnigen Entwicklern, aber auch den linkshirnigen Anführern klar auf der Hand, aber beim zweiten Blick ist das Zusammenspiel mit der rechten Gehirnhälfte beim Thema Kreativität ebenfalls eine Stärke von TRIZ. Damit wird der durchschnittliche Entwickler zu einem besser-als-durchschnittlichen Erfinder!

2. Alles zusammentragen

Und wie paßt nun alles zusammen, wo ist der Zusammenhang zwischen den einzelnen TRIZ-Tools? Hunderte von TRIZ-Anwendern und TRIZ-Spezialisten haben diese Methode seit 20 Jahren ohne Software angewandt. Erste Voraussetzung ist die genaue Kenntnis und die sachgerechte Anwendung jedes Werkzeugs. Das Beherrschen erlernt man durch Anwendung – auch wenn das konkrete Problem nicht gerade ideal für den konkreten Trainingsfall sein sollte. Beherrschen bedeutet nämlich auch, die Robustheit und die Grenzen jedes Werkzeugs zu erkunden.

Die TRIZ-Implementierung an einem konkreten Fallbeispiel beginnt mit der Beschaffung aller verfügbaren Informationen zum Problem. Dann muß schnellstmöglich entschieden werden, ob das Problem ohne weitere Analyse gelöst werden kann. Wenn JA, dann ist die Problemlösung wahrscheinlich eine Niveau-1-Innovation und sollte schnellstmöglich umgesetzt werden.

Die Innovations-Checkliste (Kapitel 2):

Sollte sich die Problemstellung doch als eine ernstzunehmende mit innovativem Hintergrund erweisen, dann ist der beste Weg zu starten die Komplettierung der Innovations-Checkliste. Während der Erstellung dieser Checkliste wird oft soviel Transparenz geschaffen und soviel an Zusammenhängen geklärt, daß innovative Problemlösungen durchaus spontan stattfinden können – in der Regel auch auf Niveau 1. Dann wurde auch hier das Problem gelöst, ohne besonders tief in TRIZ einzusteigen.

Problemformulierung (Kapitel 3):

Nach Komplettierung der Datenerfassung ist es am besten, das Problem anhand der in Kapitel 3 erläuterten Vorgehensweise zu formulieren. Auch hier kann es aufgrund der Systematik zu schnellen Lösungen auf Niveau 1 kommen – ohne daß eines der wissensbasierten TRIZ-Tools hätte eingesetzt werden müssen.

Große komplexe Systeme können durchaus 10 bis 15 Teilprobleme beinhalten, was dann zu einigen hundert Problemformulierungen führt. Vor der eigentlichen Problemformulierung macht es Sinn, auf die Stimme des Kunden zu hören. Welche Erfahrungen hat er (oder der Anteilseigner, Aktionär, ...) mit dem Produkt, welche Anforderungen stellt er? Diese Analyse kann man mit dem Öffen des Produktversandkartons beginnen und mit einer funktionalen Analyse des ganzen Kartoninhaltes fortsetzen. Danach nimmt man die Verkleidung des Produkts ab und fokussiert sich auf das Innenleben, auf Subsysteme und Einzelteile. Die Frage „warum" muß wieder und wieder gestellt werden.

Aus diesem Schritt resultiert ein Flußdiagramm, wo alle und alles in irgendeiner Weise mit der primären nützlichen Funktion (PNF) und der primären schädlichen Funktion (PSF) verbunden wird. Sekundäre Funktionen und Probleme können eingefügt werden, der Detaillierungsgrad hängt vom konkreten Anwendungsfall ab. Die Verbindungslinien zwischen den Einzelobjekten dieses Flußdiagramms repräsentieren kausale Zusammenhänge. Subsysteme oder zusammengehörige Teile/Funktionen können zugunsten einer übersichtlichen Strukturierung umrahmt werden.

Jetzt beginnt der Prozeß der Problemformulierung. Output ist eine umfassende Sammlung von ausformulierten Teilproblemen, durch die das Problem in seinem Kontext präzise beschrieben wird. In der Regel kann man nicht mit allen ausformulierten Teilproblemen weiterarbeiten, so daß eine Gruppierung Sinn macht:

Gruppe 1: Welche Teilprobleme des relevanten Subsystemes lassen sich in allernächster Zeit lösen?

Gruppe 2: Welche Teilprobleme sind Sache der nächsten Produktgeneration oder welche Teilprobleme sind korrespondierenden Subsystemen zuzuordnen?

Gruppe 3: Gesamtsystem-Probleme, Lösungshorizont weit in der Zukunft, signifikante System-Änderung, unmöglich zu lösende Probleme (warum?).

3. Das richtige Werkzeug selektieren

Es gibt Werkzeuge, die mehr analytisch ausgerichtet sind und solche, die ihren Schwerpunkt auf dem Verfügbarmachen von Wissen haben. Natürlich hat jedes Tool seine eigenen Stärken und Schwächen.

Die Analyse technischer Widersprüche (Kapitel 4)
Art des Werkzeugs: wissensbasiert.
Stärken: schnell und einfach zu nutzen, bietet Lösungs-Empfehlungen für über 1200 Widersprüche.
Schwächen: das Problem muß in ein Schema von 39 technischen Parametern gezwungen werden, es muß sich um ein existentes System handeln, der Widerspruch muß technischer Natur sein. Für Konzepte weniger geeignet.
Besonders geeignet für: Probleme, die sich als Widerspruch der 39 Parameter formulieren lassen und für technische Sachverhalte.

Die Analyse physikalischer Widersprüche (Kapitel 4)
Art des Werkzeugs: wissensbasiert.
Stärken: schnell und einfach zu nutzen.
Schwächen: die sich ausschließenden Zustände zu definieren.
Besonders geeignet für: das Auffinden nahezu idealer Lösungen auf physikalischem Niveau für zunächst völlig widersprüchliche Anforderungen.

Der Weg zur Idealität (Kapitel 5)
Art des Werkzeuges: analytisch.
Stärken: lenkt den Blick visionär in die Zukunft, bietet allgemeine Vorgehensweisen an, funktioniert auch bei neuartigen Systemen und Konzepten.

Schwächen: sehr allgemeine Richtlinien, stark von persönlicher Erfahrung und Wissen abhängig.
Besonders geeignet für: die Stimulierung von ausgefallenem, nichtkonventionellem Denken.

Im Weg zur Idealität sind – wie am Ende von Kapitel 5 gezeigt – einige wenige Elemente von ARIZ enthalten.

Stoff-Feld-Analyse (Kapitel 6)
Art des Werkzeuges: analytisch.
Stärken: sehr strukturierter Ansatz, kann zu völlig anderen Designkonzepten führen.
Schwächen: benötigt einen soliden physikalischen Hintergrund im Umgang mit Feldern.
Besonders geeignet für: die Entwicklung von Ideen zu existenten und auch zukünftigen Designs.

Algorithmus des erfinderischen Problemlösens (Kapitel 7)
Art des Werkzeuges: analytisch.
Stärken: Problem und System werden extrem detailliert auf allen Ebenen untersucht.
Schwächen: komplexe und aufwendige Analyse, tendiert dazu, zu detailliert zu werden, erfordert solides technisches Fachwissen.
Besonders geeignet für: die Formulierung und Lösung von Widersprüchen und zur Fokussierung auf die am meisten der Idealität nahekommende Lösungsmöglichkeit.

Gesetzmäßigkeiten der technischen Evolution (Kapitel 8)
Art des Werkzeugs: wissensbasiert.
Stärken: liefert einen Einblick in die möglichen Richtungen der technischen Evolution.
Schwächen: es ist schwierig, das am besten zutreffende Standard-Entwicklungsmuster zu identifizieren. Weiterhin ist es schwierig, die Position des derzeitigen Produkts oder Entwicklungsstandes auf der S-Kurve zu bestimmen.
Besonders geeignet für: die Entwicklung von zukünftigen Produkten bereits heute und zur Festlegung, wie die nächste Produktgeneration aussehen wird.

Antizipierende Fehlererkennung (Kapitel 9)
Art des Werkzeugs: wissensbasiert und analytisch.
besonders geeignet für: das Auffinden von Änderungsmöglichkeiten am Design, die zur Reduktion der Auftrittschance von Fehlern und Versagen führen.

Zusammenfassend wurden in diesem Buch mehrere analytische und wissensbasierte TRIZ-Werkzeuge ausführlich besprochen. Die analytischen Tools geben in der Regel die Richtung vor und die wissensbasierten Tools führen dann zu Konzepten.

Zwischen TRIZ und zwei anderen Methoden aus der Qualitätsentwicklung – QFD und Taguchi Methode – bestehen gewaltige Synergien. Durch den Einsatz aller drei Methoden ergibt sich ein sehr mächtiger Prozeß des Produktentwurfs.

4. Synergien

Das Wort Synergie stammt aus dem Griechischen und bedeutet „zusammenarbeiten, kooperieren". Der Design- oder Entwurfsprozeß für ein Produkt wird dann besonders effizient, wenn sich das Team die Synergien potenter Methoden zunutze macht: Quality Function Deployment (QFD), Theorie des erfinderischen Problemlösens (TRIZ) sowie Versuchsplanung (Taguchi-Methoden).

Quality Function Deployment (QFD) übersetzt alle relevanten Kundeninformationen in die Sprache der Entwickler.

TRIZ bietet Unterstützung im innovativen Lösen von Problemen.

Die Taguchi-Methodik hilft uns, optimale Systemeinstellungen festzulegen und Kompromisse auszubalancieren.

Im Zusammenspiel ergänzen sich Stärken und Schwächen jeder der drei Einzelmethoden zu einem sehr ausgeglichenen Methodensatz für die Designentwurfsphase.

QFD hilft jedem Unternehmen, Kunden und Anteilseigner zu verstehen. Grundlage ist das präzise Aufzeichnen der Kundenanforderungen – am besten vor und nach „Kontakt" mit dem jeweiligen Produkt. QFD erzeugt auf diesem Weg eine Fülle von Informationen zu den Stärken und Schwächen eines Produkts. Diese Information hat ihren Ursprung direkt beim Kunden und ist daher sehr subjektiv. Im Detail handelt es sich um eine Zusammenstellung der vom Kunden geforderten subjektiven Performance-Kriterien

(Funktionen) für ein Produkt oder einen Service inklusive einer Beschreibung, wer dieses Produkt wann, wo, wie und in welchem Zusammenhang einsetzt. Die subjektive Prioritätenreihenfolge in diesen Anforderungen sowie der gegenwärtige und zukünftig gewünschten Erfüllungsgrad derselben sind ausschließlich vom Kunden zu bewertende Daten. Diese Information wird im house of quality des QFD in die Sprache des Unternehmens übersetzt. Auf dieser Basis können Ressourcen hocheffizient eingesetzt und exakt die vom Kunden gewünschten Produkte entwickelt werden. QFD unterstützt aber in keiner Weise den Prozeß der Innovation, so daß für diesen speziellen Punkt eine andere Methode eingesetzt werden muß.

Die Theorie des erfinderischen Problemlösens (TRIZ) kann zu Quantensprüngen im innovativen Produktdesign führen. Weiterhin erleichtert TRIZ die zielgerichtete Produktevolution und die antizipierende Fehlererkennung. Zielgerichtete Produktevolution gibt einem Unternehmen die Möglichkeit, Produkte von morgen bereits heute zu entwickeln und so den Gang der „natürlichen" technischen Evolution im Sinne eines Wettbewerbsvorteils abzukürzen. Antizipierende Fehlererkennung sucht in einer hochkreativen Form nach potentiellen Fehlern und Versagens-Ursachen und bietet durch Anbindung an die TRIZ-Methodik sofort innovative Möglichkeiten, diese Fehler zu verhindern. Allerdings hat die TRIZ-Methode keine „Eingangsprüfung" über die Sinnhaftigkeit eines Problems und unterstützt nicht in der abschließenden Detail-Realisation.

Die Philosophie des robusten Designs von Genichi Taguchi unterstützt den Entwickler als dritte Methode dahingehend, daß die Zielfunktion und eine perfekte Balance aller wesentlichen Kriterien in einem nachvollziehbaren Prozeß erreicht werden. Hierbei werden Steuergrößen auf den optimalen Wert eingestellt und eine maximale Unabhängigkeit von Störgrößen realisiert. Die wesentlichen Quellen für Varianzen in der Performance sind nach Taguchi:

- Variation der Rohmaterialien oder der Komponenten
- Variation im Herstellprozeß
- Variation in der Umgebung, in der das Produkt eingesetzt wird

Um beispielsweise kleine Überschwemmungen im häuslichen Keller zu lenken, kann man heutzutage eine flexible Barriere auf den Boden kleben, egal ob der Untergrund naß oder trocken ist. Dies ist ein – gegen die Umweltbedingungen – robustes Design.

Die durch Einsatz der Taguchi-Methodik gewonnenen Erkenntnisse über den Zusammenhang von Steuer- und Zielgrößen können auch für eine schnelle und flexible Anpassung des Systems an im Nachhinein veränderte Anforderungen und Bedingungen genutzt werden.

Die Kombination dieser drei Methoden führt zu einem innovativen, durch die Anforderungen des Kunden getriebenen, robusten Entwicklungsprozeß. Insbesondere die Stabilität gegenüber möglichen Quellen an Varianz ist hierbei hervorzuheben.

$$QFD + TRIZ + Taguchi$$
$$=$$
$$\text{kundenorientierte robuste Innovation}$$

5. Informationsquellen

Im Internet findet man zu allen drei Methoden sehr viel Information. Drei Organisationen führen derzeit jährliche Symposien, die einen TRIZ-Teil enthalten, durch: Das American Supplier Institute mit Sitz in Michigan, USA, veranstaltet jedes Jahr im November ein Symposium. Das QFD Institute (Michigan, USA) hat jedes Jahr im Juni eine Veranstaltung, genau wie das QFD Institut Deutschland e.V. (Köln), ebenfalls jährlich im Juni. Desweiteren sind im Anhang dieses Buches zahlreiche Literaturhinweise zu finden.

Innovation macht Spaß. Widersprüche sind nun keine Stolpersteine mehr, sondern Ausgangspunkt für bahnbrechende Ideen. Der Autor freut sich darauf, Sie eines Tages auf einem Symposium oder im Internet zu treffen – insbesondere um diese Begeisterung zu teilen.

e-mail: john@terninko.com
WWW-Seite: http://www.mv.com/ipusers/rm

„Nicht für alle erhebe ich Lob und Preis;
sondern für diejenigen mit hartnäckigen Fragen
nach dem Sinn und den Hintergründen..."

William Wordsworth
aus „Intimations of Immortality," 1807

Literatur

[30] Herrmann, N.: *The Creative Brain*, Brain Books, Lake Lure, NC, 1988.
[31] Terninko, J.; *Step by Step QFD: Customer-Driven Product Design*, Responsible Management Inc., Nottingham, NH, 1995.
[32] Terninko, J.: *Robust Design: Key Points for Worlds Class Quality*, Responsible Management Inc., Nottingham, NH, 1989.

Anhang A

Der Einsatz ausgewählter physikalischer Effekte und Phänomene für innovative Problemlösungen

Geforderte Funktion oder Eigenschaft
Physikalisches Phänomen, Effekt, Faktor oder Methode zur Erzeugung der geforderten Funktion oder Eigenschaft.

1. Temperaturmessung
- thermische Expansion und ihr Einfluß auf die Frequenz von Schwingungen
- thermoelektrische Phänomene
- Emissionsspektrum
- Veränderung der optischen, elektrischen und magnetischen Eigenschaften von Substanzen
- Übergang am Curiepunkt
- Hopkins-, Barkhausen-, Seebeck-Effekt

2. Temperatur erniedrigen
- Phasenübergang
- Joule-Thomson-Effekt
- Rank-Effekt
- magnetisch-kalorischer Effekt
- thermoelektrische Phänomene

3. Temperatur erhöhen
- elektromagnetische Induktion
- Eddy-Strom
- Oberflächeneffekte
- dielektrisches Erhitzen
- elektronische Erwärmung
- elektrische Entladung
- Strahlungsabsorption durch Substanz
- thermoelektrische Phänomene

4. Temperatur stabilisieren
- Phasenübergang
- Übergang am Curiepunkt

5. Ein Objekt lokalisieren
- Einführung von Marker-Substanzen, die zwecks leichter Detektierbarkeit ein vorhandenes Feld verändern können (wie Luminophore) oder ihr eigenes Feld erzeugen können (wie ferromagnetische Materialien).
- Reflexion und Emission von Licht

- Photo-Effekt
- Verformung
- Radioaktivität und Röntgenstrahlung
- Lumineszenz
- Veränderungen an magnetischen oder elektrischen Feldern
- elektrische Entladung
- Doppler-Effekt

6. Ein Objekt bewegen
- Einsatz eines Magnetfeldes zur Beeinflussung eines Objekts oder am Objekt befestigter Magnet
- Einsatz eines Magnetfeldes zur Beeinflussung eines Gleichstrom-durchflossenen Leiters
- Einsatz eines elektrischen Feldes zur Beeinflussung eines elektrisch geladenen Objekts
- Übertragung von Druck in Flüssigkeiten oder Gasen
- mechanische Schwingungen
- Zentrifugalkräfte
- thermische Expansion
- Lichtdruck

7. Gas oder Flüssigkeit bewegen
- Kapillarkräfte
- Osmose
- Toms-Effekt
- Wellen
- Bernoulli-Effekt
- Weissenberg-Effekt

8. Aerosole bewegen (Staub, Rauch, Nebel etc.)
- Elektrostatik
- Elektrisches oder magnetisches Feld
- Lichtdruck

9. Mischungen herstellen
- Ultraschall
- Kavitation
- Diffusion
- elektrisches Feld
- magnetisches Feld in Zusammenhang mit magnetischen Materialien
- Elektrophorese
- Auflösen

10. Mischungen trennen
- elektrische und magnetische Separation
- elektrisches oder magnetisches Feld zur Viskositätsveränderung einer Flüssigkeit
- Zentrifugalkräfte
- Sorption

- Diffusion
- Osmose

11. Die Position eines Objekts stabilisieren
- elektrisches oder magnetisches Feld
- unter elektrischem oder magnetischem Einfluß härtende Flüssigkeit
- gyroskopischer Effekt
- reaktive Kräfte

12. Erzeugen und/oder Verändern von Kraft
- Hochdruck
- magnetisches Feld mit magnetischem Material
- Phasenübergang
- thermische Expansion
- Zentrifugalkräfte
- Veränderung hydrostatischer Kräfte durch Viskositätsveränderung einer elektrisch leitfähigen oder magnetischen Flüssigkeit in einem Magnetfeld
- Einsatz von Explosivstoffen
- elektrisch-hydraulischer Effekt
- optisch-hydraulischer Effekt
- Osmose

13. Reibung verändern
- Johnson-Rabeck-Effekt
- Einfluß von Strahlung
- Effekt der abnormal niedrigen Reibung
- Effekt der abriebfreien Reibung

14. Ein Objekt zerbrechen
- elektrische Entladung
- elektro-hydraulischer Effekt
- Resonanz
- Ultraschall
- Kavitation
- Laseranwendung

15. Speicherung mechanischer und thermischer Energie
- elastische Verformung
- Gyroskop
- Phasenübergang

16. Übertragen von Energie durch mechanische, thermische, strahlungsförmige und/oder elektrische Deformierung
- Schwingungen
- Alexandrov-Effekt
- Wellen, Schockwellen
- Strahlung

- thermische Leitfähigkeit
- Konvektion
- Lichtreflexion
- Faseroptik
- Laser
- elektromagnetische Induktion
- Supraleitfähigkeit

17. Ein bewegtes Objekt beeinflussen
- elektrisches oder magnetisches Feld (kontaktlos statt physischer Kontakt)

18. Abmessungen ermitteln
- Messung der Eigenfrequenz
- Einsatz und Detektion elektrischer oder magnetischer Marker

19. Dimensionen verändern
- thermische Expansion
- Deformation
- Magnetostriktion
- Piezoelektrischer Effekt

20. Oberflächeneigenschaften und/oder -zustände detektieren
- elektrische Entladung
- Reflexion von Licht
- Elektronen-Emission
- Moire-Effekt
- Strahlung

21. Oberflächeneigenschaften verändern
- Reibung
- Adsorption
- Diffusion
- Bauschinger-Effekt
- elektrische Entladung
- mechanische oder akustische Schwingungen
- UV-Strahlung

22. Volumeneigenschaften und/oder -zustände detektieren
- Einführung von Marker-Substanzen, die zwecks leichter Detektierbarkeit ein vorhandenes Feld verändern können (wie Luminophore) oder ihr eigenes Feld erzeugen können (wie ferromagnetische Materialien).
- Veränderung des elektrischen Widerstandes in Abhängigkeit von Struktur- und/oder Eigenschaftsveränderungen
- Wechselwirkung mit Licht
- elektrooptische und magnetooptische Phänomene
- polarisiertes Licht

- Radioaktivität und Röntgenstrahlung
- Elektronenspinresonanz, kernmagnetische Resonanz
- magnetoelastischer Effekt
- Übergang am Curiepunkt
- Hopkins-Barkhausen-Effekt
- Ultraschall
- Mössbauer-Effekt
- Hall-Effekt

23. Veränderung von Volumeneigenschaften
- Veränderung der Eigenschaften von Flüssigkeiten (Viskosität, Fluidität) durch elektrisches oder magnetisches Feld
- Beeinflussung durch ein Magnetfeld mittels einer eingebrachten magnetischen Substanz
- Erhitzung
- Phasenübergang
- Ionisation im elektrischen Feld
- UV-, Röntgen- oder radioaktive Strahlung
- Deformation
- Diffusion
- elektrisches oder magnetisches Feld
- Bauschinger-Effekt
- thermoelektrische, thermomagnetische und magnetooptische Effekte
- Kavitation
- photochromatischer Effekt
- interner Photo-Effekt

24. Ausbildung und/oder Stabilisierung bestimmter Strukturen
- Interferenz
- stehende Wellen
- Moire-Effekt
- magnetische Wellen
- Phasenübergang
- mechanische und akustische Schwingungen
- Kavitation

25. Elektrische und magnetische Felder detektieren
- Osmose
- statische Elektrizität
- elektrische Entladung
- Piezo-elektrischer- und Segneto-elektrischer Effekt
- Elektronen-Emission
- elektrooptische Phänomene
- Hopkins-Barkhausen-Effekt
- Hall-Effekt
- kernmagnetische Resonanz
- gyromagnetische und magnetooptische Phänomene

26. Detektion von Strahlung
- optisch-akkustische Effekte
- thermische Expansion
- Photo-Effekt
- Lumineszenz
- photo-plastischer Effekt

27. Elektromagnetische Strahlung erzeugen
- Josephson-Effekt
- Induktion
- Tunnel-Effekt
- Lumineszenz
- Hall-Effekt
- Cherenkov-Effekt

28. Elektromagnetisches Feld steuern
- Schirme benutzen
- Eigenschaften ändern (elektrische Leitfähigkeit ...)
- Objektgestalt ändern

29. Licht steuern oder modulieren
- Refraktion von Licht
- Reflexion von Licht
- elektro- und magnetooptische Phänomene
- Photo-Elastizität
- Kerr-Effekte
- Faraday-Effekt
- Hall-Effekt
- Franz-Keldysh-Effekt

30. Initiieren und intensivieren chemischer Reaktionen
- Ultraschall
- Kavitation
- UV-, Röntgen- und radioaktive Strahlung
- elektrische Entladung
- Schockwellen

Wiedergegeben aus „Search for New Ideas: From Insight to Methodology", Altschuller, Zlotin, Zusman, Filatov 1989, übersetzt von Zusmann 1997.

Literatur

[33] Altschuller, G.S., Zlotin, B.L., Zusman, A.V., Filantov, V.I.: *Searching for New Ideas: From Insight to Methodology* (russisch), Kartya Moldovenyaska, Kishnev, Moldawien, 1989.
[34] *Physical Effects and Phenomena for Inventors, 2nd Edition* (russisch) Obninsk, Rußland, 1977.

Anhang B

Altschullers 39 technische Parameter

1. Gewicht eines bewegten Objekts
Die meßbare, von der Schwerkraft verursachte Kraft, die ein bewegter Körper auf die ihn vor dem Fallen bewahrende Auflage ausübt. Ein bewegtes Objekt verändert seine Position aus sich heraus oder aufgrund externer Kräfte.

2. Gewicht eines stationären Objekts
Die meßbare, von der Schwerkraft verursachte Kraft, die ein stationärer Körper auf seine Auflage ausübt. Ein stationäres Objekt verändert seine Position weder aus sich heraus noch aufgrund externer Kräfte.

3. Länge eines bewegten Objekts
Die lineare Maßzahl der Länge, Höhe oder Breite eines Körpers in Bewegungsrichtung. Die Bewegung kann intern oder durch externe Kräfte verursacht sein.

4. Länge eines stationären Objekts
Die lineare Maßzahl der Länge, Höhe oder Breite eines Körpers in der durch keine Bewegung gekennzeichneten Richtung.

5. Fläche eines bewegten Objekts
Die flächige Maßzahl einer Ebene oder Teilebene eines Objekts, das aufgrund interner oder externer Kräfte seine räumliche Position verändert.

6. Fläche eines stationären Objekts
Die flächige Maßzahl einer Ebene oder Teilebene eines Objekts, das aufgrund interner oder externer Kräfte seine räumliche Position nicht verändern kann.

7. Volumen eines bewegten Objekts
Die kubische Maßzahl eines Objekts, das aufgrund interner oder externer Kräfte seine räumliche Position verändert.

8. Volumen eines stationären Objekts
Die kubische Maßzahl eines Objekts, das aufgrund interner oder externer Kräfte seine räumliche Position nicht verändern kann.

9. Geschwindigkeit
Das Tempo, mit dem eine Aktion oder ein Prozeß zeitlich vorangebracht wird.

10. Kraft
Die Fähigkeit, physikalische Veränderungen an einem Objekt oder in einem System hervor-

rufen zu können. Die Veränderung kann vollständig oder teilweise, permanent oder temporär sein.

11. Druck oder Spannung
Die Intensität der auf ein Objekt oder System einwirkenden Kräfte, gemessen als Kompression oder Spannung pro Fläche.

12. Form
Die äußerliche Erscheinung oder Kontur eines Objekts oder Systems. Die Form kann sich vollständig oder teilweise, permanent oder temporär aufgrund einwirkender Kräfte verändern.

13. Stabilität eines Objekts
Die Widerstandsfähigkeit eines ganzen Objekts oder Systems gegen äußere Effekte.

14. Festigkeit
Die Fähigkeit eines Objekts oder Systems, innerhalb definierter Grenzen Kräfte oder Belastungen auszuhalten, ohne zu zerbrechen.

15. Haltbarkeit eines bewegten Objekts
Die Zeitspanne, während der ein sich räumlich bewegendes Objekt in der Lage ist, seine Funktion erfolgreich zu erfüllen.

16. Haltbarkeit eines stationären Objekts
Die Zeitspanne, während der ein räumlich fixiertes Objekt in der Lage ist, seine Funktion erfolgreich zu erfüllen.

17. Temperatur
Der Verlust oder Gewinn von Wärme als mögliche Gründe für Veränderungen an einem Objekt, System oder Produkt während des geforderten Funktionsablaufes.

18. Helligkeit
Lichtenergie pro beleuchteter Fläche, Qualität und Charakteristik des Lichtes; Grad der Ausleuchtung.

19. Energieverbrauch eines bewegten Objekts
Der Energiebedarf eines sich aufgrund interner oder externer Kräfte räumlich bewegenden Objekts oder Systems.

20. Energieverbrauch eines stationären Objekts
Der Energiebedarf eines sich trotz äußerer Kräfte räumlich nicht bewegenden Objekts oder Systems.

21. Leistung
Das für die betreffende Aktion benötigte Verhältnis aus Aufwand und Zeit. Dient zur Cha-

rakterisierung benötigter, aber unerwünschter Veränderungen in der Leistung eines Systems oder Objekts.

22. Energieverschwendung
Unfähigkeit eines Systems oder Objekts Kräfte auszuüben, insbesondere wenn nicht gearbeitet oder produziert wird.

23. Materialverschwendung
Abnahme oder Verschwinden von Material, insbesondere wenn nicht gearbeitet oder produziert wird.

24. Informationsverlust
Abnahme oder Verlust an Informationen oder Daten.

25. Zeitverschwendung
Zunehmender Zeitbedarf zur Erfüllung einer vorgegebenen Funktion.

26. Materialmenge
Die benötigte Zahl an Elementen oder die benötigte Menge eines Elements für die Erzeugung eines Objekts oder Systems.

27. Zuverlässigkeit
Die Fähigkeit, über eine bestimmte Zeit oder Zyklenanzahl die vorgegebene Funktion adäquat erfüllen zu können.

28. Meßgenauigkeit
Der Grad an Übereinstimmung zwischen gemessenem und wahrem Wert der zu messenden Eigenschaft.

29. Fertigungsgenauigkeit
Das Maß an Übereinstimmung mit Spezifikationen.

30. Äußere negative Einflüsse auf ein Objekt
Die auf ein Objekt einwirkenden, Qualität und Effizienz beeinflussenden, äußeren Faktoren.

31. Negative Nebeneffekte des Objekts
Intern erzeugte Effekte, die die Qualität und Effizienz eines Objekts oder Systems beeinträchtigen.

32. Fertigungsfreundlichkeit
Komfort und Einfachheit, mit der ein Produkt erzeugt werden kann.

33. Benutzungsfreundlichkeit
Komfort und Einfachheit, mit der ein Objekt oder System bedient oder benutzt werden kann.

34. Reparaturfreundlichkeit
Komfort und Einfachheit, mit der ein System oder Objekt nach Beschädigung oder Abnutzung wieder in den arbeitsfähigen Zustand zurückversetzt werden kann.

35. Anpassungsfähigkeit
Die Fähigkeit, sich an veränderliche externe Bedingungen anpassen zu können.

36. Komplexität in der Struktur
Anzahl und Diversität der Einzelbestandteile einschließlich deren Verknüpfungen. Weiterhin ist hier die Schwierigkeit, ein System als Benutzer zu beherrschen, gemeint.

37. Komplexität in der Kontrolle oder Steuerung
Anzahl und Diversität an Elementen bei der Steuerung und Kontrolle des Systems, aber auch der Aufwand, mit einer akzeptablen Genauigkeit zu messen.

38. Automatisierungsgrad
Die Fähigkeit, ohne menschliche Interaktion zu funktionieren.

39. Produktivität
Das Verhältnis zwischen Zahl der abgeschlossenen Aktionen und des dazu notwendigen Zeitbedarfs.

Anhang C

Die 40 innovativen Prinzipien

1. Segmentierung
a. Zerlege ein Objekt in unabhängige Teile.
b. Führe das Objekt zerlegbar aus.
c. Erhöhe den Grad an Unterteilung.
Beispiele: A. Zerlegbare Möbel, modulare Computer, faltbare Meßlatte.
B. Gartenschläuche können für variable Reichweiten aneinander gekoppelt werden.

2. Abtrennung
a. Entfernung oder Abtrennung des störenden Teiles eines Objekts.
b. Den notwendigen Teil bzw. die wesentliche Eigenschaft alleine einsetzen.
Beispiel: Das Benutzen von auf Band aufgezeichneten Vogelstimmen zur Verbesserung der Sicherheit auf Flughäfen (von Vogel als Objekt „abgetrennte" Vogelstimmen werden eingesetzt).

3. Örtliche Qualität
a. Übergang von homogener Struktur des Objekts oder seiner Umgebung zu einer heterogenen Struktur.
b. Die verschiedenen Teile eines Systems sollen verschiedene Funktionen erfüllen.
c. Jede Komponente eines Systems unter für sie individuell optimalen Bedingungen einsetzen.
Beispiele: A. Zur Bekämpfung von Staub im Untertage-Bergbau wird um die Werkzeuge (Bohr- und Lademaschinen) ein kegelförmiger Wasservorhang gesprüht. Je kleiner die Tropfen, desto besser wird der Staub gebunden. Leider tendieren sehr kleine Tröpfchen zur Nebelbildung, was die Arbeit insgesamt erschwert. Lösung nach innovativem Grundprinzip 3 ist, einen Kegel kleinster Tröpfchen mit einem Mantel aus größeren Tropfen zu umgeben.
B. Führe Bleistift und Radierer in einer Einheit zusammen.

4. Asymmetrie
a. Ersetze symmetrische Formen durch asymmetrische.
b. Erhöhe den Grad an Asymmetrie, wenn diese schon vorliegt.
Beispiele: A. Eine Seite des Reifens ist verstärkt, um häufigen Kontakt mit dem Bordstein besser zu überstehen.
B. Schüttet man nassen Sand durch einen Trichter, bildet dieser oft einen Brückenbogen über der Öffnung aus, was zu reduziertem und unregelmäßigem Durchfluß führt. Ein asymmetrischer Trichter löst dieses Problem.

5. Vereinen
a. Gruppiere gleichartige oder zur Zusammenarbeit bestimmte Objekte räumlich zusammen.
b. Vertakte gleichartige oder zur Zusammenarbeit bestimmte Objekte, d.h. kopple sie zeitlich.
Beispiel: Ein Rotations-Trockenbagger hat Dampfdüsen, um den Untergrund in einem Schritt aufzutauen und zu erweichen.

6. Universalität
a. Das System erfüllt mehrere unterschiedliche Funktionen, wodurch andere Systeme oder Objekte überflüssig werden.
Beispiele: A. Klappsofa läßt sich vom Sofa für den Tag zum Bett für die Nacht umwandeln.
B. Der Minivan-Sitz läßt sich für das Sitzen, Schlafen oder Lasten transportieren jeweils in eine günstige Form umbauen.

7. Verschachtelung
a. Ein Objekt befindet sich im Inneren eines anderen Objekts, das sich ebenfalls im Inneren eines dritten befindet.
b. Ein Objekt paßt in oder durch den Hohlraum eines anderen.
Beispiele: A. Steckpuppe, Matrjoschka.
B. Teleskop-Antenne.
C. Stapelbare Stühle.
D. Druckminenbleistift mit integriertem Minenvorrat.

8. Gegengewicht
a. Das Gewicht des Objekts kann durch Kopplung an ein anderes, entsprechend tragfähiges Objekt kompensiert werden.
b. Das Gewicht des Objekts kann durch aerodynamische oder hydraulische Kräfte kompensiert werden.
Beispiele: A. Boot mit Tragflügel.
B. Rennwagen haben einen Heckflügel, um die Bodenhaftung zu erhöhen.

9. Vorgezogene Gegenaktion
a. Vor der Ausführung einer Aktion muß eine erforderliche Gegenaktion vorab ausgeführt werden.
b. Muß ein Objekt in Spannung sein, dann muß vorab die Gegenspannung erzeugt werden.
Beispiele: A. Vorgespannte Betonstützen bei Brücken.
B. Verstärkte Stütze: zur Erhöhung der Stabilität wird diese aus mehreren Rohren zusammengesetzt, die vorher um einen bestimmten Winkel verdreht wurden.

10. Vorgezogene Aktion
a. Führe die notwendige Aktion – teilweise oder ganz – im voraus aus.
b. Ordne Objekte so an, daß sie ohne Zeitverlust vom richtigen Ort aus arbeiten können.

Beispiele: A. Bastelmesser, dessen Klinge Kerben enthält, wodurch man stumpfe Teile wegbrechen kann.
B. Klebstoff in einer Flasche ist nur schlecht sauber und gleichmäßig applizierbar. Das Aufbringen auf ein Band (Klebestreifen) erleichtert dies.

11. Vorbeugemaßnahme
a. Kompensiere die schlechte Zuverlässigkeit eines Systems durch vorher ergriffene Gegenmaßnahmen.

Beispiel: Zur Vermeidung von Ladendiebstahl werden an den Waren magnetisch codierte Etiketten angebracht. Damit der Kunde mit der Ware das Geschäft verlassen kann, muß das Etikett an der Kasse erst entmagnetisiert werden.

12. Äquipotential
a. Verändere die Bedingungen so, daß das Objekt mit konstantem Energiepotential arbeiten kann, also beispielsweise weder angehoben noch abgesenkt werden muß.

Beispiel: Motoröl am Auto wird über einer Grube gewechselt, wodurch teure Hebemaschinen überflüssig werden.

13. Umkehr
a. Implementiere anstelle der durch Spezifikation diktierten Aktion die genau gegenteilige Aktion.
b. Mache ein unbewegtes Objekt beweglich oder ein bewegliches unbeweglich.
c. Stelle das System „auf den Kopf", kehre es um.

Beispiel: Abrasives (= abtragendes) Reinigen von Teilen durch Vibration der Teile selbst statt durch Vibration des Abrasivums (z. B. Sand beim Sandstrahlen).

14. Krümmung
a. Ersetze lineare Teile oder flache Oberflächen durch gebogene, kubische Strukturen durch sphärische.
b. Benutze Rollen, Kugeln, Spiralen.
c. Ersetze lineare Bewegungen durch rotierende, nutze die Zentrifugalkraft aus.

Beispiel: Eine PC-Maus benutzt eine Kugelkonstruktion zur Umsetzung einer linearen, biaxialen Bewegung in einen Vektor.

15. Dynamisierung
a. Gestalte ein System oder dessen Umgebung so, daß es sich automatisch unter allen Betriebszuständen auf optimale Performance einstellt.
b. Zerteile ein System in Elemente, die sich untereinander optimal arrangieren können.
c. Mache ein unbewegliches Objekt beweglich, verstellbar oder austauschbar.

Beispiele: A. Die bewegliche Verbindung zwischen Blitzlampe und Blitzgerät.
B. Ein Transportschiff hat eine zylindrische Rumpfform. Um den Tiefgang bei voller Beladung zu reduzieren, wird es aus zwei mit einem Gelenk verbundenen Halbzylindern gefertigt, die bei Bedarf aufgeklappt werden können.

16. Partielle oder überschüssige Wirkung
a. Wenn es schwierig ist, 100 % einer geforderten Funktion zu erreichen, verwirkliche etwas mehr oder weniger, um so das Problem deutlich zu vereinfachen.

Beispiele: A. Die Lackierung eines Zylinders geschieht durch Eintauchen in Farbe. Leider wird er dabei zunächst mit mehr Farbe bedeckt, als erwünscht ist. Überschüssige Farbe läßt sich leicht und schnell durch Rotation entfernen.

B. Um aus einem Pulver-Vorratsgefäß einen gleichmäßigen Nachstrom des Pulvers zu gewährleisten, ist der Behälterausgang im Inneren als aufrecht stehender Trichter ausgebildet, der kontinuierlich überfüllt wird.

17. Höhere Dimension
a. Umgehe Schwierigkeiten bei der Bewegung eines Objekts entlang einer Linie durch eine zweidimensionale Bewegung (in einer Ebene). Analog wird ein Bewegungsproblem in der Ebene vereinfacht durch Übergang in die dritte Dimension.
b. Ordne Objekte in mehreren statt einer Ebene an.
c. Plaziere das Objekt geneigt oder kippe es.
d. Nutze Projektionen in die Nachbarschaft oder auf die Rückseite des Objekts.

Beispiel: Gewächshaus mit konkavem Reflektor an der Nordseite, um auch in diesem Teil des Gebäudes durch Lichtreflexion das Tageslicht besser ausnutzen zu können.

18. Mechanische Schwingungen
a. Versetze ein Objekt in Schwingung.
b. Oszilliert das Objekt bereits, erhöhe die Frequenz.
c. Benutze die Resonanzfrequenz(en).
d. Ersetze mechanische Schwingung durch Piezovibrationen.
e. Setze Ultraschall in Verbindung mit elektromagnetischen Feldern ein.

Beispiele: A. Statt mit einer gewöhnlichen Handsäge wird der Gipsverband mit einem oszillierenden Messer entfernt.

B. Gußmassen werden Vibrationen ausgesetzt, um deren Verteilung und Homogenität zu fördern.

19. Periodische Wirkung
a. Übergang von kontinuierlicher zu periodischer Wirkung.
b. Liegt bereits eine periodische Aktion vor, verändere deren Frequenz.
c. Benutze Pausen zwischen einzelnen Impulsen, um andere Aktionen einfügen zu können.

Beispiele: A. Angerostete Schrauben lassen sich besser mit Kraftimpulsen als mit kontinuierlich hoher Kraft am Schraubenschlüssel lösen.

B. Eine Warnleuchte wird besser wahrgenommen, wenn sie pulsiert.

20. Kontinuität
a. Führe eine Aktion ohne Unterbrechung aus, alle Komponenten sollen ständig mit gleichmäßiger Belastung arbeiten.
b. Schalte Leerläufe und Unterbrechungen aus.

Beispiel: Ein Bohrer kann am Kopf Schneiden für beide Richtungen haben, was erlaubt, den Bohrprozeß in beiden Richtungen auszuführen.

21. Überspringen
a. Führe schädliche oder gefährliche Aktionen mit sehr hoher Geschwindigkeit durch.

Beispiel: Ein Schneidegerät für dünnwandige Plastikröhrchen arbeitet mit sehr hoher Geschwindigkeit (der Schnitt erfolgt schneller als die für eine Deformierung notwendige Zeit).

22. Schädliches in Nützliches wandeln
a. Nutze schädliche Faktoren oder Effekte – speziell aus der Umgebung – positiv aus.
b. Beseitige einen schädlichen Faktor durch Kombination mit einem anderen schädlichen Faktor.
c. Verstärke einen schädlichen Einfluß soweit, bis er aufhört, schädlich zu sein.

Beispiele: A. Sand und Schotter frieren zusammen, wenn sie bei niedrigen Temperaturen transportiert werden. Schockgefrieren mit flüssigem Stickstoff zersprödet das Eis, so daß Schütten wieder möglich ist.

B. Beim Erwärmen von Metallstücken mit hochfrequenter Wechselspannung wird nur die Oberfläche heiß. Dieser negative Effekt läßt sich zur thermischen Oberflächenbehandlung pfiffig einsetzen.

23. Rückkopplung
a. Führe eine Rückkopplung ein.
b. Ist eine Rückkopplung vorhanden, ändere sie oder kehre sie um.

Beispiele: A. Der Wasserdruck am Ausgang eines Brunnens wird durch Druckmessung und dadurch gesteuerte Zuschaltung einer Pumpe bei zu niedrigem Druck aufrecht erhalten.

B. Zur Herstellung definierter Eis-Wasser-Gemische müssen Eis und Wasser separat quantifiziert und dann gemischt werden. Besser ist es, zuerst das schlechter dosierbare Eis auszuwiegen und diesen Meßwert direkt für die Steuerung eines Wasser-Dispensors zu nutzen.

C. Geräte zur Eliminierung von Lärm zeichnen diesen auf, verschieben die Phase und strahlen ihn wieder aus, um so durch gegenphasige Überlagerung das Lärmsignal zu löschen.

24. Mediator, Vermittler
a. Nutze ein Zwischenobjekt, um die Aktion weiterzugeben oder auszuführen.
b. Verbinde das System zeitweise mit einem anderen, leicht zu entfernenden Objekt.

Beispiel: Um Energieverluste bei der Elektrolyse von Schmelzen zu vermeiden, werden gekühlte Elektroden und diese umgebende Metallschmelzen mit niedrigem Siedepunkt als Mediator zur heißen Schmelze hin verwendet.

25. Selbstversorgung
a. Das System soll sich selbst bedienen und Hilfs-sowie Reparaturfunktionen selbst ausführen.
b. Nutze Abfall und Verlustenergie.

Beispiele: A. Um abrasives Material gleichmäßig auf den zermalmenden Rollen zu verteilen und diese vor Abtrag zu schützen, werden sie aus dem identischen Material wie das Abrasivum gefertigt.

B. In einem elektrischen Schweißbrenner wird der Draht durch eine spezielle Vorrichtung vorangeschoben. Eine kreative Vereinfachung stellt hier der über den Schweißstrom und eine Magnetspule gesteuerte Drahtvorschub dar.

26. Kopieren
a. Benutze eine billige, einfache Kopie anstatt eines komplexen, teuren, zerbrechlichen oder schlecht handhabbaren Objekts.
b. Ersetze ein System oder Objekt durch eine optische Kopie oder Abbildung. Hierbei kann der Maßstab (vergrößern, verkleinern) verändert werden.
c. Werden bereits optische Kopien benutzt, dann gehe zu infraroten oder ultravioletten Abbildern über.
Beispiel: Die Höhe sehr großer Objekte (Bauwerke ...) kann über Vermessung ihres Schattens ermittelt werden.

27. Billige Kurzlebigkeit
a. Ersetze ein teures System durch ein Sortiment billiger Teile, wobei auf einige Eigenschaften (Langlebigkeit beispielsweise) verzichtet wird.
Beispiele: A. Wegwerfwindeln.
   B. Eine Einweg-Mausefalle besteht aus einem mit Köder versehenen Plastik-Rohr. Die Maus gelangt durch eine enge, trichterförmige Öffnung in die Falle. Durch den Trichter kann die Maus auf umgekehrtem Weg nicht mehr heraus.

28. Mechanik ersetzen
a. Ersetze ein mechanisches System durch ein optisches, akustisches oder geruchsbasierendes System.
b. Benutze elektrische, magnetische oder elektromagnetische Felder.
c. Ersetze Felder: stationäre durch bewegliche, konstante durch periodische, strukturlose durch strukturierte.
d. Setze Felder in Verbindung mit ferromagnetischen Teilchen ein.
Beispiel: Um die Haltekraft eines metallischen Überzuges auf einem Thermoplast zu erhöhen, wird der Beschichtungsprozeß in Gegenwart eines elektromagnetischen Feldes ausgeführt, wodurch das Metall mit höherer Kraft angepreßt wird.

29. Pneumatik und Hydraulik
a. Ersetze feste, schwere Teile eines Systems durch gasförmige oder flüssige. Nutze Wasser oder Luft zum Aufpumpen, Luftkissen, hydrostatische Elemente.
Beispiele: A. Um den Zug in einem Industriekamin zu erhöhen, wird er innen spiralig mit einem porösen Rohr, durch das Luft geleitet wird, ausgestattet. Die aus diesen Poren strömende Luft erzeugt ein Luftkissen innen im Kamin, wodurch er besser zieht.
   B. Zum Postversand zerbrechlicher Dinge werden Packmaterialien mit Luftpolstern (Luftblasenfolie) oder geschäumte Packungen verwendet.

30. Flexible Hüllen und Filme
a. Ersetze übliche Konstruktionen durch flexible Hüllen oder dünne Filme.
b. Isoliere ein Objekt von der Umwelt durch einen dünnen Film oder eine Membran.

Beispiel: Um Wasserverlust an Pflanzen zu reduzieren, werden die Blätter mit Polyethylen-Spray behandelt. Das Polyethylen härtet aus und führt zu besserem Pflanzenwachstum, weil zwar Sauerstoff diese Schutzschicht passieren kann, Wasserdampf aber nur schlecht.

31. Poröse Materialien
a. Gestalte ein Objekt porös oder füge poröse Materialien (Einsätze, Überzüge ...) zu.
b. Ist ein Objekt bereits porös, dann fülle die Poren mit einem vorteilhaften Stoff im voraus.

Beispiel: Um das aufwendige Hineinpumpen von Kühlmittel in eine Maschine zu vermeiden, werden Teile der Maschine mit porösem Material (porös pulverisierter Stahl) gefüllt, das in Kühlmittel bereits eingeweicht wurde. Im Betrieb der Maschine verdampft das Kühlmittel sofort und führt so zu schneller, gleichmäßiger Kühlung.

32. Farbveränderung
a. Verändere die Farbe eines Objekts oder die der Umgebung.
b. Verändere die Durchsichtigkeit eines Objekts oder die der Umgebung.
c. Nutze zur Beobachtung schlecht sichtbarer Objekte oder Prozesse geeignete Farbzusätze.
d. Existieren derartige Farbzusätze bereits, setze Leuchtstoffe, lumineszente oder anderweitig markierte Substanzen ein.

Beispiele: A. Ein transparentes Pflaster erlaubt es, eine Wunde zu inspizieren, ohne den Verband zu entfernen.
B. In Stahlwerken schützt ein Wasservorhang die Arbeiter vor zu großer Hitze. Aber Wasser absorbiert nur die UV-Strahlung (Hitze), nicht die gleißende Helligkeit des sichtbaren Lichts. Dessen Intensität läßt sich ohne Beeinträchtigung der Transparenz durch Zugabe eines Farbstoffs in das Wasser reduzieren.

33. Homogenität
a. Fertige interagierende Objekte aus demselben oder aus ähnlichem Material.

Beispiel: Um abrasives Material gleichmäßig auf den zermalmenden Rollen zu verteilen und diese vor Abtrag zu schützen, werden sie aus dem identischen Material wie das Abrasivum gefertigt.

34. Beseitigung und Regeneration
a. Beseitige oder verwerte (ablegen, auflösen, verdampfen) diejenigen Teile des Systems, die ihre Funktion erfüllt haben oder unbrauchbar geworden sind.
b. Stelle verbrauchte Systemteile unmittelbar – im Arbeitsgang – wieder her.

Beispiele: A. Patronenhülse wird nach dem Schuß ausgeworfen.
B. Booster-Raketen trennen sich nach Erfüllen ihrer Aufgabe von der Hauptrakete ab.

35. Eigenschaftsänderung

a. Ändere den Aggregatzustand eines Objekts: fest, flüssig, gasförmig, aber auch quasiflüssig oder ändere Eigenschaften wie Konzentration, Dichte, Elastizität, Temperatur.

Beispiel: In einem Transportsystem für spröde, zerbröselnde Materialien wird die Transportschraube aus elastischem Material gefertigt. Dadurch kann die Steigung dieser Schraube und damit bei fixer Drehzahl die Transportgeschwindigkeit verändert werden.

36. Phasenübergang

a. Nutze die Effekte während des Phasenüberganges einer Substanz aus: Volumenveränderung, Wärmeentwicklung oder -absorption.

Beispiel: Um gerippte Rohre gleichmäßig zu dehnen, werden sie mit Wasser gefüllt und gefroren.

37. Wärmeausdehnung

a. Nutze die thermische Expansion oder Kontraktion von Materialien aus.
b. Benutze Materialien mit unterschiedlichen Wärmeausdehnungskoeffizienten.

Beispiel: Um das Dach eines Gewächshauses automatisch zu öffnen und zu schließen, werden die Fenster mit bimetallischen Streben versehen. Beim Temperaturwechsel biegen sich die Streben und schließen oder öffnen hierdurch die Fenster.

38. Starkes Oxidationsmittel

a. Ersetze normale Luft durch sauerstoffangereicherte Luft.
b. Ersetze angereicherte Luft durch reinen Sauerstoff.
c. Setze Luft oder Sauerstoff ionisierenden Strahlen aus.
d. Benutze Ozon.

Beispiel: Um mehr Licht aus einer Fackel zu erhalten, wird sie mit Sauerstoff statt mit Luft versorgt.

39. Inertes Medium

a. Ersetze die übliche Umgebung durch eine inerte.
b. Führe den Prozeß im Vakuum aus.

Beispiel: Um die Selbstentzündung von Baumwolle im Lager zu vermeiden, wird diese auf dem Transport zum Lager mit inertem (schwer entflammbarem) Gas behandelt.

40. Verbundmaterial

a. Ersetze homogene Stoffe mit Verbundmaterialien.

Beispiel: Hochbeanspruchte Tragflächen von Militärflugzeugen werden zwecks hoher Festigkeit und geringem Gewicht aus Kunststoff und Kohlefasern in Form eines Verbundmaterials gefertigt.

Literatur

[35] Kaplan, S., *An Introduction to TRIZ: the Russian Theory of Inventive Problem Solving*, Ideation International Inc., Southfield, MI, 1996.

Anhang D

Die 40 innovativen Grundprinzipien in (abnehmender) Reihenfolge ihrer Anwendungshäufigkeit

35	Eigenschaftsänderung	14	Krümmung
10	vorgezogene Aktion	22	Schädliches in Nützliches wandeln
1	Segmentierung	39	inertes Medium
28	Mechanik ersetzen	4	Asymmetrie
2	Abtrennung	30	flexible Hüllen und Filme
15	Dynamisierung	37	Wärmeausdehnung
19	periodische Wirkung	36	Phasenübergang
18	mechanische Schwingungen	25	Selbstversorgung
32	Farbveränderung	11	Vorbeugemaßnahme
13	Umkehr	31	poröse Materialien
26	Kopieren	38	starkes Oxidationsmittel
3	örtliche Qualität	8	Gegengewicht
27	billige Kurzlebigkeit	5	Vereinen
29	Pneumatik und Hydraulik	7	Verschachtelung
34	Beseitigung und Regeneration	21	Überspringen
16	partielle oder überschüssige Wirkung	23	Rückkopplung
40	Verbundmaterial	12	Äquipotential
24	Mediator, Vermittler	33	Homogenität
17	höhere Dimension	9	vorgezogene Gegenaktion
6	Universalität	20	Kontinuität

Anhang E Widerspruchstabelle

zu verbessernder Parameter		1 Gewicht eines bewegten Objekts	2 Gewicht eines stationären Objekts	3 Länge eines bewegten Objekts	4 Länge eines stationären Objekts	5 Fläche eines bewegten Objekts	6 Fläche eines stationären Objekts	7 Volumen eines bewegten Objekts	8 Volumen eines stationären Objekts	9 Geschwindigkeit	10 Kraft	11 Druck oder Spannung	12 Form	13 Stabilität eines Objekts	14 Festigkeit	15 Haltbarkeit eines bewegten Objekts	16 Haltbarkeit eines stationären Objekts	17 Temperatur
1	Gewicht eines bewegten Objekts			15, 8, 29, 34		29, 17, 38, 34		29, 2, 40, 28		2, 8, 15, 38	8, 10, 18, 37	10, 36, 37, 40	10, 14, 35, 40	1, 35, 19, 39	28, 27, 18, 40	5, 34, 31, 35		6, 20, 4, 38
2	Gewicht eines stationären Objekts				10, 1, 29, 35		35, 30, 13, 2		5, 35, 14, 2		8, 10, 19, 35	13, 29, 10, 18	13, 10, 29, 14	26, 39, 1, 40	28, 2, 10, 27		2, 27, 19, 6	28, 19, 32, 22
3	Länge eines bewegten Objekts	8, 15, 29, 34				15, 17, 4		7, 17, 4, 35		13, 4, 8	17, 10, 4	1, 8, 35	1, 8, 10, 29	1, 8, 15, 34	8, 35, 29, 34	19		10, 15, 19
4	Länge eines stationären Objekts		35, 28, 40, 29				17, 7, 10, 40		35, 8, 2, 14		28, 10	1, 14, 35	13, 14, 15, 7	39, 37, 35	15, 14, 28, 26		1, 40, 35	3, 35, 38, 18
5	Fläche eines bewegten Objekts	2, 17, 29, 4		14, 15, 18, 4				7, 14, 17, 4		29, 30, 4, 34	19, 30, 35, 2	10, 15, 36, 28	5, 34, 29, 4	11, 2, 13, 39	3, 15, 40, 14	6, 3		2, 15, 16
6	Fläche eines stationären Objekts		30, 2, 14, 18		26, 7, 9, 39						1, 18, 35, 36	10, 15, 36, 37		2, 38	40		2, 10, 19, 30	35, 39, 38
7	Volumen eines bewegten Objekts	2, 26, 29, 40		1, 7, 4, 35		1, 7, 4, 17				29, 4, 38, 34	15, 35, 36, 37	6, 35, 36, 37	1, 15, 29, 4	28, 10, 1, 39	9, 14, 15, 7	6, 35, 4		34, 39, 10, 18
8	Volumen eines stationären Objekts		35, 10, 19, 14	19, 14	35, 8, 2, 14						2, 18, 37	24, 35	7, 2, 35	34, 28, 35, 40	9, 14, 17, 15		35, 34, 38	35, 6, 4
9	Geschwindigkeit	2, 28, 13, 38		13, 14, 8		29, 30, 34		7, 29, 34			13, 28, 15, 19	6, 18, 38, 40	35, 15, 18, 34	28, 33, 1, 18	8, 3, 26, 14	3, 19, 35, 5		28, 30, 36, 2
10	Kraft	8, 1, 37, 18	18, 13, 1, 28	17, 19, 9, 36	28, 10	19, 10, 15	1, 18, 36, 37	15, 9, 12, 37	2, 36, 18, 37	13, 28, 15, 12		18, 21, 11	10, 35, 40, 34	35, 10, 21	35, 10, 14, 27	19, 2		35, 10, 21
11	Druck oder Spannung	10, 36, 37, 40	13, 29, 10, 18	35, 10, 36	35, 1, 14, 16	10, 15, 36, 25	10, 15, 35, 37	6, 35, 10	35, 24	6, 35, 36	36, 35, 21		35, 4, 15, 10	35, 33, 2, 40	9, 18, 3, 40	19, 3, 27		35, 39, 19, 2
12	Form	8, 10, 29, 40	15, 10, 26, 3	29, 34, 5, 4	13, 14, 10, 7	5, 34, 4, 10		14, 4, 15, 22	7, 2, 35	35, 15, 34, 18	35, 10, 37, 40	34, 15, 10, 14		33, 1, 18, 4	30, 14, 10, 40	14, 26, 9, 25		22, 14, 19, 32
13	Stabilität eines Objekts	21, 35, 2, 39	26, 39, 1, 40	13, 15, 1, 28	37	2, 11, 13	39	28, 10, 19, 39	34, 28, 35, 40	33, 15, 28, 18	10, 35, 21, 16	2, 35, 40	22, 1, 18, 4		17, 9, 15	13, 27, 10, 35	39, 3, 35, 23	35, 1, 32
14	Festigkeit	1, 8, 40, 15	40, 26, 27, 1	1, 15, 8, 35	15, 14, 28, 26	3, 34, 40, 29	9, 40, 28	10, 15, 14, 7	9, 14, 17, 15	8, 13, 26, 14	10, 18, 3, 14	10, 3, 18, 40	10, 30, 35, 40	13, 17, 35		27, 3, 26		30, 10, 40
15	Haltbarkeit eines bewegten Objekts	19, 5, 34, 31		2, 19, 9		3, 17, 19		10, 2, 19, 30		3, 35, 5	19, 2, 16	19, 3, 27	14, 26, 28, 25	13, 3, 35	27, 3, 10			19, 35, 39
16	Haltbarkeit eines stationären Objekts		6, 27, 19, 16		1, 10, 35				35, 34, 38					39, 3, 35, 23				19, 18, 36, 40
17	Temperatur	36, 22, 6, 38	22, 35, 32	15, 19, 9	15, 19, 9	3, 35, 39, 18	35, 38	34, 39, 40, 18	35, 6, 4	2, 28, 36, 30	35, 10, 3, 21	35, 39, 19, 2	14, 22, 19, 32	1, 35, 32	10, 30, 22, 40	19, 13, 39	19, 18, 36, 40	
18	Helligkeit	19, 1, 32	2, 35, 32	19, 32, 16		19, 32, 26		2, 13, 10		10, 13, 19	26, 19, 6		32, 30	32, 3, 27	35, 19	2, 19, 6		32, 35, 19
19	Energieverbrauch eines bewegten Objekts	12, 18, 28, 31		12, 28		15, 19, 25		35, 13, 18		8, 15, 35	16, 26, 21, 2	23, 14, 25	12, 2, 29	19, 13, 17, 24	5, 19, 9, 35	28, 35, 6, 18		19, 24, 3, 14
20	Energieverbrauch eines stationären Objekts		19, 9, 6, 27								36, 37			27, 4, 29, 18	35			
21	Leistung	8, 36, 38, 31	19, 26, 17, 27	1, 10, 35, 37		19, 38	17, 32, 13, 38	35, 6, 38	30, 6, 25	15, 35, 2	26, 2, 36, 35	22, 10, 35	29, 14, 2, 40	35, 32, 15, 31	26, 10, 28	19, 35, 10, 38	16	2, 14, 17, 25
22	Energieverschwendung	15, 6, 19, 28	19, 6, 18, 9	7, 2, 6, 13	6, 38, 7	15, 26, 17, 30	17, 7, 30, 18	7, 18, 23	7	16, 35, 38	36, 38		14, 2, 39, 6		26			19, 38, 7
23	Materialverschwendung	35, 6, 23, 40	35, 6, 22, 32	14, 29, 10, 39	10, 28, 24	35, 2, 10, 31	10, 18, 39, 31	1, 29, 30, 36	3, 39, 18, 31	10, 13, 28, 38	14, 15, 18, 40	3, 36, 37, 10	29, 35, 3, 5	2, 14, 30, 40	35, 28, 31, 40	28, 27, 3, 18	27, 16, 18, 38	21, 36, 39, 31
24	Informationsverlust	10, 24, 35	10, 35, 5	1, 26	26	30, 26	30, 16		2, 22	26, 32						10	10	
25	Zeitverschwendung	10, 20, 37, 35	10, 20, 26, 5	15, 2, 29	30, 24, 14, 5	26, 4, 5, 16	10, 35, 17, 4	2, 5, 34, 10	35, 16, 32, 18		10, 37, 36, 5	37, 36, 4	4, 10, 34, 17	35, 3, 22, 5	29, 3, 28, 18	20, 10, 28, 18	28, 20, 10, 16	35, 29, 21, 18
26	Materialmenge	35, 6, 18, 31	27, 26, 18, 35	29, 14, 35, 18		15, 14, 29	2, 18, 40, 4	15, 20, 29		35, 29, 34, 28	35, 14, 3	10, 36, 14, 3	35, 14	15, 2, 17, 40	14, 35, 34, 10	3, 35, 10, 40	3, 35, 31	3, 17, 39
27	Zuverlässigkeit	3, 8, 10, 40	3, 10, 8, 28	15, 9, 14, 4	15, 29, 28, 11	17, 10, 14, 16	32, 35, 40, 4	3, 10, 14, 24	2, 35, 24	21, 35, 11, 28	8, 28, 10, 3	10, 24, 35, 19	35, 1, 16, 11		11, 28	2, 35, 3, 25	34, 27, 6, 40	3, 35, 10
28	Meßgenauigkeit	32, 35, 26, 28	28, 35, 25, 26	28, 26, 5, 16	32, 28, 3, 2	26, 29, 32, 3	26, 28, 32, 3	32, 13, 6		28, 13, 32, 24	32, 2	6, 28, 32	6, 28, 32	32, 35, 13	28, 6, 32	28, 6, 32	10, 26, 24	6, 19, 28, 24
29	Fertigungsgenauigkeit	28, 32, 13, 18	28, 35, 27, 9	10, 28, 29, 37	2, 32, 28	28, 33, 29, 32	2, 29, 18, 36	32, 28, 2	25, 10, 35	10, 28, 32	28, 19, 34, 36	3, 35	32, 30, 40	30, 18	3, 27	3, 27, 40		19, 26
30	äußere negative Einflüsse auf Objekt	22, 21, 27, 39	2, 22, 13, 24	17, 1, 39, 4	1, 18	22, 1, 33, 28	27, 2, 39, 35	22, 23, 37, 35	34, 39, 19, 27	21, 22, 35, 28	13, 35, 39, 18	22, 2, 37	22, 1, 3, 35	35, 24, 30, 18	18, 35, 37, 1	22, 15, 33, 28	17, 1, 40, 33	22, 33, 35, 2
31	negative Nebeneffekte des Objekts	19, 22, 15, 39	35, 22, 1, 39	17, 15, 16, 22		17, 2, 18, 39	22, 1, 40	17, 2, 40	30, 18, 35, 4	35, 28, 3, 23	35, 28, 1, 40	2, 33, 27, 18	35, 1	35, 40, 27, 39	15, 35, 22, 2	15, 22, 33, 31	21, 39, 16, 22	22, 35, 2, 24
32	Fertigungsfreundlichkeit	28, 29, 15, 16	1, 27, 36, 13	1, 29, 13, 17	15, 17, 27	13, 1, 26, 12	16, 40	13, 29, 1, 40	35	35, 13, 8, 1	35, 12	35, 19, 1, 37	1, 28, 13, 27	11, 13, 1	1, 3, 10, 32	27, 1, 4	35, 16	27, 26, 18
33	Bedienungsfreundlichkeit	25, 2, 13, 15	6, 13, 1, 25	1, 17, 13, 12		1, 17, 13, 16	18, 16, 15, 39	1, 16, 35, 15	4, 18, 39, 31	18, 13, 34	28, 13, 35	2, 32, 12	15, 34, 29, 28	32, 35, 30	32, 40, 3, 28	29, 3, 8, 25	1, 16, 25	26, 27, 13
34	Reparaturfreundlichkeit	2, 27, 35, 11	2, 27, 35, 11	1, 28, 10, 25	3, 18, 31	15, 13, 32	16, 25	25, 2, 35, 11	1	34, 9	1, 11, 10	13	1, 13, 2, 4	2, 35	11, 1, 2, 9	11, 29, 28, 27	1	4, 10
35	Anpassungsfähigkeit	1, 6, 15, 8	19, 15, 29, 16	35, 1, 29, 2	1, 35, 16	35, 30, 29, 7	15, 16	15, 35, 29		35, 10, 14	15, 17, 20	35, 16	15, 37, 1, 8	35, 30, 14	35, 3, 32, 6	13, 1, 35	2, 16	27, 2, 3, 35
36	Komplexität in der Struktur	26, 30, 34, 36	2, 36, 35, 39	1, 19, 26, 24	26	14, 1, 13, 16	6, 36	34, 26, 6	1, 16	34, 10, 28	26, 16	19, 1, 35	29, 13, 28, 15, 19	2, 22, 17, 19	2, 13, 28	10, 4, 28, 15		2, 17, 13
37	Komplexität in der Kontrolle oder Steuerung	27, 26, 28, 13	6, 13, 28, 1	16, 17, 26, 24	26	2, 13, 18, 17	2, 39, 30, 16	29, 1, 4, 16	2, 18, 26, 31	3, 4, 16, 35	36, 28, 40, 19	35, 36, 37, 32	27, 13, 1, 39	11, 22, 39, 30	27, 3, 15, 28	19, 29, 39, 25	25, 24, 6, 35	3, 27, 35, 16
38	Automatisierungsgrad	28, 26, 18, 35	28, 26, 35, 10	14, 13, 17, 28	23	17, 14, 13		35, 13, 16		28, 10	2, 35	13, 35	15, 32, 1, 13	18, 1	25, 13	6, 9		26, 2, 19
39	Produktivität	35, 26, 24, 37	28, 27, 15, 3	18, 4, 28, 38	30, 7, 14, 26	10, 26, 34, 31	10, 35, 17, 7	2, 6, 34, 10	35, 37, 10, 2		28, 15, 10, 36	10, 37, 14	14, 10, 34, 40	35, 3, 22, 39	29, 28, 10, 18	35, 10, 2, 18	20, 10, 16, 38	35, 21, 28, 10

270

Anhang E

271

Anhang E

Literatur

[36] Ideation Methodology: *The Training Manual* (4th Edition), Ideation International Inc., Southfield, MI, 1995.
[37] Ideation Methodology: *The Training Manual* (4th Edition), Ideation International Inc., Southfield, MI, 1995.
[38] The Ideator Software, Ideation International Inc., Southfield, MI, 1995.

Anhang F

Fallstudie: Schutzringproblem (Turbinenradbruch) gelöst unter Zuhilfenahme von TRIZ

Zusammenfassung
Eine Flugzeugturbine besteht aus einem Turbinenrad, einer Turbinenrad-Abdeckung (mit der die Richtung des Luftstromes beeinflußt wird) und einem Schutzring aus armiertem Stahl. Aufgabe dieses Ringes ist es, die Bruchstücke eines Turbinenradbruches bei maximaler Rotationsgeschwindigkeit sicher zurückzuhalten (Abbildung F-1). Problem hierbei ist das zu hohe Gewicht dieses Schutzringes. Unter Zuhilfenahme von TRIZ gelang es der Firma Allied Signal ein leichteres Design dieses Ringes zu patentieren.

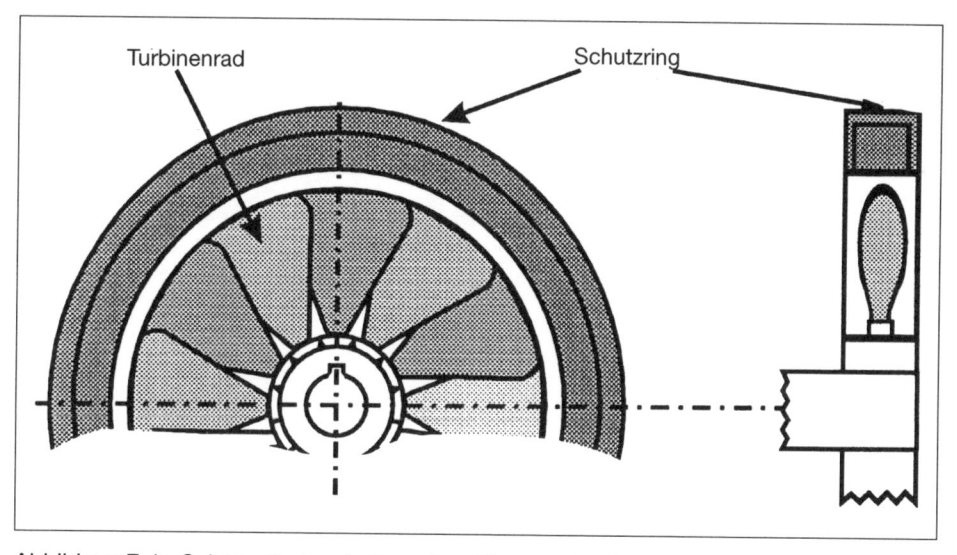

Abbildung F-1: Schematischer Aufbau einer Flugzeugturbine.

Einführung
Das Entwicklungsteam von Allied Signal benutzte aus dem TRIZ-Repertoire die Werkzeuge Innovations-Checkliste, Problemformulierung und Widerspruchstabelle. Hierbei führte die Innovations-Checkliste zur vollständigen Darstellung des Problems und zur Identifizierung von Ressourcen, die Problemformulierung zerlegte das Gesamtproblem in eine Sammlung kleiner, handhabbarer Teilprobleme und die 40 innovativen Prinzipien lieferten Lösungsideen.

Schritt 1: Identifiziere und dokumentiere das Problem
Die Fragen der Innovations-Checkliste dienen dazu, die Art, mit der ein Problem angegangen wird, zu systematisieren. Einige der real bearbeiteten Fragen werden im folgenden dargestellt.

Die Frage nach verfügbaren Ressourcen bietet ebenfalls einen neuen Ansatzpunkt in der initialen Phase der Problembearbeitung. Zur Strukturierung und Niederschrift leistet hier die Tabelle der Kundenanforderungen im QFD gute Dienste. Die Frage nach verfügbaren Ressourcen zur Verbesserung eines Designs gibt dem Kundeninterview im QFD-Prozeß nun noch einen zusätzlichen Sinn!

Und nun einige ausgewählte Fragen der Innovations-Checkliste und deren Antworten:

Benenne das relevante konstruktive System, das innovativ verbessert werden soll, und den zugehörigen Industriezwig:

Ein Schutzring ist Teil einer Turbine und ist in der Luftfahrtindustrie zu finden.

Das technische System Schutzring dient als Rückhalt oder Auffangvorrichtung für Turbinenrad-Bruchstücke aus einem Turbinenrad-Bruch bis hin zu maximaler Rotationsgeschwindigkeit. Das System besteht aus einem Turbinenrad, einer Turbinenrad-Abdeckung (mit der die Richtung des Luftstromes beeinflußt wird) und einem Schutzring aus armiertem Stahl. Der Schutzring ist zu schwer.

Welches ist die PNF (primäre nützliche Funktion) des Systems?

PNF: Halte die Bruchstücke eines Turbinenradbruches zurück, so daß sie nicht umherfliegen.

Worin liegt der negative Effekt, der Nachteil?

Nachteil: Der Ring ist zu schwer.

Entwicklungsgeschichte des Problems:

Mit steigender Größe von Flugzeugen werden leistungsfähigere Turbinen gebraucht. Leistungsfähigere Turbinen haben höhere Rotationsgeschwindigkeiten und damit haben die Fragmente eines Turbinenradbruches mehr Energie. Damit wurden auch immer stärkere Schutzringe aus armiertem Stahl nötig, sie wurden immer dicker. Dicker bedeutet auch schwerer.

Welcher Mechanismus – soweit verstanden – ist für den schädlichen Effekt verantwortlich?

Der Schutzring muß widerstandsfähig sein, um auch energiereiche Fragmente zurückhalten zu können. Die Fragmente entstehen durch Turbinenradbruch. Dieser Bruch wird durch zentrifugale Kräfte ausgelöst, die bei der hohen Rotationsgeschwindigkeit des Turbinenrades entstehen.

Beschreiben Sie die Ihnen oder allgemein bekannten Möglichkeiten, diesen schädlichen Effekt oder Nachteil zu eliminieren. Erläutern Sie, warum Sie diese nicht einsetzen.

Üblicherweise reduziert man Gewicht durch Materialeinsparung. Dies führt aber zur Schwächung des Ringes und damit zu Sicherheitsrisiken.

Welche anderen Probleme könnten gelöst werden, wenn der vorher genannte schädliche Effekt nicht reduziert oder eliminiert werden kann?

Wenn es keine Möglichkeit gibt, das Gewicht des Schutzringes zu reduzieren, dann könnte man den Turbinenradbruch verhindern. Dieses Problem wird aber noch schwieriger zu lösen sein!

Schritt 2: Problemformulierung

Alle Antworten zu den acht Standardfragen der Problemformulierung, wie sie in den Abbildungen 3-1 und 3-2 in Kapitel 3 exemplarisch dargestellt wurden, führen im konkreten Fall dieses Turbinen-Beispiels zu dem in Abbildung F-2 dargestellten Flußdiagramm.

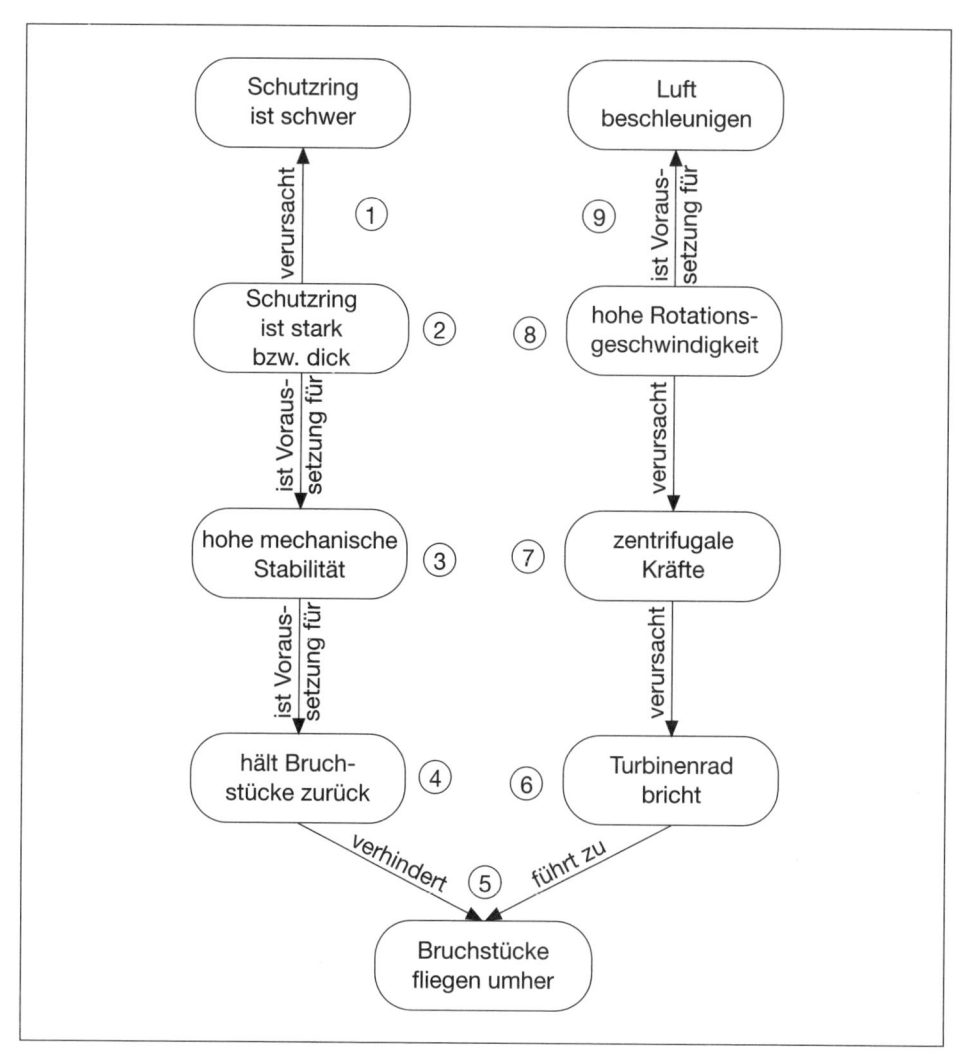

Abbildung F-2: Flußdiagramm der Problemformulierung in der Turbinen-Fallstudie

Die folgende Liste der Teilprobleme basiert auf Abbildung F-2 und deren Bezifferung.

1. Finde einen Weg „*Schutzring ist schwer*" zu verhindern, wenn „*Schutzring ist stark bzw. dick*" vorliegt.
2. Finde einen alternativen Weg für „*Schutzring ist stark bzw. dick*" der zu „*hohe mechanische Stabilität*" führt, ohne daß „*Schutzring ist schwer*" vorliegt.
3. Finde einen alternativen Weg für „*hohe mechanische Stabilität*", die „*hält Bruchstücke zurück*" zur Verfügung stellt und „*Schutzring ist stark bzw. dick*" nicht benötigt.

Anhang F

4. Finde einen alternativen Weg für „*hält Bruchstücke zurück*", der „*Bruchstücke fliegen umher*" verhindert und „*hohe mechanische Stabilität*" nicht benötigt.
5. Finde einen Weg, um „*Bruchstücke fliegen umher*" zu verhindern, der nicht „*hält Bruchstücke zurück*" benötigt, wenn „*Turbinenrad bricht*" vorliegt.
6. Finde einen Weg, um „*Turbinenrad bricht*" zu verhindern, wenn „*zentrifugale Kräfte*" vorliegen.
7. Finde einen Weg, um „*zentrifugale Kräfte*" zu verhindern, auch wenn „*zentrifugale Kräfte*" vorliegt.
8. Finde einen alternativen Weg für „*hohe Rotationsgeschwindigkeit*", die „*Luft beschleunigen*" zur Verfügung stellt und „*zentrifugale Kräfte*" nicht verursacht.
9. Finde einen alternativen Weg für „*Luft beschleunigen*", der nicht „*hohe Rotationsgeschwindigkeit*" benötigt.

Schritt 3: Priorisierung der Teilprobleme
Überdenke und analysiere die Teilprobleme, suche nach Wegen zur Lösung – also zur Innovation – und wähle die vielversprechendsten Ansätze für eine weitere Bearbeitung aus.

Niveau-Analyse der Teilprobleme:
  Gruppe 1: Subsystem-Ebene: Überarbeitung des Schutzringes:
  Vermindere das Gewicht des Schutzringes ohne seine mechanische Stärke zu verringern (Teilprobleme 1, 2, 3).
  Finde alternative Wege, die Fragmente zu absorbieren bzw. am Umherfliegen zu hindern (Teilprobleme 4, 5).
  Gruppe 2: Subsystem-Ebene: Überarbeitung anderer Systemteile:
  Finde Wege, das Turbinenrad bzw. dessen Schaufeln zu verstärken, um einen Bruch zu verhindern oder um die destruktiven zentrifugalen Kräfte zu kompensieren (Teilprobleme 6, 7).
  Gruppe 3: System-Ebene:
  Entwickle einen anderen – nicht auf einem Turbinenrad basierenden – Prozeß, um Luft zu beschleunigen (Teilprobleme 8, 9).
  Problemlösungen der Gruppe 3 auf Systemebene sind im vorliegenden Kontext zu allgemein, sie liegen aufgrund der grundlegenden Systemänderung außerhalb des erlaubten Bereiches. Lösungen der Gruppe 1 sahen dem verantwortlichen Team am vielversprechendsten aus und wurden weiterverfolgt.

Schritt 4: Lösungskonzepte
Aufbauend auf dem „System der Operatoren" von Ideation International Inc. (vgl. in reduzierter Form: Anhang A) wurden folgende Lösungskonzepte erarbeitet.
  Lösungsansatz 1.1: Vermindere das Gewicht des Schutzringes ohne seine mechanische Stärke zu verringern.
  Zwei Faktoren können separat analysiert werden:
  Gewichtsreduktion:

- Symmetrie aufheben
- Gewicht der einzelnen Bestandteile reduzieren
- nur einzelne Teile verstärken.

Verbessern der mechanischen Stärke:

- Formveränderung
- Strukturveränderung
- Veränderung der Aggregation
- Verstärkungen einführen
- vorbehandeln
- Additive einführen.

Lösungsansatz 1.2: Finde alternative Wege, die Fragmente zu absorbieren bzw. am Umherfliegen zu hindern.
Hier treffen wir auf folgende Vorschläge:

- Isolierung
- Isolator, billiger Stoff
- Isolator, Modifikation vorhandener Stoffe
- Selbstisolation
- eine Flüssigkeit nutzen
- selektiv permeable Isolierung
- leicht zerstörbare Zwischenschicht benutzen
- eine schädliche Funktion nutzen
- zeitweisen Schutz.

Hiervon stimulierte Ideen:

1. Gestalte die Geometrie des Schutzringes variabel, er muß nicht überall gleich dick sein.
2. Reduziere die Energie der Bruchstücke durch Gewichtsreduktion: lasse das Turbinenrad in kleinere Teile zerbrechen. Dann kann der Ring dünner und leichter gestaltet werden.
3. Mehrlagiger Ring: Verstärkungsringe, Ringe mit unterschiedlicher Härte und Elastizität, Leerräume zwischen den Ringen, Leerräume mit energieverzehrendem Material gefüllt etc.
4. Dünner Ring mit Verstärkungen, rippenförmig. Wenn Bruchstücke umherfliegen verlieren sie viel Energie, wenn sie die Rippen treffen.
5. Finde heraus, wo der Ring in der Regel bricht, und verstärke ihn nur dort.
6. Vorbehandlung: gespannte Ringe verwenden, so daß eine Kraft zur Ringmitte von vornherein da ist.
7. Das Ringmaterial thermisch härten.
8. Mehrlagigen Ring, so daß sich innen zugefügte Defekte nicht bis nach außen fortsetzen können.
9. Verstärkungen im Ringinneren durch Draht, Streben, kleinere Ringe etc.
10. Verwende spezielle Textilien im Ring, beispielsweise diejenigen aus schußsicheren Westen.
11. Benutze Schaum oder eine schaumartige Füllung um Energie zu absorbieren (Abbildung F-3).

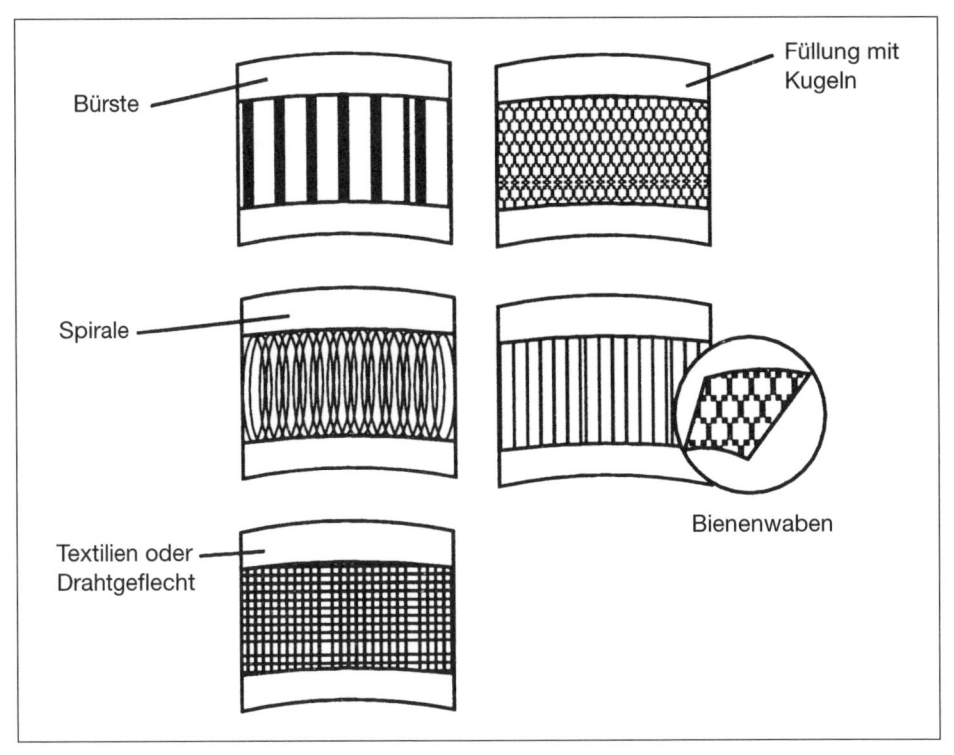

Abbildung F-3: Mögliche technische Realisationen der Idee, Energie-absorbierende Füllungen im Schutzring der Turbine zu nutzen

Kommentare

Die meisten Lösungsansätze, die die mechanische Stärke des Schutzringes erhöhen, können auch auf das Turbinenrad angewendet werden, so daß dieses gegen Bruch resistenter wird. Man kann beispielsweise verstärkendes Gewebe in den Propellerblättern einbauen, um den Zentrifugalkräften besseren Widerstand leisten zu können.
Nur ein Teil der tatsächlich erzeugten Ideen ist oben dargestellt!

Entscheidung

Nach reiflicher Überlegung entschlossen sich die verantwortlichen Experten ein Patent zu einer schaumartigen Füllung mit energieabsorbierender Wirkung einzureichen.

Literatur

[39] Terninko, J.: *Containment Ring Problem (Impeller Burst) Solved Using TRIZ*, 2nd Annual Total Product Development Symposium, American Suppliers Institute / University of California, Pomona, CA, November 1996.

Anhang G

Ressourcen:

stoffliche Ressourcen:
- Abfall
- Rohmaterialien und Produkte
- Systembestandteile
- preiswerter Stoff
- Substanzfluß
- Substanzeigenschaften

feldförmige Ressourcen:
- Energie im System
- Energie aus der Umgebung
- auf mögliche Energiequellen aufbauen
- Abfall des Systems wird zur Energiequelle des Systems

räumliche Ressourcen:
- Leerraum
- andere Dimension
- vertikale Anordnung
- Verschachtelung

zeitliche Ressourcen:
- im Voraus arbeiten
- vertakten
- parallel arbeiten
- Nacharbeiten

Informationsressourcen:
- Information durch Substanz selbst überbracht
- Information ist inhärente Eigenschaft
- bewegliche Information
- temporäre, flüchtige Information
- Information über eine Zustandsänderung

funktionale Ressourcen:
- primäre Funktion bietet selbst Ressourcen
- schädliche Effekte nutzen
- sekundäre oder Hilfsfunktionen nutzen

Literatur

[40] IWB Software, Ideation International Inc., Southfield, MI, 1997.

Autorenverzeichnis

John Terninko
Seit 16 Jahren nutzt und lehrt Dr. John Terninko QFD und die Taguchi-Philosophie als Berater bei Firmen in Nordamerika, Zentralamerika und Europa. Seit 1995 lehrt und wendet er TRIZ in Nordamerika an. Er hat bereits mit der Luftfahrt-, der Automobil-, der Investitionsgüter- und Verbrauchsgüterindustrie wie auch mit Service-Organisationen zusammengearbeitet. Aus seiner Feder stammen 6 Bücher und 30 Veröffentlichungen, er hält die Fäden von Responsible Management Inc. in der Hand, ist ein enger Mitarbeiter von GOAL/QPC, Mitbegründer des amerikanischen QFD Institute und ein Gründer des QFD Network.

Alla Zusmann
Alla Zusmann ist Managerin der Produktentwicklung bei Ideation International Inc. Sie hat Lehrmaterialien erarbeitet, TRIZ und die Ideation Methodik gelehrt sowie die theoretische Basis für Software und Publikationen entwickelt. Sie hat mehr als 15 Jahre TRIZ-Erfahrung und ist als Mitautorin an 7 Büchern zum Thema TRIZ beteiligt, davon an einem mit G. Altschuller, dem TRIZ-Urheber. Sie greift auf über 3000 Stunden TRIZ-Lehrerfahrung mit mehr als 3000 Kursteilnehmern, davon über 300 in der USA, zurück. Ihre Beiträge zur TRIZ-Methodik beinhalten eine US-orientierte methodische Adaption sowie neue Anwendungen im wissenschaftlichen und geschäftlichen Bereich. Sie entwickelte theoretische Grundlagen für TRIZ-Software-Produkte.

Boris Zlotin
Boris Zlotin ist ranghöchster Wissenschaftler und Vizepräsident von Ideation International Inc., wo er analytische Serviceleistungen organisiert und zur Verfügung stellt, gleichzeitig Forschungs- und Entwicklungs-Arbeiten leitet und publiziert. Mit über 20 Jahren Erfahrung in TRIZ und Ingenieurs-Technik ist er Mitautor von 9 Büchern zum Thema TRIZ, eingerechnet dreier zusammen mit dem TRIZ-Urheber G. Altschuller. Er hat über 8000 Stunden TRIZ-Lehrerfahrung mit mehr als 5000 Studenten, greift auf 6000 Stunden TRIZ-Beratung zurück und hat dabei geholfen, 4000 Probleme aus Technik und Business zu lösen. Seine Beiträge zur Weiterentwicklung der Methode schließen Evolutionsmuster auf verschiedenen Gebieten, US-Adaption der Methode sowie neue Anwendungen im wissenschaftlichen und geschäftlichen Bereich mit ein. Er entwickelte die theoretische Basis für TRIZ-Software-Produkte.

Glossar

AHP: Analytic hierarchy process, Hierarchisierungsprozeß. Eine Methode zur Priorisierung von Dingen, Sachverhalten oder Optionen. In einem paarweisen Vergleich werden Verhältniszahlen zur Wichtigkeit ermittelt, die dann Aussagen wie „A ist doppelt so wichtig wie B" zulassen.

Analoges Denken: Der mentale Prozeß, eine bekannte Problemlösung auf das aktuelle Problem – nach Abstraktion und erneuter Konkretisierung – anzuwenden.

Antizipierende Fehlererkennung: Eine Vorgehensweise zur systematischen Identifizierung und Eliminierung von Fehlern vor deren Auftreten. Bei dieser Vorgehensweise werden Fehler in der Tat zuerst erfunden und deren Wirkmechanismus identifiziert. Dann wird nach innovativen Vorbeugemaßnahmen gesucht.

Gelenkte Produktevolution: Beschriebt die systematische Anwendung der Standardentwicklungsmuster der technischen Evolution mit der Absicht, die natürlich ablaufende Evolution zu beschleunigen oder vorwegzunehmen. Mit einem Wort: Systematisch die Zukunft erfinden. Über diesen Prozeß kann eine dominierende Patent- und Technologieposition aufgebaut werden.

Gelenkte Produktverbesserung: Verbessert ein System durch Veränderung des Designs in Richtung Idealität.

Idealität: Eine qualitative Bewertung auf Basis der Summe aller nützlichen Systemfunktionen und aller schädlichen, nicht erwünschten Funktionen (Nachteile). Ideale Systeme stellen alle erwünschten Charakteristika ohne jegliche unerwünschte Funktionen zur Verfügung. Die Nutzung verfügbarer Ressourcen zusammen mit dem Einsatz geeigneter physikalischer, chemischer oder geometrischer Effekte macht dieses Ideal möglich.

Innovative Prinzipien: Die Auswertung der TRIZ-Wissensbasis und Patentsammlung zeigt, daß technische Widersprüche immer wieder mit ähnlichen Vorgehensweisen aufgelöst werden. Dies sind die 40 innovativen Prinzipien.

Innovatives Problem: Ein Problem mit zunächst unbekannter Lösung, das einen Widerspruch beinhaltet und nach einer innovativen, erfinderischen, pfiffigen Lösung verlangt.

Lösungskonzept: Die grundlegende und innovative Idee, die ein Problem kreativ löst (also beispielsweise einen Widerspruch eliminiert). Lösungskonzepte sind noch keine quantifizierbare Vorgehensweise und bedürfen guter entwicklerischer Fähigkeiten auf dem Weg zur vollendeten, technisch konkreten Problemlösung.

Niveaus der Innovation: TRIZ unterteilt Problemlösungen in fünf Niveaus: Standardlösungen (Niveau 1), Verbesserungen (Niveau 2), Innovationen (Niveau 3), Erfindungen (Niveau 4), Entdeckungen (Niveau 5).

Physikalischer Widerspruch: Ein Widerspruch, der von einem Teil des Systems zwei sich widersprechende Zustände erfordert.

Ressourcen: Dies sind System- oder Umweltelemente oder deren Funktionen wie auch Energiequellen (für Hitze, Elektrizität, Magnetismus, Bewegung ...) im System selbst oder im Umfeld des Systems, die für eine Weiterentwicklung in Richtung Idealität eingesetzt werden können.

Standardentwicklungsmuster der technischen Evolution: Eine TRIZ-Zusammenstellung von Trends, die historisch häufig durchlaufene Entwicklungspfade künstlicher, technischer Systeme repräsentieren. Diese Entwicklungsmuster gelten für praktisch jedes System und jede Konstruktion. Ihr Verständnis öffnet dem Entwickler nicht nur die Augen für die Zukunft sondern erlaubt es auch, diese Zukunft schneller und zielgerichteter zu realisieren.

Standardlösungen: Die TRIZ-Wissensbasis enthält 76 Standardlösungen zur Verbesserung der in der Stoff-Feld-Analyse erzeugten Triaden. Hier handelt es sich um Widersprüche und deren Lösung auf einem hohen, abstrakten Niveau, die in der Vergangenheit wiederholt und mit Erfolg eingesetzt wurden. Auch die Nutzung typischer Ressourcen ist in diesem Zusammenhang berücksichtigt.

Technischer Widerspruch: Ein Widerspruch, bei dem die Verbesserung einer Systemcharakteristik (eines technischen Parameters) zur Verschlechterung einer anderen Systemeigenschaft führt.

TRIZ: Die Theorie des erfinderischen Problemlösens ist das Resultat aus fast 50 Jahren Forschung und Entwicklung von Genrich Altschuller (Pseudonym Altov) in der früheren Sowjetunion.

Widerspruch: Die Situation, bei der von einem System sich widersprechende Zustände gefordert werden. Paradox oder gegensätzlich sind Worte, die diese Situation ebenfalls beschreiben.

Literaturverzeichnis

Altov, H. (Pseudonym von Altschuller), übersetzt von Lev Schulyak, *And Suddenly the Inventor Appeared*, Technical Innovation Center, Auburn, MA, 1994. ISBN 0-9640740-1-X.

Altschuller, G.S., *Creativity as an Exact Science*, Gordon and Breach, New York, 1988. ISBN 0-677- 21230-5.

Altschuller, G.S., Zlotin, B.L., Zusman, A.V., Filantov, V.I., *Searching for New Ideas: From Insight to Methodology* (russisch), Kartya Moldovenyaska, Kishnev, Moldawien, 1989.

Braham, J., Inventive Ideas Grow on „TRIZ", *Machine Design*, 60, Oktober, 1995.

Bar-El, Z., TRIZ Methodology, *The Entrepreneur Network Newsletter*, Mai 1995.

Gorin, Y., *Physical Effects and Phenomena for Inventors (Part 1)* (russisch), Baku, Russland, 1973.

Herrmann, N., *The Creative Brain*, Brain Books, Lake Lure, NC, 1988.

Kaplan, S., *An Introduction to TRIZ: the Russian Theory of Inventive Problem Solving*, Ideation International Inc., Southfield, MI, 1996.

Killander, A.J., *Generating Electricity for Families in Northern Sweden*, Report from the Department of Manufacturing Systems, Royal Institute of Technology, Stockholm, Sweden, 1996.

Oech, von, R., *A Whack on the Side of the Head*, Warner Book, New York, 1983.

Ouspenski, P.D., *In Search of the Miraculous*, Harcourt, Brace and World Inc., New York, 1949.

Physical Effects and Phenomena for Inventors, 2nd Edition (russisch) Obninsk, Russland, 1977.

Saaty, T., *Decision Making for Leaders*, University of Pittsburg, Pittsburg, Pennsylvania, 1988.

Terninko, J., *Systemativ Innovation: Theory of Inventive Problem Solving (TRIZ/TIPS)*, Responsible Management Inc., Nottingham, NH, 1996. ISBN 1-882382-11-0.

Terninko, J.; Robust Design: *Key Points for World Class Quality*, Responsible Management Inc., Nottingham, NH, 1996. ISBN 1-882382-00-5.

Terninko, J., *Step by Step QFD: Customer-Driven Product Design*, Responsible Management Inc., Nottingham, NH, 1995. ISBN 1-882382-10-2.

Terninko, J., *Introduction to TRIZ: A Work Book*, Responsible Management Inc., Nottingham, NH, 1996.

Terninko, J., *Containment Ring Problem (Impeller Burst) Solved Using TRIZ*, 2nd Annual Total Product Development Symposium, American Suppliers Institute / University of California, Pomona, CA, November 1996.

Zusmann, A., Terninko, J., *TRIZ/Ideation Methodology for Customer-Driven Innovation*, 8th Symposium on Quality Function Deployment, The QFD Institute, Novi MI, Juni 1996.

weitere Literatur:

Ideation International Inc., Kurs-Skript, Southfield, MI.
nichtpublizierte Mitteilungen von Boris Zlotin.
nichtpublizierte Mitteilungen von Alla Zusman.

Software:

Ideation International Inc.:

- The Golden Age of TRIZ
- The Ideator
- The Improver
- The Eliminator
- The Formulator
- Innovative Workbench System
- Anticipatory Failure Determination.

Invention Machine Corporation:

- Invention Machine
- TechOptimizer.

Stichwortverzeichnis

A
Abstraktionsgrad 64
AHP 201, 212
Allied Signal 111, 273
Analogien 65
Analytic Hierarchy Process (AHP) 103
ARIZ (Algorithmus zur erfinderischen Problemlösung) 45, 193
author's certificate 36

B
Brainstorming 31, 33, 56

D
Denkbarriere, psychologische 54, 70
Denken, analoges 65, 178
Design,
-ideales 33, 147, 152, 212
-robustes 31, 247
Design-Kehrtwendung 84
Detailfunktionen 93
Dynamisierung,
-externe 214
-interne 214

E
Endresultat, ideales 147
Entwicklungsmuster 206
Evolution,
-technische 39, 205
-zyklische 172
Evolutions-
-linie 225
-prinzipien 205
-zyklen 210

F
Fehler-
-analyse 231
-ekennung, antizipierte 46, 231
Flußdiagramm 95, 98
Ford Motor Company 42, 62
Funktion,
-primär nützliche (PNF) 93, 94, 95, 116, 243, 274

-primär schädliche (PSF) 93, 94, 96, 100, 243
-nützliche 151
-schädliche 151
-unterstützende 155

G
Grundprinzip, innovatives 57, 121
Grundprinzipien 44

H
Häufigkeitsanalyse 130
Hypertext-Baum 196

I
Idealität 172, 197, 212
Innovation, systematische 32
Innovations-
-Checkliste 44, 69, 89, 95, 110, 116, 155, 193, 241f., 173
-höhe 48
-werkzeug 110

K
Ketten, assoziative 197
Kishnev-TRIZ-Schule 69
Komplexität 219
Konzeptauswahl / -selektion nach Pugh 31, 201

L
Lager, transaxiales 42
Lösungskonzepte 110, 186, 276
Lösungs-
-konzepte, allgemeine, 125
-universelle 118

N
Nachfolgeprodukt 209
Nachteil 78
Nachteil, primär 93
Neu-England-Methode 187
Nutzen, primär 93
Nutzfunktion, primäre 79

287

O

Operatoren,
-generelle 197
-spezielle 197
-universelle 197
Operatoren-Blöcke,
-richtungsweisende 200
-unterstützende 199

P

Paradigmen 197
Parameter 44
-technische 118, 119, 121
Patente 37, 38, 46
Prinzipien,
-allgemeine 63
-innovative 39, 118, 120, 124, 125
Priorisierung 103
Probiermethodik 34
Problem (-),
-analoges 87
-analyse 116
-definition 69
-formulierung 44, 93f., 96, 101, 103, 106, 110, 193, 274
-invertiertes 236
-lösen, analoges 65
-lösungen 48
-modellierung 193
-sekundäres 85
-verständnis 70

Q

Quality Function Deployment (QFD) 31, 103, 201, 241, 246, 274

R

Ressource(n) 76, 147, 152, 155, 163, 169, 234f., 274
Rockwell
-Automotive 42
-International 110

S

S-Kurve 207, 208
Seebeck-Effekt 149
Sekundäreffekte 79

Selbst-
-regelung 159
-versorgung 159
Separationsprinzipien 44, 134
Serviceanwendung 103
Simultaneous Engineering 207
Standard-
-entwicklungsmuster 46, 205, 225
-fragen 94, 103
-lösung(en) 45, 64, 118, 178, 186, 195,
-problem(e) 64, 118
Stoff-Feld-Analyse 45, 180, 181, 195,
Synektik 34, 196
System,
-ideales, 147
-unvollständiges 182
-vollständiges 182, 183, 184

T

Taguchi 31, 246, 247
Technical Innovation Center 179
Teilprobleme 98, 100, 102, 109, 117, 243, 275
trade-offs 36
Trägheitsvektor 70
-geistiger 53
-psychologischer 190
trial- and-error 118

U

Urheberschein 36, 37
Ursache-Wirkungs-Diagramm 93, 99, 109

V

Veränderungen am System 83
Vereinfachung 219
Verknüpfung, funktionale 98
Verknüpfungsprinzipien, 97

W

Weissenberg-Effekt 53, 116
Weiterentwicklung, evolutionäre 212
Widerspruch,
-physikalischer 115, 135, 193
-technischer 115, 117, 193
Widerspruchstabelle 125, 128, 193